Grundfragen des Patentrechts bei
Hermann Isay (1873 – 1938)

Europäische Hochschulschriften Recht

European University Studies in Law

Publications Universitaires Européennes de Droit

Band/Volume 6249

Stefanie Steinmetz

Grundfragen des Patentrechts bei Hermann Isay (1873 – 1938)

PETER LANG

Bibliografische Information der Deutschen Nationalbibliothek
Die Deutsche Nationalbibliothek verzeichnet diese Publikation in der Deutschen Nationalbibliografie; detaillierte bibliografische Daten sind im Internet über http://dnb.d-nb.de abrufbar.

Zugl.: Bayreuth, Univ., Diss., 2020.

D 703
ISSN 0531-7312
ISBN 978-3-631-84749-7 (Print)
E-ISBN 978-3-631-85398-6 (E-PDF)
E-ISBN 978-3-631-85399-3 (EPUB)
E-ISBN 978-3-631-85400-6 (MOBI)
DOI 10.3726/b18372

Diese Publikation wurde begutachtet.

www.peterlang.com

Inhaltsverzeichnis

Die Bedeutung der verwendeten Abkürzungen ergibt sich aus: *Duden*. Die deutsche Rechtschreibung, 27. Aufl., Berlin 2017 und *Kirchner*, Abkürzungsverzeichnis der Rechtssprache, 9. Aufl., Berlin 2018

Vorwort

Die vorliegende Arbeit wurde von der Juristischen Fakultät der Universität Bayreuth als Dissertation angenommen. Sie beruht auf den Anregungen meines Doktorvaters, Herrn Professor Dr. Diethelm Klippel. Ihm danke ich sehr herzlich für seine stets hilfsbereite Betreuung meiner Arbeit, die vielen wertvollen Hinweise und die zügige Begutachtung. Mein weiterer Dank gebührt Herrn Professor Dr. Bernd Kannowski für die Bereitschaft, das Zweitgutachten zu erstellen.

Ganz besonders danke ich natürlich meinen Eltern, die mich während meiner gesamten Ausbildung unterstützten, sowie meinem Mann und meiner Tochter. Sie brachten meiner Arbeit Verständnis und Geduld entgegen und gaben mir damit die notwendige Sicherheit für die Erstellung dieser Arbeit. Sie alle haben mich mit ermutigenden und ermunternden Worten fortwährend unterstützt. Ihnen widme ich diese Arbeit.

Trisching, im Oktober 2020

Steinmetz Stefanie, geb. Delling

Einleitung

I. Fragestellung

Die folgende Arbeit hat Grundfragen des Patentrechts bei Hermann Isay (1873–1938) zum Gegenstand. Ausgangspunkt für die Behandlung der Thematik ist eine kurze Darstellung des Lebens und Wirkens von Hermann Isay (Kapitel 1), einschließlich einer Zusammenstellung seiner Schriften und der Rezensionen seiner Werke.

Der durch die Lebensdaten von Isay gegebene zeitliche Rahmen von 1873 bis 1938 soll nicht im Sinne einer starren Grenze verstanden werden. Eine sinnvolle Analyse der Auffassungen Isays ist teilweise nur bei Berücksichtigung längerer Perspektiven möglich. Dies zeigt sich besonders deutlich im 2. Kapitel, in dem die Frage gestellt wird, warum sich Hermann Isay gerade auf dem Gebiet des Patentrechts engagierte und welche grundlegende Bedeutung und neue Funktion er dem Patentrecht beimaß. Herausgearbeitet ist das Ineinandergreifen seiner dogmatischen und wirtschaftspolitischen Vorstellungen. Dies ist nicht ohne einen Blick auf die Entwicklung der Geschichte des Patentrechts möglich, um den Unterschied zu der zur Zeit Isays herkömmlichen Rechtfertigung des Patentschutzes zu verdeutlichen. Darüber hinaus ist auf wichtigste Konturen der wirtschaftlichen, sozialen und politischen Entwicklung Deutschlands im Zeitraum des ausgehenden 19. Jahrhunderts bis zum Zweiten Weltkrieg einzugehen. Isays juristisches Schaffen war begleitet von einem zunehmenden Kartellierungsprozess der Unternehmen, einhergehend mit anderen Möglichkeiten der Führung des Wettbewerbs, als dies klein- und mittelständischen Unternehmen möglich war. Auf diese Weise lässt sich die Besonderheit der Isay'schen Auffassung von der neuen Funktion der Patente – als Mittel im Wirtschaftskampf zum Mittelstandsschutz – verdeutlichen (Kapitel 2). Insbesondere die Frage der längerfristigen Einflussnahme der Meinung Isays in patentrechtlichen Fragen kann nur beantwortet werden, wenn auch die Zeit nach dem Tod von Isay (1938) berücksichtigt wird.

Besondere rechtshistorische Bedeutung ist der von Hermann Isay entwickelten Zweiteilungslehre beizumessen, die zwischen dem Gegenstand der Erfindung und dem Schutzbereich unterscheidet. Sie wurde 1944 durch Fritz Lindenmaiers daraus entsprechend fortentwickelter Dreiteilungslehre als herrschende Lehre abgelöst. In Kapitel 3 wird daher die Frage aufgeworfen, wie Isay seine Lehre zur Patentauslegung entwickelt hat und welche Bedeutung er der Behandlung und Auslegung des Patentanspruchs zusprach. Gerade in rohstoffarmen Ländern wie

Deutschland sei der „Rohstoff Innovation, Ideenreichtum und Erfindergeist“ kennzeichnend für den Aufschwung und die Leistungsfähigkeit der Wirtschaft. Es gelte, den „Rohstoff Innovation“ nicht nur zu fördern, sondern auch optimal zu nutzen. Dies erfordere die Gewährleistung des Schutzes der technischen Leistung von Erfindern sowie deren Risikobereitschaft bei der Entwicklung. Hermann Isays Zweiteilungslehre leitete die erfinderfreundlichste Phase in der Rechtsprechung des Reichsgerichts bei der Patentauslegung ein, da der Schutzumfang nicht mehr vom Patentamt bei der Patenterteilung festgelegt, sondern der späteren richterlichen Überprüfung zugeordnet wurde.

In Kapitel 4 wird sodann Hermann Isays Auffassung über den Stand der Patentanwälte dargelegt. Es wird die Frage gestellt, welche Hilfspersonen dieser den Patentsuchenden an die Seite stellen wollte und welche fachlichen und persönlichen Anforderungen er an diese stellte, um einen besseren Patentschutz für Erfindungen zu erreichen und so in letzter Konsequenz mithilfe eines starken Patentschutzes die deutsche Volkswirtschaft zu fördern. Die Patentsuchenden, so Isay, benötigten einen kompetenten Berufsstand an ihrer Seite, der ihre Interessen vertrete. Hier sind insbesondere der Kodifikationsprozess des Patentanwaltsgesetzes und die zeitgenössische Diskussion um die Anforderungen an Patentsachwalter zu untersuchen, an der sich Hermann Isay rege beteiligte.

Die angesichts der Vielzahl der Veröffentlichungen Hermann Isays naheliegende Einengung der Fragestellung auf eine bestimmte Auswahl patentrechtlicher Probleme bedeutet keineswegs eine Hintansetzung oder Vernachlässigung der übrigen von Isay behandelten Themenkomplexe. Die vorliegende Arbeit versteht sich vielmehr als eine Untersuchung der wichtigsten Grundideen Hermann Isays, die seine Auffassungen auf dem Gebiet des Patentrechts prägten und wie ein roter Faden durchzogen. Seine zahlreichen Bearbeitungen spezieller Probleme des Patentrechts sind als Ausdruck der hier behandelten Grundideen zu verstehen, welche diese verdeutlichen. Diese Schwerpunktsetzung entspricht jener, die Isay selbst für sein Werk vornahm, gemessen an der Zahl seiner veröffentlichten Schriften zum Patentrecht im Vergleich zu anderen Rechtsgebieten, wie beispielsweise dem Bergrecht oder der Rechtsphilosophie.

II. Quellen

Es liegen wenige Informationen über das Leben von Hermann Isay vor. Die Grundlage für die Darstellung seines Lebenswerkes bildet, da nur noch wenige persönliche Dokumente oder Arbeitsunterlagen[1] Isays existieren, das vorhandene Aktenmaterial[2].

Auf persönliche Erfahrungsberichte und Erzählungen konnte nicht zurückgegriffen werden: Sämtliche Arbeitskollegen und Freunde Isays sind verstorben. Gleiches gilt für seinen Sohn, Professor Wolfgang-Hermann Isay, der im Mai 2001 starb.[3]

Den Ausgangspunkt der Darstellung des Lebens Isays bilden die in den Beständen der Universität Erlangen und im Geheimen Staatsarchiv Preußischer Kulturbesitz vorhandenen Archivalien, die zum Teil von Hermann Isay selbst verfasste Lebensläufe enthalten. Sein Bruder, Rudolf Isay, hat 1960 eine Autobiographie mit dem Titel „Aus meinem Leben" verfasst, die auch Aufschlüsse über das Leben von Hermann Isay gibt.[4]

An gedruckten Quellen für die weitere Untersuchung sind zunächst die über 300 Schriften Hermann Isays ausgewertet worden. Hinzu kommen die einschlägigen Gesetze, Verordnungen und Bekanntmachungen. Zudem wurden zeitgenössische Autoren berücksichtigt, die mit zahlreichen wissenschaftlichen Veröffentlichungen zu den jeweiligen patentrechtlichen Diskussionen beitrugen. Die GRUR-Jahrgänge zu Hermann Isays Lebzeiten wurden vollständig durchgesehen, ebenso wie die Mitteilungen des Verbands Deutscher Patentanwälte. Berücksichtigung fanden zudem weitere einschlägige Zeitschriften, so „Recht und Wirtschaft", „Markenschutz und Wettbewerb" und das „Blatt für Patent-, Muster- und Zeichenwesen", die „Deutsche Juristen-Zeitung", die „Zeitschrift für angewandte Chemie" und die „Leipziger Zeitschrift für Deutsches Recht".

Bei der Ausarbeitung des zweiten Kapitels, des Kapitels zu den ökonomischen und juristischen Grundlagen des Patentrechts, haben sich die Ausführungen von Hans Carl Nipperdey[5] und Justus Wilhelm Hedemann[6] als besonders hilfreich erwiesen. Ebenso wurden im Besonderen Isays Schriften „Die Reform des juristischen Studiums" von 1921 und „Die Funktion der Patente im Wirtschaftskampf" vom 1927 herangezogen.

---

1 Der Verlag Franz Vahlen, bei dem Isay zahlreiche Bücher drucken ließ, hat mitgeteilt, dass keine Unterlagen mehr vorhanden seien. Gleiches gilt für die Verlage Schulthess und Carl Heymanns.

2 Von der Promotionsakte (UAE: C2/3 Nr. 937) Hermann Isays stellte die Universität Erlangen freundlicherweise digitale fotografische Aufnahmen zur Verfügung.

3 Freundliche Auskunft von Michael Isay, Sohn von Wolfgang-Hermann Isay.

4 *Isay, R.*, Aus meinem Leben, 1960.

5 *Nipperdey*, Zum Begriff des Wirtschaftsrechts, 1921.

6 *Hedemann*, Grundzüge des Wirtschaftsrechts, 1922; *ders.*: Wirtschaftsrecht, 1929.

Bei der Ausarbeitung des Kapitels zur Behandlung und Auslegung des Patentanspruchs waren, neben den zentralen Quellen der Beiträge von Isay und Richard Wirth in „Der Patentanspruch“ von 1912, Hartigs „Studien in der Praxis des Kaiserlichen Patentamtes“ von 1890 heranzuziehen.[7]

Für die Untersuchung der Thesen Hermann Isays zu den Patentanwälten wurde in erster Linie auf seine Schriften „Rechtsanwaltschaft und Patentanwaltschaft“ von 1907, ferner auf sein 1931 veröffentlichtes Werk „Der Kampf um die wissenschaftlichen Grundlagen der Patentanwaltschaft“ zurückgegriffen.[8] Ebenso ist auf die „Denkschrift über die Auswüchse des Patentagententums“[9] und die Denkschrift „Beratung und Vertretung auf dem Gebiete des gewerblichen Rechtsschutzes“ von 1925 zu verweisen.[10]

III. Forschungsstand

Die rechtshistorische Forschung hat bislang den Grundfragen des Patentrechts bei Hermann Isay keine ausreichende Aufmerksamkeit geschenkt. Eduard Reimer formulierte 1948 in seinem Nachruf zum Andenken an Hermann Isay anlässlich dessen 10-jährigen Todestages:

> „Sein Lebenswerk ist bis heute nicht gewürdigt worden. Einer gründlichen Würdigung müsste der Umfang einer Broschüre, wenn nicht mehr, eingeräumt werden“.[11]

Diese Aussage hat bis heute Bestand. Zwar haben sich zahlreiche Autoren mit Isays Beiträgen zu einzelnen Rechtsfragen in mehreren Rechtsgebieten beschäftigt. Insbesondere sein Werk „Rechtsnorm und Entscheidung“ gab Anlass zu einer Monographie[12] und zu Rezensionen[13]. Eine umfassende Auseinandersetzung mit seinen Arbeiten auf dem Gebiete des gewerblichen Rechtsschutzes, insbesondere des Patentrechts, und die Herausarbeitung seiner leitenden

---

7 *Isay/Wirth*, Der Patentanspruch, Beiträge zu seiner Behandlung und Auslegung, 1912; *Hartig*, Studien in der Praxis des Kaiserlichen Patentamtes, 1890.

8 *Isay*, Patentanwaltschaft und Rechtsanwaltschaft, MittDPatAnw 1907, S. 31–37, *ders.*, Der Kampf um die wissenschaftlichen Grundlagen der Patentanwaltschaft, 1931.

9 Denkschrift über die Auswüchse des Patentagententums, 1913.

10 Beratung und Vertretung auf dem Gebiete des gewerblichen Rechtsschutzes, 1925.

11 *Reimer*, Hermann Isay. Zum Andenken an seinen Todestag, den 21. März 1938, GRUR 1948, S. 59.

12 *Roßmanith*, Rechtsgefühl und Entscheidungsfindung, 1975.

13 Vgl. Quellen- und Literaturverzeichnis.

patentrechtlichen Grundideen, die von seinen wirtschaftspolitischen Vorstellungen geprägt waren, fehlen jedoch bislang.

Zum Leben Hermann Isays liegen bisher zwei aussagekräftige Veröffentlichungen vor. Zunächst ist auf Franz Hederers Beitrag im Biographischen Handbuch des Geistigen Eigentums aus dem Jahre 2017 zu verweisen[14]. Als besonders hilfreich für die Erstellung des ersten Kapitels erwies sich die Abhandlung von Günther Roßmanith, der in seinem Werk „Rechtsgefühl und Entscheidungsfindung. Hermann Isay (1873–1938)" aus dem Jahre 1975 einen Lebenslauf Isays voranstellt.

Beim Forschungsstand zur Ausarbeitung des zweiten Kapitels zu den ökonomischen und juristischen Grundlagen des Patentrechts ist insbesondere auf die Veröffentlichungen von Heinz Mohnhaupt, Friedrich-Wilhelm Henning, Barbara Dölemeyer und Diethelm Klippel hinzuweisen.[15]

Bei der Ausarbeitung des Kapitels zur Behandlung und Auslegung des Patentanspruchs haben sich die Arbeiten von Rafael von Heppe, Kurt von Falck, Fritz Lindenmaier und Heinrich Kirchhoff als besonders hilfreich erwiesen.[16]

Für Kapitel 4 war insbesondere die Schrift von Alexander Bayer von Nutzen.[17] Ebenso ist auf die Arbeit von Simone Rücker zu verweisen, welche die parallele Entwicklung der Rechtsanwaltschaft untersucht und dabei auch auf Patentsachwalter eingeht.[18]

---

14 *Hederer,* Hermann Isay, 2017, S. 150–154.

15 *Mohnhaupt,* Justus Wilhelm Hedemann und die Entwicklung der Disziplin „Wirtschaftsrecht", ZNR 2003; *Henning,* Handbuch der Wirtschafts- und Sozialgeschichte Deutschlands, 2003; *Dölemeyer/Klippel,* Theorien des gewerblichen Rechtsschutzes, GRUR-FS 1991.

16 *v. Heppe,* Patentverletzungen, 2007; *v. Falck,* Patentauslegung und Schutzumfang, 1991; *Lindenmaier,* Der Schutzumfang des Patents nach der neueren Rechtsprechung, 1944; *Kirchhoff,* Patentauslegung und Rechtssicherheit, GRUR 1956.

17 *Bayer,* Der Patentanwalt, 2002.

18 *Rücker,* Rechtsberatung, 2007.

Kapitel 1: Leben und Werk von Hermann Isay

I. Biographie

Hermann Isay wurde am 7. September 1873 in Berlin geboren. Er war einer der Söhne des jüdischen Kaufmanns Adolf Isay und seiner Frau Jenny, geborene Michaels.[1] Einige Generationen zuvor war die Familie, die dem Bürgertum angehörte, aus Frankreich ausgewandert.[2] Von Berlin aus zog die Familie 1877 nach Trier.[3] Hermann Isay hatte drei Brüder: Rudolf, Oskar und Richard. Letzterer fiel im Ersten Weltkrieg.[4] Rudolf Isay beschrieb seine Verwandtschaft wie folgt: „Der Trieb zu wissenschaftlicher Forschung lag unserer Familie offenbar im Blute."[5] In der näheren Verwandtschaft von Hermann Isay waren mehrere Rechtswissenschaftler vertreten, so zum Beispiel sein Bruder Rudolf, ein renommierter Kartell- und Bergrechtler, und Ernst Isay, ein Völkerrechtler. Daneben gab es einen Chemiker (der Bruder Oskar), einen Physiologen von Weltruf (der Vetter Jaques Loeb), einen Professor für Innere Medizin an der Universität St. Louis (Leo Loeb), einen Zoologieprofessor an der Universität Köln und danach in São Paulo (der Vetter Ernst Bresslau) und einen Geschichtsprofessor an der Universität Straßburg (der Onkel Harry Bresslau).[6] Der Vater, Adolf Isay, war nach Rudolf Isay ein gebildeter Mann mit fast abgeschlossener theologischer Ausbildung, der sich gerne mit Goethe und Spinoza beschäftigte.[7] Die Cousine Helene Bresslau wurde die Frau des berühmten Albert Schweitzer.[8]

In Trier besuchte Hermann Isay zunächst ab dem 1. Oktober 1878 die dortige Grundschule, um dann 1882 an das humanistische

---

1 *Roßmanith,* Rechtsgefühl und Entscheidungsfindung, 1975, S. 12.
2 *Ballerstedt,* Gedächtnisrede auf Rudolf Isay, 1957, S. 8; *Gaul,* Der Jurist Rudolf Isay, 2005, S. 28.
3 *Gaul,* Der Jurist Rudolf Isay, 2005, S. 28.
4 Ebd., S. 29; *R. Isay,* Aus meinen Leben, S. 38.
5 *Isay, R.,* Aus meinem Leben, 1960, S. 15.
6 *Gaul,* Der Jurist Rudolf Isay, 2005, S. 29; *Isay, R.,* Aus meinem Leben, 1960, S. 15.
7 *Isay, R.,* Aus meinem Leben, 1960, S. 16.
8 Ebd., S. 26.

Friedrich-Wilhelm-Gymnasium zu wechseln, an dem er im Jahre 1891 die Reifeprüfung erfolgreich ablegte.[9]

Sein beruflicher Werdegang begann kurzzeitig im staatlichen Bergbau.[10] Sein Bruder Rudolf Isay erklärt in seiner Biographie diesen Start ins Berufsleben damit, dass sein Vater denselben vernünftigen Grundsatz für seine Söhne befolgt habe, wie er auch im Hause Hohenzollern gegolten habe: dass nämlich jeder Sohn ein Handwerk erlernen müsse.[11]

Isay entschied sich aber bereits Ostern 1892 für das Studium der Rechtswissenschaften. Die ersten drei Semester verbrachte er an der Universität Straßburg. Im vierten und fünften Semester ging er an die Universität Berlin, um schließlich für das sechste Semester nach Bonn zu wechseln.[12] Ob seine Entscheidung, in Straßburg zu studieren, damit zusammenhing, dass sein Onkel Harry Bresslau dort lehrte, kann nicht mit Sicherheit gesagt werden, liegt aber nahe.

Welche Vorlesungen Hermann Isay während seiner Studienzeit belegte, kann man aus seinem Lebenslauf entnehmen, den er anlässlich seiner Dissertation verfasste:

> „1. Semester: Institutionen von Prof. Koepper, deutsche Rechtsgeschichte von Prof. Sickel, Logik von Prof. Ziegler, über den Sozialismus von Prof. Knapp.
> Im 2. Semester hörte ich dort: Pandekten von Prof. Koeppen, Röm. Rechtsgeschichte von Prof. Bremer, Praktische Nationalökonomie von Prof. Knapp, Statistik von Dr. v. Mayr, Geschichte des späten Mittelalters von Prof. Bresslau.
> Im 3. Semester stand: deutsches Privatrecht und Staatsrecht von Prof. Laband, Strafrecht von Prof. v. Hippel, Erbrecht von Prof. Koeppen, Finanzwissenschaft von Dr. v. Mayr, außerdem machte ich die seminaristischen Übungen im staatswissenschaftlichen Seminar der Herren Prof. Knapp und Sartorius v. Waltershausen mit.
> Im 4. Semester bezog ich die Universität Berlin und hörte dort: Civil- und Strafprozeß von Prof. Ruto, Handelsrecht von Prof. Brunner, Völkerrecht von Prof. Hübler, theoretische Nationalökonomie von Prof. Wagner, Wechselrecht von Prof. Weter, Konkursrecht von Prof. Kohler, Röm. Civilprozeß von Dr. Oertmann, Handelsrecht von Dr. Kaufmann.
> Im 5. Semester hörte ich dort: Rechtsphilosophie von Prof. Berner, Kirchenrecht von Prof. Hübler, Versicherungsrecht von Prof. Weber, Handelsgeschichte von Prof. Weber,

---

9 Siehe Promotionsakte (UAE: C2/3 Nr. 937, Friedrich-Alexander-Universität Erlangen-Nürnberg).

10 *Reimer,* Hermann Isay. Zum Andenken an seinen Todestag, den 21. März 1938, GRUR 1948, S. 59; *Hederer,* Hermann Isay, 2017, S. 150.

11 *Isay, R.,* Aus meinem Leben, 1960, S. 13.

12 Siehe Promotionsakten (UAE: C2/3 Nr. 937, Friedrich-Alexander-Universität Erlangen-Nürnberg).

… Praktika im gemeinen Civilrecht bei Herrn Dr. Oertmann und im Handelsrecht bei Herrn Prof. Weber …
Im 6. Semester siedelte ich nach Bonn über, wo ich Verwaltungsrecht bei Dr. Sartorius, das Pandektenpraktikum des Herrn Prof. Zitelmann und das Pandekten-Exegetikum bei Herrn Prof. Baron hörte. Außerdem beteiligte ich mich an den Übungen des römischrechtlichen Seminars von Herrn Prof. Zitelmann und des deutschrechtlichen Seminars von Herrn Prof. Hübner."[13]

Es fällt auf, dass auch zahlreiche nichtjuristische Kurse belegt wurden, so zum Beispiel die Vorlesung zur Geschichte des späten Mittelalters, welche sein Onkel hielt. Die belegten Kurse waren breit gefächert und erschöpften sich keineswegs allein in den notwendigen juristischen Vorlesungen. Offenbar legte er bereits während seines Studiums Wert darauf, neben juristischen Kursen auch wirtschaftswissenschaftliche Kurse zu besuchen. So hörte er praktische und theoretische Nationalökonomie, Statistik und Finanzwissenschaft.

Den Aufbau des juristischen Studiums kritisierte er in seinem Aufsatz „Die Reform des juristischen Studiums" von 1921 scharf. Die Auffassung, dass es möglich sei, in acht Semestern auf allen Gebieten der Rechtswissenschaft gründliche Kenntnisse zu erlangen, sei „grundfalsch" und keinem Menschen, auch nicht den Begabtesten, möglich.[14] Wenn man dem jungen Juristen die Möglichkeit gäbe, sich auf einzelne Gebiete zu beschränken mit der Wirkung, dass er auch nur auf diesem Gebiet gründlich und auf den anderen Gebieten nur oberflächlich geprüft würde, so meinte er, dann gäbe man dem Examen die innere Wahrhaftigkeit und dem Studium die Möglichkeit wissenschaftlichen Arbeitens wieder.[15] Es könne eben immer nur wieder betont werden, dass derjenige, der auf einem Gebiet eine feste Grundlage gelegt habe, sich später ohne Schwierigkeiten in andere Gebiete einarbeiten werde, sobald er es wolle oder müsse.[16]

Hierfür gab er selbst das beste Beispiel: Das Spektrum seiner Abhandlungen reichte von juristischen Grundlagengebieten (Rechtsphilosophie, Allgemeine Rechtslehre, Rechtsgeschichte, Bürgerliches Recht, Zivilprozessrecht, Gesellschaftsrecht) über Spezialgebiete (Konkursrecht, Steuerrecht, Internationales Recht, Völkerrecht, Bergrecht, Gebrauchsmusterrecht, Wettbewerbsrecht,

---

13 Siehe Promotionsakten (UAE: C2/3 Nr. 937, Friedrich-Alexander-Universität Erlangen-Nürnberg).

14 *Isay*, Die Reform des juristischen Studiums, LZ 1921, Sp. 213.

15 Ebd., Sp. 214.

16 Ebd., Sp. 216.

Kartellrecht, Patentrecht) bis hin zu Schriften über die Rechts- und Patentanwaltschaft.

Am 20. Juni 1895 bestand er das Referendarexamen. Er wurde in Erlangen über das Thema „Concursus duarum causarum lucrativum" promoviert, das er bereits in Bonn im romanistischen Seminar von Zitelmann behandelt hatte.[17] Am 29. Juli 1895 bestand er die Disputation. Am 12. Oktober 1895 wurde Isay von der Juristischen Fakultät der Universität Erlangen zum Dr. jur. utr. promoviert[18]. Den Wehrdienst legte er 1896/1897 bei dem Infanterie-Regiment 69 in Trier ab. Isay leistete seinen juristischen Vorbereitungsdienst sodann an den Gerichten in Merzig, Trier und Köln. Bereits als Referendar veröffentlichte er mehrere Aufsätze.[19] Das Assessorexamen absolvierte er erfolgreich im Januar 1901.

Im Februar 1901 ließ sich Hermann Isay als Rechtsanwalt am Kammergericht Berlin nieder.[20] In seine Kanzlei trat 1911, auf seinen Wunsch hin, sein Bruder Rudolf Isay ein. Den Beruf als Rechtsanwalt hatte Rudolf Isay, dessen Interesse ursprünglich mehr der Technik und Naturwissenschaft galt, in erster Linie aus finanziellen Gründen eingeschlagen: „Mein Vater lebte, solange ich denken kann, in bescheidenen Verhältnissen. … Da konnte ich meinem Vater nicht während unabsehbarer Privatdozentenjahre auf der Tasche liegen. … Daher willigte ich ein, als mir mein Bruder Hermann vorschlug, Jura zu studieren, um später mit ihm eine patentrechtliche Praxis auszuüben."[21]

Während des Ersten Weltkrieges führte Hermann Isay die Kanzlei zunächst alleine fort. Rudolf Isay meldete sich als Kriegsfreiwilliger und wurde zum Unteroffizier ernannt,[22] bevor er ein Amt im Kriegsministerium als Hilfsreferent übernahm.[23] Nach dem Krieg war laut Rudolf Isay von der Kanzlei, bis auf ein Manuskript des Berggesetzkommentars, „nicht mehr viel übrig".[24] Die anwaltliche Tätigkeit konnte von beiden aber bald wieder erfolgreich aufgenommen werden.[25]

---

17 *Roßmanith,* Rechtsgefühl und Entscheidungsfindung, 1975, S. 14.

18 Siehe Promotionsakten.

19 Siehe Quellen- und Literaturverzeichnis.

20 *Lowenthal,* Juden in Preussen, 1982, S. 100; *Walk,* Kurzbiographien zur Geschichte der Juden, 1988, S. 166; *Göppinger,* Juristen jüdischer Abstammung, 1990, S. 223.

21 *Isay, R.,* Aus meinem Leben, 1960, S. 18.

22 *Ballerstedt,* Gedächtnisrede auf Rudolf Isay, 1957, S. 9; *Gaul,* Der Jurist Rudolf Isay, 2005, S. 35.

23 *Roßmanith,* Rechtsgefühl und Entscheidungsfindung, 1975, S. 15.

24 *Isay*, R., Aus meinem Leben, 1960, S. 48.

25 Ebd., S. 53 und S. 59.

Während der Weimarer Republik, insbesondere in den 1920er-Jahren, erlebte die Anwaltskanzlei der Gebrüder Isay ihren Höhepunkt und wurde zu einer der erfolgreichsten Berliner Wirtschaftsrechtskanzleien.[26] Im Jahre 1928 wurde Eduard Reimer, der spätere Präsident des Bundespatentamtes, in die Sozietät aufgenommen.[27] Dieser beurteilte die Arbeit seines Kollegen rückblickend folgendermaßen: „Er kämpfte als Anwalt mit der ganzen Kraft seiner Persönlichkeit, seines bis ins Alter jugendlichen Temperaments und seiner forensischen Begabung. Er stellte das Recht auf den so verschiedenartigen von ihm bearbeiteten Gebieten mit ungewöhnlicher Eindringlichkeit dar, wobei die Knappheit und gleichzeitig die Musikalität seines Stils von ganz eigenartigem Reiz sind."[28] 1935 trat Rudolf Isay aus der Kanzlei aus und emigrierte nach Brasilien.[29]

Neben ihrer Anwaltssozietät betrieben die Brüder Isay ein Notariat.[30]

Ferner wurde Hermann Isay als Spezialist des Patentrechts nicht nur zu Verhandlungen beim Patentamt und bei vielen deutschen Gerichten, darunter dem Reichsgericht in Leipzig, sondern auch als Sachverständiger von ausländischen Gerichten und Schiedsgerichten hinzugezogen[31].

Ungeachtet seiner Belastung durch die anwaltliche Tätigkeit vernachlässigte Hermann Isay den Bereich der Lehre und Wissenschaft nicht. So war er bereits im Wintersemester 1912 einer der Dozenten des Kurses vom Verband Deutscher Patentanwälte zur Aus- und Weiterbildung auf dem Gebiete des gewerblichen Rechtsschutzes. Er referierte über die Grundlagen des Zivilprozesses mit besonderer Berücksichtigung des Patenterteilungsverfahrens.[32] Darüber hinaus habilitierte sich Hermann Isay 1919 an der Fakultät für Allgemeine Wissenschaften der Technischen Hochschule Charlottenburg.[33] In seiner Habilitationsschrift

---

26 *Gaul*, Der Jurist Rudolf Isay, 2005, S. 40; *Strauss*, JZ 1957, S. 486; *Dörinkel*, Das Lebenswerk von R. Isay, 1956, S. 1.

27 *Strauss*, JZ 1957, S. 486.

28 *Reimer*, Hermann Isay. Zum Andenken an seinen Todestag, den 21. März 1938, GRUR 1948, S. 59.

29 *Dörinkel*, Das Lebenswerk von Rudolf Isay, 1956, S. 5.

30 *Walk*, Kurzbiographien zur Geschichte der Juden, 1988, S. 166; *Göppinger*, Juristen jüdischer Abstammung, 1990, S. 223 f.

31 *Reimer*, Hermann Isay. Zum Andenken an seinen Todestag, den 21. März 1938, GRUR 1948, S. 59.

32 *Verband Deutscher Patentanwälte*, Kurse für gewerblichen Rechtsschutz, MittDPatAnw 1912, S. 118; *ders.*, Kurse für gewerblichen Rechtsschutz, MittDPatAnw 1912, S. 143; *ders.*, Verschiedenes, GRUR 1912, S. 288.

33 *Lowenthal*, Juden in Preussen, 1982, S. 100.

behandelte er das Thema „Das juristische Denken und seine Bedeutung für die Erziehung des Technikers". 1925 wurde er zum nichtbeamteten außerordentlichen Professor an der Technischen Hochschule Berlin ernannt.[34] Isay lehrte dort „Patent-, Muster- und Warenzeichenrecht" und „Einführung in das bürgerliche Recht".[35]

Isay verfasste während seines gesamten Lebens, selbst noch im Jahr vor seinem Tode, obwohl er bereits an schwerer Krankheit litt,[36] eine Vielzahl bedeutender Abhandlungen. Isay befolgte – so Reimer – bei der wissenschaftlichen Ausarbeitung stets die Maxime der klaren und einfachen Ausdrucksweise, denn wer ein Rechtsproblem klar erkannt und durchdacht habe, solle es auch klar und einfach – sonst lieber gar nicht – behandeln.[37] Diese Haltung Isays wird durch folgende Anekdote bestätigt: Rudolf Isays Dissertation behandelte die Frage, wem ein Entschädigungsanspruch zustehe, wenn eine Sache beschädigt werde. Der Jurist löste diese Frage unter Zuhilfenahme einer Stelle aus den Pandekten, in welcher beschrieben wird, dass jemand einen Sklaven kastriert und dadurch wertvoller gemacht habe. Er erinnerte sich an die Reaktion seines Bruders folgendermaßen:

> „Als kalte Dusche allerdings wirkte ein wütender Brief meines Bruders Hermann, dem ich voll Stolz mein Geisteskind zugeschickt hatte. Empört fragte er mich, wer in aller Welt mich denn auf der Universität solche Haarspaltereien gelehrt habe. Die ganze juristische Fakultät komme ihm nach dieser Erfahrung vor wie mein kastrierter Sklave. Nur sei sie durch die Prozedur nicht wertvoller geworden."[38]

Obwohl der Schwerpunkt seines Schaffens im Patentrecht angesiedelt werden muss, fanden ebenso die Nachbargebiete des Warenzeichen- und Wettbewerbsrechts, wie auch die Rechtsphilosophie sein Interesse. Nach Wolfram Dörinkel war die wissenschaftliche Arbeit auf dem Gebiet des Immaterialgüterrechts kennzeichnend für Hermann Isays Schaffen.[39] In mehreren Zeitschriften, vor allem aber in der Zeitschrift „Gewerblicher Rechtsschutz und Urheberrecht",

---

34 *Wininger,* Große jüdische Nationalbiographie, 1979, S. 109; *Anonym:* Isay, Hermann, in: Lüdtke (Hrsg.): Kürschners deutscher Gelehrtenkalender, 1931, S. 179; *Walk,* Kurzbiographien zur Geschichte der Juden, 1988, S. 166.

35 *Roßmanith,* Rechtsgefühl und Entscheidungsfindung, 1975, S. 16.

36 *Reimer,* Hermann Isay. Zum Andenken an seinen Todestag, den 21. März 1938, GRUR 1948, S. 59.

37 Ebd., S. 59.

38 *Isay, R.,* Aus meinem Leben, 1960, S. 27.

39 *Dörinkel,* Das Lebenswerk von Rudolf Isay, 1956, S. 5.

veröffentlichte Isay zahlreiche Aufsätze. Bei der GRUR war er darüber hinaus noch jahrelang im geschäftsführenden Ausschuss und im Redaktionsausschuss tätig.[40] Ab dem 1. Januar 1923 übernahm er mit Maximilian Mintz zusammen die Schriftleitung.[41] Gleichermaßen engagierte sich Isay im Vorstand der Internationalen Vereinigung für gewerblichen Rechtsschutz[42] und im geschäftsführenden Ausschuss des Deutschen Vereins für den Schutz des gewerblichen Eigentums.[43] Hier wurde er ab 1927 über mehrere Jahre hinweg zum dritten Vorstand gewählt.[44]

Welche Auswirkungen die nationalsozialistische Machtergreifung auf den Juden Hermann Isay hatte, lässt sich nur in Teilbereichen seines Tätigkeitsfeldes mit Sicherheit sagen. Festzustellen ist, dass er, im Gegensatz zu seinem Bruder Rudolf Isay[45], nicht zu einem anderen Glauben konvertierte. In der Autobiographie Rudolf Isays lassen sich zwei Hinweise auf die Beeinflussung des Berufs durch die Religionszugehörigkeit finden: Zunächst gab dieser an, dass sich die Klienten bei dem Anwalt an den Leistungen und nicht an der Konfession orientierten.[46] Aus der Zeit von 1933 bis zu seiner Emigration 1935 berichtete er Folgendes:

> „[…] daß mir weder eine Benachteiligung noch eine Kränkung widerfahren ist, die sich gegen mich persönlich gerichtet hätte. Ich hatte das Glück, keinen Feind zu besitzen. Als Anwalt konnte ich weiter tätig sein. Der Umfang meiner Praxis ging zwar zurück, doch das, was blieb, war immer noch genug. Auch meine wissenschaftliche Arbeit war nicht gehemmt. Äußerlich gesehen, hatte ich also keinen Anlaß, aus Deutschland auszuwandern."[47]

---

40 *Deutscher Verein für den Schutz des gewerblichen Eigentums,* Vereinsangelegenheiten, GRUR 1921, S. 127; GRUR 1922, S. 256.

41 *Deutscher Verein für den Schutz des gewerblichen Eigentums,* Vereinsangelegenheiten, GRUR 1924, S. 34.

42 *Deutscher Verein für den Schutz des gewerblichen Eigentums,* Vereinsmitteilungen, GRUR 1923, S. 23.

43 *Deutscher Verein für den Schutz des gewerblichen Eigentums,* Mitgliederverzeichnis, GRUR 1926, S. 1.

44 *Deutscher Verein für den Schutz des gewerblichen Eigentums,* Mitgliederverzeichnis, GRUR 1927, S. 1; GRUR 1929, S. 1; GRUR 1930, S. 1; GRUR 1931, S. 1; MittDPatAnw 1931, S. 1; MittDPatAnw 1932, S. 1.

45 *Isay, R.,* Aus meinem Leben, 1960, S. 17.

46 Ebd., S. 17.

47 Ebd., S. 77.

Folgenlos ging die Herrschaft des NS-Regimes an den Brüdern Isay indes, wie nicht anders zu erwarten, nicht vorbei. Im Mai 1933 wurden die Brüder wegen ihres Status als „Nichtarier" auf Grundlage des „Gesetzes zur Wiederherstellung des Berufsbeamtentums"[48] vom 7.4.1933 aus der Notarliste gestrichen.[49] Bei der Technischen Hochschule Berlin durfte Isay ab 1934 nicht mehr tätig sein.[50] Die Anzahl der Publikationen nahm ab 1933 spürbar ab.

Was das „Gesetz betreffend die Zulassung zur Rechtsanwaltschaft"[51] vom 7.4.1933, aber auch das „Gesetz betreffend die Zulassung zur Patentanwaltschaft und zur Rechtsanwaltschaft" vom 22.4.1933 betraf, konnten die Brüder Isay von der auf Hindenburg zurückgehenden, in beiden Gesetzen aufgenommenen Ausnahmeklausel (§ 1 II) profitieren. Danach durften all diejenigen jüdischen Anwälte und Patentanwälte ihre Zulassung behalten, die bereits vor dem 1.8.1914 in die Anwaltslisten eingetragen worden waren, oder als Frontkämpfer im Ersten Weltkrieg eingezogen oder aber Söhne oder Väter von Kriegsgefallenen waren. Da beide bereits vor 1914 in die Anwaltsliste eingetragen waren, bestand für sie in dieser Zeit zumindest den Buchstaben des Gesetzes nach keinerlei Einschränkung, obwohl die Realität anders aussah. 1937 wurde ein „Verzeichnis [aufgrund des Reichsgesetzes vom 7.4.1933 zugelassener] nichtarischer Rechtsanwälte Deutschlands" in Loseblattform herausgegeben, soweit sich diese mit der Aufnahme einverstanden erklärt hatten.[52]. Hermann Isay war unter den 122 beim Kammergericht Berlin aufgeführten Rechtsanwälten.

Am 2. Mai 1933 legte Isay sein Amt als dritter Vorsitzender des Vereins für den Schutz des gewerblichen Eigentums nieder.[53] Bezüglich dieses Rücktritts wurde in der GRUR nur ein kurzer Vermerk ohne Angabe des Grundes und ohne Würdigung der Arbeit Isays gedruckt. Dies widersprach der sonst üblichen Praxis des Vereins. Das wird besonders deutlich, wenn man die Worte von Maximilian Mintz stellvertretend für den Verein für den Schutz des gewerblichen

---

48 RGBl. I, S. 175.

49 *Gaul,* Der Jurist Rudolf Isay, 2005, S. 49.

50 *Wininger,* Große jüdische Nationalbiographie, 1979, S. 109; *Anonym:* Isay, Hermann, in: Lüdtke (Hrsg.): Kürschners deutscher Gelehrtenkalender, 1931, S. 179; *Walk,* Kurzbiographien zur Geschichte der Juden, 1988, S. 166; *Göppinger,* Juristen jüdischer Abstammung, 1990, S. 207.

51 RGBl. I, S. 188.

52 Das Folgende nach: *Göppinger,* Juristen jüdischer Abstammung, 1990, S. 151 f.

53 *Deutscher Verein für den Schutz des gewerblichen Eigentums,* Vereinsnachrichten, GRUR 1933, S. 482.

Eigentums zum Vergleich heranzieht, die er 1924 sogar anlässlich der bloßen Einstellung der Mitwirkung Isays bei der Herausgabe der GRUR fand:

> „Herr Rechtsanwalt Dr. Hermann Isay hat sich zu seinem Bedauern genötigt gesehen, wegen anderweitiger übergroßer Inanspruchnahme seine Mitwirkung bei der Herausgabe der Vereinszeitschrift ab 1. Mai einzustellen. Dieser Anlaß darf nicht vorübergehen, ohne daß ich meinem Mitarbeiter an dieser Stelle für seine Tätigkeit besonders danke. Er war nicht nur in der Beschaffung von Material, sondern vor allem auch in der Beibringung eigener wertvoller Arbeiten unermüdlich und hat trotz seiner reichlich ausgefüllten Zeit sich bereitwillig in den Dienst der guten Sache gestellt. Ich werde ihn in meiner Tätigkeit bei der Herausgabe der Zeitschrift schwer vermissen und habe nur den Trost, daß er mir seine literarische Unterstützung nach wie vor in Aussicht gestellt hat."[54]

Um das Ziel der Ausschaltung der Juden aus dem deutschen Rechtsleben zu erreichen, wurden während der Tagung „Das Judentum in der Rechtswissenschaft" der Reichsgruppe Hochschullehrer des RG-Rechtswahrerbundes vom 3. und 4. Oktober 1936 von Reichsminister Hans Frank folgende Leitsätze formuliert, welche insbesondere auch für das auf jener Tagung besonders behandelte Gebiet des gewerblichen Rechtsschutzes gelten sollten:

> „Erstens: Für alle Zukunft ist es unmöglich, daß Juden im Namen des deutschen Rechts auftreten können.
> Zweitens: Die deutsche Rechtswissenschaft ist deutschen Männern vorbehalten, wobei das Wort ‚deutsch' im Sinne der Rassengesetzgebung des Dritten Reiches allein auszulegen ist.
> Drittens: Für die Neuauflage deutsch geschriebener Rechtswerke jüdischer Autoren besteht keinerlei Bedürfnis mehr. Alle deutschen Verleger wollen derartigen Neuauflagen unverzüglich Einhalt tun.
> Viertens: Aus sämtlichen öffentlichen oder den Studienzwecken dienenden Büchereien sind die Werke jüdischer Autoren, soweit irgendwie möglich, zu beseitigen. … Mit deutscher Rechtswissenschaft habend die Rechtswerke jüdischer Autoren nicht das geringste zu tun.".[55]

Spätestens diese vier Leitsätze mussten das ganze Spektrum des Schaffens von Hermann Isay betreffen und einschränken, angefangen bei der praktischen Tätigkeit als Anwalt und Sachverständiger, über Wissenschaft und Lehre, bis hin zur Arbeit als Autor und Kommentator.

---

54 *Deutscher Verein für den Schutz des gewerblichen Eigentums*, Vereinsangelegenheiten, GRUR 1924, S. 92.

55 *Reichsgruppe Hochschullehrer des RG.-Rechtswahrerbundes*, Das Judentum in der Rechtswissenschaft, MittDPatAnw 1936, S. 348.

Selbst die Kollegen Hermann Isays mussten Repressalien fürchten und erleiden, soweit sie noch loyal zu ihm stehen wollten, seine Ansichten teilten oder selbst vertraten. So führte Otto Rilk in seinem Vortrag „Judentum und Wettbewerb“ im Jahre 1937 aus:

> „Gerade in den beiden bekanntesten Werken des Wettbewerbsrechts, dem Kommentar von Baumbach (1936) und dem von Reimer (1933, 1935) finden sich Ansichten, die auf dem zersetzenden Einfluß jüdischer Schriftsteller jedenfalls insoweit beruhen, als sie eine umfassende organische Neuordnung der Grundlagen des Wettbewerbsrechts vermissen lassen. […] Um so mehr ist man erstaunt, zu lesen, daß gerade Reimer sein Buch noch im Jahre 1935 dem Volljuden [Hermann] Isay widmet.“[56]

1938 wurden die Druckfahnen von Reimers Werk „Wettbewerbs- und Warenzeichenrecht“ auf Befehl der Gestapo hin eingestampft, eben weil dieser sein Werk Hermann und Rudolf Isay widmete.[57] 1957 findet man daher in einem Nachruf auf Eduard Reimer folgenden Hinweis: „Als kompromissloser Vertreter des Rechts ging er nicht ungefährdet durch die Zeiten des Nationalsozialismus.“[58] Dies spiegelt auf der einen Seite die rigorose Durchführung der Gewaltherrschaft und Rassenpolitik wieder, welche jeglichen jüdischen Einfluss auf die deutsche Rechtswissenschaft zu unterbinden gewillt war. Auf der anderen Seite veranschaulicht das Beispiel aber auch, welche Achtung und Verehrung Reimer Isay entgegenbrachte, obwohl man spätestens seit Rilks Kritik mit Gegenmaßnahmen rechnen konnte.

Ungeachtet der Probleme, die eine loyale Haltung zu einem Juden in jener Zeit nach sich ziehen konnte, erfreute sich Hermann Isay eines ausgezeichneten Renommees als Jurist und Patentrechtler, der Theorie und Praxis routiniert miteinander verbinden konnte. So wurde er beispielsweise schon zu Lebzeiten in der Festschrift zu seinem 60. Geburtstag, welche von Maximilian Mintz im Jahr 1933, trotz der bereits herrschenden antisemitischen Stimmung, herausgegeben wurde, als „großer Rechtslehrer“[59] bezeichnet. Man schrieb ihm eine „durch nichts zu beirrende Schaffenskraft zum Segen der deutschen Wissenschaft und insbesondere zur Förderung des gewerblichen Rechtsschutzes“[60] zu

56 *Rilk*, Judentum und Wettbewerb, 1937, S. 23 f.

57 *Göppinger*, Juristen jüdischer Abstammung, 1990, S. 169; *Strauss*, Nachruf Eduard Reimer, JZ 1957, S. 486.

58 *Strauss*, Nachruf Eduard Reimer, JZ 1957, S. 486.

59 *Zoll*, Aus meinen Studien über die Bekämpfung des unlauteren Wettbewerbs und über das Recht der Unternehmen, 1933, S. 229.

60 *Mintz*, Einleitung, in: Mintz (Hrsg.): Beiträge zum Recht am gewerblichen und geistigen Eigentum des In- und Auslandes, 1933, S. V.

und verehrte ihn als „mitten im Leben stehenden, kampfgewohnten und kampfesfrohen Mann, der Rechtslehre und Rechtsübung auf dem Gebiet des gewerblichen Rechtsschutzes in nachhaltigster Weise beeinflußt und gefördert hat und fortgesetzt beeinflußt und fördert".[61]

Die Achtung, die ihm zuteilwurde, spiegelt sich in den Rezensionen seiner Werke wider.[62] Die wohl anschaulichste Analyse des Menschen und Juristen Hermann Isay gab Reimer in seinem Nachruf:

> „Als Mensch mag Hermann Isay dem einen oder anderen schroff und unzugänglich erschienen sein. Wer ihn genau kannte, merkte von Schroffheit und Unzugänglichkeit nichts. Allerdings war Isay kein Freund vieler Worte, und so lag die außerordentliche Belehrung, die er den engsten Mitarbeitern wie den Fernstehenden erteilte, nicht nur in der Unterweisung durch seine Schriften, sondern vor allem in dem Beispiel des schlechthin vorbildlichen Berufslebens. Aber mehr noch: wer ihm näherstand, durfte die warmherzige Anteilnahme an den persönlichen Dingen des Lebens von seiten des fast übermäßig beschäftigten Mannes als besonders wohltuend empfinden."[63]

Was den familiären und privaten Bereich betrifft, ist wenig bekannt. Seine Frau, Dr. Elisabeth Isay, geborene Baur, war von Beruf Ärztin.[64] Aus der Ehe ging ein Sohn hervor, Wolfgang-Hermann Isay, welcher 1928 geboren wurde.[65] Über seine privaten Interessen lässt sich lediglich aus der Autobiographie Rudolf Isays entnehmen, dass Hermann Isay einmal eine Steinsammlung hatte.[66] Hermann Isay verbrachte die Urlaube gerne mit seiner Familie in seinem Chalet in Adelboden in der Schweiz.[67]

Hermann Isay starb am 21. März 1938.[68]

---

61 *Abel,* Die Verurteilung zum Widerruf nach österreichischem Wettbewerbsrecht, in: Mintz (Hrsg.): Beiträge zum Recht am gewerblichen und geistigen Eigentum des In- und Auslandes, 1933, S. 1.

62 Siehe Quellen- und Literaturverzeichnis.

63 *Reimer,* Hermann Isay. Zum Andenken an seinen Todestag, den 21. März 1938, GRUR 1948, S. 59.

64 Freundliche Auskunft von Michael Isay, Enkel von Hermann Isay.

65 *Roßmanith,* Rechtsgefühl und Entscheidungsfindung, 1975, S. 16.

66 *Isay, R.,* Aus meinem Leben, 1960, S. 16.

67 Freundliche Auskunft von Michael Isay, Enkel von Hermann Isay.

68 *Reimer,* Hermann Isay. Zum Andenken an seinen Todestag, den 21. März 1938, GRUR 1948, S. 59.

II. Werk

Die Bibliographie der Werke Hermann Isays findet sich im Anhang im Quellen- und Literaturverzeichnis. Ebenso findet sich eine Werkübersicht, wenn auch nicht vollständig, bei Mintz (Hrsg.), „Beiträge zum Recht am gewerblichen und geistigen Eigentum des In- und Auslandes", (S. VI–XI) und in Rosmanith, „Rechtsgefühl und Entscheidungsfindung" (S. 126–135).

Hermann Isay behandelte in seinen Schriften die Bereiche der Rechtsphilosophie, der Allgemeinen Rechtslehre, der Rechtsgeschichte, des Bürgerlichen Rechts, des Zivilprozessrechts, des Konkursrechts, des Gebrauchsmusterrechts, Warenzeichenrechts, Wettbewerbsrechts, Gesellschaftsrechts, Kartellrechts, Steuerrechts, Bergrechts, internationalen Rechts, des Völkerrechts und natürlich des Patentrechts.

Da der Schwerpunkt der vorliegenden Arbeit in der dogmatischen und volkswirtschaftlichen Einordnung seiner Auffassungen im Patentrecht liegt, sollen hier nur kurz die beiden Bereiche der Rechtsphilosophie und des Bergrechts hervorgehoben werden. Diese beiden Bereiche seines Schaffens zeigen exemplarisch die große Bandbreite seines rechtswissenschaftlichen Arbeitens.

Hermann Isay sah die Rechtsphilosophie als notwendige Basis zur Beherrschung des Rechts in der Praxis an.[69] Dies veranlasste ihn zu seinem Werk „Rechtsnorm und Entscheidung", erschienen 1929 in Berlin. Hierin erörtert er das Verhältnis von Norm und Entscheidung. Er gelangte unter anderem zu der Feststellung, dass das Recht nicht durch die Gesamtheit der Normen, sondern die Gesamttz betreffend die Zulassung zur Rechtsanwaltheit der Entscheidungen dargestellt werde.[70] Die Rechtsanwendung bringe im Einzelfall stets Entscheidungen hervor, die allein aus den bestehenden Vorschriften nicht herzuleiten seien, denn allein auf dem Rechtsgefühl beruhenden Entscheidungen wohne die Eigenschaft der Allgemeingültigkeit inne.[71] Mit dieser Ansicht setzte Isay der reinen Normenlogik die Ergebnisse der modernen Phänomenologie entgegen, bei welcher der Wirklichkeitsbegriff die Welt der Werte umfasste, die sich aus dem Recht ebenso wie aus materiellen Gegebenheiten zusammensetze.[72] Auch wurde er als Begründer einer irrationalen Naturrechtslehre gesehen.[73]

---

69 *Reimer,* Hermann Isay. Zum Andenken an seinen Todestag, den 21. März 1938, GRUR 1948, S. 59.

70 *Isay,* Rechtsnorm und Entscheidung, 1929, S. 29.

71 Ebd., S. 101.

72 *Pinn,* Rechtswissenschaft, 1962, S. 599.

73 *Roßmanith,* Rechtsgefühl und Entscheidungsfindung, 1975, S. 70.

Hermann Isay machte sich darüber hinaus einen Namen durch den von ihm und seinem Bruder Rudolf veröffentlichten Berggesetzkommentar. Letzterer leistete hier aber wohl den Großteil der Bearbeitung.[74] Der Kommentar erschien 1919/1920 und war auf dem Gebiet des Bergrechts der erste systematische Kommentar.

74 *Ballerstedt,* Gedächtnisrede auf Rudolf Isay, 1957, S. 16 und FN 16.

Kapitel 2: Ökonomische und juristische Grundlagen des Patentrechts

Der Beginn und die jeweilige Ausgestaltung der modernen gewerblichen Schutzrechte wurden durch zahlreiche Faktoren, insbesondere aber durch die Politik, die wirtschaftlichen Gegebenheiten, wissenschaftliche Thesen sowie durch das technische Können und Wissen geprägt. Dies gilt aufgrund der besonderen Wirtschaftsnähe besonders für den Bereich des Patentrechts. Sämtliche Lebensbereiche wurden zu Hermann Isays Lebzeiten dem Wirtschaftlichkeitspostulat unterstellt. Rationalisierung, Industrialisierung, Kapitalismus, Automatisierung, Organisationswandel, Strukturwandel, Finanzpolitik, Fusionen und Bürokratisierung waren Prozesse nicht nur in der Wirtschaft, sondern nahezu in allen Lebensbereichen, und somit wurden auch das Recht, die Rechtswissenschaft und die Rechtsprechung gleichermaßen direkt oder indirekt davon beeinflusst. Am deutlichsten zeigt sich der Einfluss der genannten Faktoren an der Entstehung der neuen Disziplin des Wirtschaftsrechts sowie an den Reformbestrebungen in der Juristenausbildung. Angesichts der Fragestellung dieser Arbeit werden lediglich die wichtigsten Etappen der damaligen Diskussion um das Wirtschaftsrecht und die Juristenausbildung dargestellt (I.), um Hermann Isays Auffassung analysieren zu können.

Hermann Isay verstand es, die in dieser Zeit heftig diskutierten wechselseitigen Auswirkungen von Recht und Wirtschaft zu erfassen und die sich für ihn daraus ergebenden Forderungen an Politik, Rechtsprechung und Wirtschaft klar zu formulieren. Jedoch beschäftigte er sich weniger mit der eminenten Bedeutung ökonomischer Faktoren für das Recht als vielmehr mit dem umgekehrten Einfluss des Rechts und der Rechtsprechung auf die wirtschaftliche Entwicklung Deutschlands. Ausgangspunkt jeder Diskussion betreffend das Patentrecht war für Isay allerdings die Kenntnis der wichtigsten Etappen auf dem Weg zum Schutze von Erfindungen (II.). Er forderte ein umfassendes Wissen über die Entstehungsgeschichte der Patente. Insbesondere arbeitete er den unterschiedlichen Stellenwert, der Erfindungen im Laufe der Zeit beigemessen wurde, und die daraus folgenden Konsequenzen für die jeweilige wirtschaftliche Lage heraus. Er erkannte, dass der Schutz von Erfindungen keineswegs nur Folge der industriellen Revolution, sondern zugleich deren rechtliche Rahmenbedingung war.

Hieraus zog er den Schluss, dass die überkommene Funktion der Patente als Mittel der Gewerbeförderung angesichts der veränderten politischen und wirtschaftlichen Rahmenbedingungen einer neuen Ausgestaltung und der

Konkretisierung bedurfte. Es war Isays Anliegen, die krisenanfällige und instabile Wirtschaft Deutschlands mit den Mitteln des Patentrechts zu verbessern. Als wichtige Erkenntnis aus der Geschichte zog er das Wissen, dass ein förderliches Umfeld für Erfinder geschaffen werden musste, damit Erfindungen in dem erforderlichen Umfang gemacht werden konnten. Erfindungen waren nach Auffassung Isays das am besten geeignete Exportgut Deutschlands und somit für die Wiedererstarkung der deutschen Wirtschaft nach dem Ersten Weltkrieg unabkömmlich. Als erfinderfreundliches Umfeld sah Isay vor allem die mittelständischen Unternehmen an, die angesichts der Zunahme der Großkonzerne in ihrem Bestand und in ihrer Wettbewerbsfähigkeit besonders bedroht waren. Folglich betonte er die Notwendigkeit des Mittelstandsschutzes, um so einerseits die Erfinder selbst zu schützen und andererseits der Wirtschaft zu dem in der Zwischenkriegszeit erforderlichen Aufschwung zu verhelfen (III.).

I. Rechtswissenschaft und Wirtschaft

Der Begriff des Wirtschaftsrechts tauchte erstmals in gehäufter Form zu Beginn des 20. Jahrhunderts auf.[1] Zu Beginn wurden oftmals auch die Begriffe „Fabrikrecht“ oder „Industrierecht“ verwendet.[2] Der sich schließlich durchsetzende Begriff des Wirtschaftsrechts wurde wohl zuerst von Justus Wilhelm Hedemann gebraucht, der an der Universität Jena im Jahre 1919 das erste deutsche Institut für Wirtschaftsrecht gegründet hatte.[3] Wirtschafts- und Rechtswissenschaftler jener Zeit versuchten, den Inhalt des Begriffs zu fassen und eine einheitliche Definition zu finden.[4] Das aber eröffnete ein weites Feld für Diskussionen.[5] So resümierte der Hochschullehrer Rudolf Wiethölter noch 1972:

---

1 *Mohnhaupt,* Justus Wilhelm Hedemann und die Entwicklung der Disziplin „Wirtschaftsrecht“, ZNR 2003, S. 238.

2 *Kroeschell,* Rechtsgeschichte Deutschlands im 20. Jahrhundert, 1992, S. 60.

3 Ebd., S. 60.

4 *Kaskel,* Begriff und Bestandteile des Wirtschaftsrechts, RuW 1921, S. 211–216; *ders.,* Gegenstand und systematischer Aufbau des Wirtschaftsrechts als Rechtsdisziplin und Lehrfach, JW 1926, S. 11–13; *Nipperdey,* Zum Begriff des Wirtschaftsrechts, Mitteilungen des Jenaer Instituts für Wirtschaftsrecht 1921, Novemberheft; *Nussbaum,* Das neue deutsche Wirtschaftsrecht, 1922; *Klausing,* Wirtschaftsrecht, in: Klausing, Nipperdey, Nußbaum (Hrsg.): Beiträge zum Wirtschaftsrecht, 1931, S. 1–87;

5 *Mohnhaupt,* Justus Wilhelm Hedemann und die Entwicklung der Disziplin „Wirtschaftsrecht“, ZNR 2003, S. 268; *Sandmann,* Die Entwicklung von Begriff und Inhalt des Wirtschaftsrechts durch die Rechtswissenschaft in der Weimarer Republik, 2000, S. 176; *Kroeschell,* Rechtsgeschichte Deutschlands im 20. Jahrhundert, 1992, S. 60.

> „Wirtschaftsrecht ist ein zauberisches Paradoxon: Es überfordert den Juristen wie das Recht und wird doch ganz von beiden beherrscht. Solche Mystifizierung spiegelt sich in gängigen Definitionen: Wirtschaftsrecht sei Recht der Wirtschaft, Maßnahmenrecht, Organisationsrecht, Zuständigkeitsrecht, Ordnungsrecht, Interventionsrecht, Koordinationsrecht, Lenkungsrecht. Die Formeln geben keinen Halt, kein Ziel, kein Maß, keine Informationen. Alle Versuche, Wirtschaftsrecht als abgrenzbares Rechtsgebiet oder als spezifische Methode zu etablieren, sind gescheitert."[6]

Rudolf Wiethölter versucht hier die zu Beginn des 20. Jahrhunderts aufkommende Diskussion betreffend den Charakter des Wirtschaftsrechts zusammenzufassen, was, wie er feststellt, eben aufgrund der Eigenart des Begriffes nicht möglich sei. Einigkeit bestand in der zeitgenössischen Diskussion allein darin, dass man sich aufgrund der veränderten wirtschaftlichen und politischen Verhältnisse, die insbesondere eine Ökonomisierung sämtlicher Lebensbereiche mit sich brachten, mit der neuen Disziplin des Wirtschaftsrechts in der einen oder anderen Form auseinanderzusetzen hatte.[7] Wie man allerdings mit dem Begriff des Wirtschaftsrechts und dessen Inhalt umzugehen hatte, fand die unterschiedlichsten Lösungsansätze.

Ein erster Indikator für das stetig wachsende Bedürfnis nach der Einbeziehung der wirtschaftlichen Zusammenhänge in die Praxis der Juristen sind immer wieder auftauchende Schlagworte in der Diskussion um die Juristenausbildung, wie zum Beispiel Entfremdung von Theorie und Praxis, Lebensferne der Juristen, wirtschaftliche und soziale Bedeutung des Rechts, Beachtung der Volkswirtschaftslehre.[8] Viktor Börngen, Oberlandesgerichtspräsident in Jena, konkretisierte den Zusammenhang zwischen der zunehmenden Ökonomisierung und der Juristenausbildung: Sofern man als Ziel der Ausbildung die Vorbereitung des Einzelnen auf die Aufgaben seines Berufes sehe, müsse sich eben die Ausbildung ändern, sobald sich die Berufsaufgaben änderten.[9] Er wies sodann auf die geänderten Lebensverhältnisse hin, vor allem auf die zunehmende

---

6 *Wiethölter,* Wirtschaftsrecht, in: Görlitz (Hrsg.): Handlexikon, 1972, S. 531.

7 *Mohnhaupt,* Justus Wilhelm Hedemann und die Entwicklung der Disziplin „Wirtschaftsrecht", ZNR 2003, S. 268.

8 Vgl. *Zitelmann,* Was not tut!, DJZ 1909, S. 505–514; *Börngen,* Die Ausbildung der Juristen, 1913; Denkschrift der Aeltesten der Kaufmannschaft von Berlin über die Reform der juristischen Vorbildung, RuW 1912, S. 87–88; *Reichel,* Wirtschaftliche Vorpraxis, RuW 1912, 339–340; *Ofner,* Wie hebt man das Verständnis der Juristen für wirtschaftliche Fragen?, RuW 1912, S. 333–336; *Weber,* Unser Wirtschaftsleben als Gegenstand des Universitätsstudiums, 1916.

9 *Börngen,* Die Ausbildung der Juristen, 1913, S. 1 f.

Technisierung und Industrialisierung. Besondere Bedeutung für Juristen hätten, so Börngen, das internationale Recht und die Volkswirtschaftslehre.[10]

Einer der Professoren Hermann Isays, Geheimer Justizrat und Professor der Rechte in Bonn, Ernst Zitelmann, veröffentlichte im Jahre 1909 den Aufsatz „Was not tut!“ und forderte darin eine Reform der Juristenausbildung, weg von der Theorie und hin zu mehr Praxiserfahrung in der Form, dass zunächst ein Grundstudium (1½ Jahre) zu absolvieren sei, welches die allgemeinen Grundkenntnisse für die daran anknüpfende, erste praktische Ausbildung (2 Jahre) legen sollte. Wenn der Student sodann die Bedürfnisse der Praxis erkannt und eine gewisse Reife erlangt habe, werde er durch ein vertieftes Studium (2½ Jahre) und einen erneuten einjährigen Dienst in der Praxis abschließend ausgebildet.[11] Eine derartige Reform war für Zitelmann durch den „Zwang der Verhältnisse“ geboten,[12] da sich die Aufgaben, die von Juristen bewältigt werden müssten, in den letzten Jahrzehnten potenziert hätten. Er führte als Beispiele für die Veränderungen an: die neuen Formen des wirtschaftlichen Kampfes, die Vervielfältigung der Handelsbeziehungen zum Ausland, der Erwerb der Kolonien, die zunehmende Industrialisierung, das Anwachsen der Städte, die Konzentration der Gewerbe und das Schnellerwerden des Verkehrs.[13] Die neuen Verhältnisse erforderten insbesondere eine größere Kenntnis der wirtschaftlichen Grundlagen und Zusammenhänge.[14]

Gegen den Zitelmann'schen Vorschlag der Zwischenpraxis äußerte Börngen Bedenken: Der gewünschte Erfolg der Zwischenpraxis könnte an der Oberflächlichkeit scheitern, da nur gut ausgebildete Studenten den Kern der Praxis vor allem in den Prozessen erkennen könnten. Studenten, welche hingegen nur ein reduziertes Grundstudium als Qualifikation vorzuweisen hätten, könnten das Wesentliche nicht erkennen und würden so nur Zeit verschwenden.[15]

Hermann Isay beteiligte sich im Jahre 1921 mit dem Aufsatz „Die Reform des juristischen Studiums“[16] an der Diskussion um die Juristenausbildung und kritisierte die bisherigen Lehrmethoden und die Art der Lernstoffvermittlung der Universitäten. Er stellte sich insbesondere gegen den Bericht der Berliner

---

10 *Börngen,* Die Ausbildung der Juristen, 1913, S. 2 f.
11 *Zitelmann,* Was not tut!, DJZ 1909, S. 511.
12 Ebd., S. 514.
13 Ebd., S. 509 f.
14 Ebd., S. 510.
15 *Börngen,* Die Ausbildung der Juristen, 1913, S. 14.
16 *Isay,* Die Reform des juristischen Studiums, LZ 1921, Sp. 212 ff.

Juristischen Fakultät, in dem die bisherigen Lehrmethoden als adäquates Mittel angesehen wurden, um dem Studenten Wissen und Können zu verschaffen, die eine sichere Grundlage für das ganze Berufsleben bilden sollten.[17] Statt einer Ausbildung auf allen Gebieten ohne Schwerpunktsetzung forderte Isay eine frühzeitige Spezialisierung auf ein Rechtsgebiet. Auf diesem Gebiet solle man vertiefte Kenntnisse erwerben sowie vor allem die Methode des wissenschaftlichen Arbeitens erlernen, die es einem dann später im Berufsleben ermögliche, je nach Bedarf auch andere Rechtsgebiete nach einer kurzen Einarbeitungszeit zu beherrschen.[18] Bei den übrigen Rechtsgebieten reiche während des Studiums folglich der Erwerb von Grundkenntnissen aus. Zielsetzung des Studiums müsse sein, das wissenschaftliche Arbeiten auf einem bestimmten Gebiet zu erlernen, da dies eine sichere Grundlage für das spätere Arbeiten in der Praxis auch auf anderen Gebieten bedeute. Gründlich geprüft werde der Student schließlich nur auf seinem Spezialgebiet, die anderen Rechtsgebiete sollten nur oberflächlich abgeprüft werden.[19]

Auch der Regierungsrat Rathenau forderte die Abkehr vom einseitigen „Nurjuristen" zugunsten der „Heranbildung von Gegenwartsjuristen", was für ihn angesichts der großen Fortschritte von Technik und Wirtschaft geboten erschien.[20]

Eine Vielzahl zeitgenössischer Juristen meinte folglich, dass die Ausbildung durch ein Jurastudium an der Universität nicht ausreiche, um den Anforderungen, die an die Juristen in der täglichen Praxis gestellt wurden, gerecht zu werden. Diese Diskrepanz zwischen Ausbildung und Berufsleben werde durch die geänderten Rahmenbedingungen verstärkt, die sich in der neuen „Wirtschaftlichkeit" des angehenden 20. Jahrhunderts äußerten.

Entstehung und Ausbildung des Wirtschaftsrechts basierten auf der gleichen Grundlage wie die Diskussion um die Reform der Juristenausbildung. Das zeigt sich in der Entstehung des Begriffs des Wirtschaftsrechts. Clemens Zacher hat in seiner Schrift zur Geschichte des Wirtschaftsrechts in diesem Zusammenhang die bereits von Justus Wilhelm Hedemann 1929 so benannte[21] „Sammeltheorie"

17 Zitiert nach *Isay*, Die Reform des juristischen Studiums, LZ 1921, Sp. 216.

18 Ebd., Sp. 214.

19 Ebd., Sp. 214 f.

20 *Rathenau*, Heranbildung von Gegenwartsjuristen, JW 1911, S. 11; *ders.*, Recht und Wirtschaft, Preußisches Verwaltungs-Blatt 32 (1911), S. 461 f.

21 *Hedemann*, Wirtschaftsrecht. In: Handwörterbuch der Rechtswissenschaft 6 (1929), S. 932–934.

der „weltanschaulichen Theorie" gegenübergestellt.[22] Beide Theorien versuchten, den Inhalt des Wirtschaftsrechts zu fassen, standen sich aber diametral gegenüber.

Arthur Nussbaum, Professor an der Universität Berlin, gilt mit seiner Monographie „Das neue deutsche Wirtschaftsrecht" von 1922 als Begründer der Sammeltheorie. Nach Arthur Nussbaum war das Wirtschaftsrecht als eigenständige Disziplin aufzufassen, die dasjenige Recht umfasse, das unmittelbar auf die Volkswirtschaft einwirke.[23] Er stellte dem Wirtschaftsrecht das Bürgerliche Recht gegenüber. Letzteres habe das Leben des Einzelnen zum Gegenstand.[24] Nussbaum erkannte die Problematik, dass wirtschaftsrechtliche Normen jedenfalls nach seiner Definition in allen Rechtsgebieten verstreut aufzufinden waren. Er stellte aber das praktische Bedürfnis zur Herausbildung eines neuen Wirtschaftsrechts in den Vordergrund, da die entscheidenden Rechtsfragen des neuen Wirtschaftslebens mithilfe der überkommenen Disziplinen nicht zu handhaben seien.[25] Er wollte eine „Übersicht auf wissenschaftlicher Grundlage" über die für ihn aufgrund von „erheblichen Veränderungen in der wirtschaftlichen Gesetzgebung" wichtigsten sechs Teilgebiete der neuen Disziplin des Wirtschaftsrechts schaffen, das neben Geld- und Kapitalverkehr, Warenhandel und Lieferungsverträgen auch die Ausdehnung der öffentlichen Wirtschaft, Grundstücksrecht, Arbeitsrecht, Schuldner- und Rechtsschutz umfasste.[26] Die Sammeltheorie ging von der These aus, dass die aufgeworfenen neuen Rechtsfragen von den etablierten Rechtsbereichen nicht in dem erforderlichen Umfang beantwortet werden konnten und dementsprechend in dem neuen Bereich des Wirtschaftsrechts als Sammelbecken unterzubringen waren.[27]

Dem gegenüber stand die sogenannte weltanschauliche Theorie mit ihrem bekanntesten Vertreter Justus Wilhelm Hedemann, Universitätsprofessor und Leiter des Instituts für Wirtschaftsrecht an der Universität Jena. 1929 meinte dieser in seiner Schrift „Reichsgericht und Wirtschaftsrecht", dass „in dem sogenannten Wirtschaftsrecht sich nur der bestimmende, oder wenigstens ein bestimmender Zug der Zeit äußere, und zwar im Gegensatz zu anderen Zeiten".[28]

---

22 *Zacher,* Die Entstehung des Wirtschaftsrechts in Deutschland, 2002, S. 52 ff.

23 *Nussbaum,* Das Neue Deutsche Wirtschaftsrecht, 1922, S. 1.

24 Ebd., S. 1.

25 Ebd., S. 1.

26 Ebd., Vorwort.

27 *Mohnhaupt,* Justus Wilhelm Hedemann und die Entwicklung der Disziplin „Wirtschaftsrecht", ZNR 2003, S. 261.

28 *Hedemann,* Reichsgericht und Wirtschaftsrecht, 1929, S. 1.

Nach Hedemann war das Wirtschaftsrecht somit nicht ein bloßes Schlagwort,[29] sondern Ausdruck der besonderen Wirtschaftlichkeit dieser Epoche, die gekennzeichnet war durch „hochgradige Spannung, durch eine Ruhelosigkeit ohnegleichen, durch Bewegung, durch Fluß der Erscheinungen, und weiter durch die Parole der höchsten Leistung, durch die Idee eines höchstmöglichen Ausnutzendürfens aller Lagen"[30]. Der bestimmende Grundzug des 20. Jahrhunderts war für Hedemann somit, im Gegensatz zu früheren Jahrhunderten, die wirtschaftliche Ausrichtung aller Lebensbereiche und folglich die wirtschaftliche Durchdringung sowohl der Rechtswissenschaft als auch der Rechtsprechung.[31] Es sei eine Selbstverständlichkeit, dass manche Rechtsgebiete im besonderen Maße von diesem Grundzug der Wirtschaftlichkeit durchzogen seien, so zum Beispiel das Patentrecht, dem er ein eigenes Kapitel in seinem Werk widmete. Grundsätzlich hob er die Notwendigkeit hervor, die „Verschwisterung des Rechts mit der Wirtschaft" im Rahmen der „Tatsachenjurisprudenz" zu erkennen und zu leben.[32] Hedemann sprach von einer „Verwirtschaftlichung des ganzen Weltbildes"[33] und betonte, dass das ganze Recht von dem Gedanken durchsetzt sei, der am besten durch ein Wort bezeichnet werde, das den Begriff der Wirtschaft noch übersteige, nämlich das Wort der „Wirtschaftlichkeit".[34]

Um Isays Thesen einordnen zu können, ist es wesentlich zu verstehen, welche wirtschaftlichen Prozesse den Rahmen und den Ausgangspunkt für seine rechtswissenschaftlichen Ausführungen bildeten. Grundlage dafür ist seine Erkenntnis, dass insbesondere für das Patentrecht die äußeren Umstände, namentlich die wirtschaftliche Entwicklung, maßgebend waren. Justus Wilhelm Hedemann erkannte aber die umgekehrte Wirkung einer gesicherten Rechtsposition: Die wirtschaftliche Kraft, die vom Immaterialgüterrecht, vor allem vom Patentrecht ausgehe, könne „ungeheure Maße"[35] annehmen.

Zu Beginn des 20. Jahrhunderts war die Rechtswissenschaft, ebenso wie die Rechtsprechung, nach Eugen Rosenstock konfrontiert mit einer Umbruchstimmung auf allen Ebenen hin zu einem „industriellen Rechtsleben"[36], was zu einer

---

29 *Hedemann*, Grundzüge des Wirtschaftsrechts, 1922, S. 7.

30 Ebd., S. 11.

31 Ebd., S. 11; *ders.*, Reichsgericht und Wirtschaftsrecht, 1929, S. 1.

32 *Hedemann*, Einführung in die Rechtswissenschaft, 1927, S. 201.

33 *Hedemann*, Wirtschaftsrecht, in: Handwörterbuch der Rechtswissenschaft 6 (1929), S. 930.

34 *Hedemann*, Grundzüge des Wirtschaftsrechts, 1922, S. 11.

35 *Hedemann*, Einführung in die Rechtswissenschaft, 1927, S. 251.

36 *Rosenstock*, Vom Industrierecht, 1926, S. 12.

allgemeinen Abkehr von „statischen Prinzipien und Einteilungen in Personen, Sachen, Verträge und Gesetze" führe[37]. Der Professor der Rechte an der Universität Berlin Ernst Heymann forderte, dass in Forschung und Lehre Wirtschaft und Recht eine untrennbare Einheit bilden sollten, deren beide Zweige sich gegenseitig befruchten und durchdringen, um zu vermeiden, dass die Wirtschaftslehre zu einer unklaren Phraseologie und das Recht zum öden Formalismus herabsinken.[38] Nach Julius Magnus mussten die Rechtstatsachenforschung und die Rechtstatsachenbetrachtung insbesondere im Bereich des gewerblichen Rechtsschutzes eine wichtigere Rolle einnehmen. Er stellte der Rechtswissenschaft die Aufgabe, dass Würdigung und Betrachtung der Rechtsfragen nicht nur konstruktiv und analytisch nach dem System des Rechts erfolgen sollten, sondern von den Tatsachen aus, die das Recht regelten. Notwendige Folge dessen sei die Erforschung der volkswirtschaftlichen Probleme, die diesen Tatsachen zugrunde lägen.[39]

Jede juristische Disziplin, somit auch das Wirtschaftsrecht in seiner Gesamtheit wie in seiner Ausprägung im Patentrecht, beruht auf historischen Bedingungen. Die Entstehung der Auffassung, dass Wirtschaft und Recht eine untrennbare Einheit bildeten,[40] war eng mit der geschichtlichen Entwicklung in der ersten Hälfte des 20. Jahrhunderts verbunden. Arthur Nussbaum formulierte dies im Jahr 1922 wie folgt:

> „Jedermann weiß und empfindet, daß seit jener Zeit [Ausbruch des Ersten Weltkrieges] das Wirtschaftsleben sich von Grund auf gewandelt hat, und daß an dieser Umwälzung das Recht ebensowohl als Ursache wie als Wirkung stark beteiligt ist."[41]

Nach Viktor Börngen war es notwendig, dass an die Stelle einseitiger „Nurjuristen" Gegenwartsjuristen treten, die die Grundlagen und Aufgaben der Zeit erkennen, ihnen gerecht werden wollten und könnten und neue Werte schaffen sollten.[42] Für diese Juristen sei es unbedingt erforderlich, die Lehren der Volkswirtschaft zu beherrschen.[43]

---

37 *Rosenstock,* Vom Industrierecht, 1926, S. 183.

38 *Heymann,* Die Rechtsformen der militärischen Kriegswirtschaft als Grundlage, 1921, S. 9 f.

39 *Magnus,* Einfluß der Wirtschaftslage und ihrer Veränderungen auf den gewerblichen Rechtsschutz, GRUR 1927, S. 205.

40 *Heymann,* Die Rechtsformen der militärischen Kriegswirtschaft als Grundlage, 1921, S. 9 f.

41 *Nussbaum,* Das Neue Deutsche Wirtschaftsrecht, 1922, S. 1.

42 *Börngen,* Um das Recht der Gegenwart, DJZ 1911, S. 181.

43 Ebd., S. 182.

Angesichts der Fortschritte von Technik und Wirtschaft war es das Ziel vieler Juristen, zu denen auch Hermann Isay gehörte, den „ungeheuer angewachsenen neuen Formen des wirtschaftlichen Kampfes und der zunehmenden Industrialisierung“[44] entgegentreten zu können. Justus Wilhelm Hedemann fasste diesen Gedanken wie folgt zusammen:

> „Aus dem Leben mit seinen lebendigen Tatsachen sollte geschöpft werden. Das Objekt der Beobachtung und Forschung sollte die Wirtschaft in ihren neuartigen Gestaltungen sein. Als Instrument war das Recht gedacht [...]. Und das Feld der wissenschaftlichen Betätigung sollte nicht notwendig auf die spezifisch deutschen Verhältnisse beschränkt bleiben.“[45]

Um der Identität des Wirtschaftsrechts näherzukommen, ist nach Zacher deren eigene Geschichte die erste Quelle der Erkenntnis.[46] Jede Phase der Weimarer Republik spreche für eine charakteristische Entwicklung des Wirtschaftsrechts.[47] Zu diesen tatsächlichen Gegebenheiten müssten jedoch noch ideale Faktoren hinzukommen, so insbesondere, dass man durch juristische Abstraktion eine neue gedankliche Einheit, ein ideales Ziel suchen musste, damit das Wirtschaftsrecht als neues juristisches Fach, das sich vom überkommenen Recht unterschied, habe entstehen können.[48] Im Folgenden soll deshalb untersucht werden, wie sich die äußeren Rahmenbedingungen änderten und welche Rückwirkung dies auf das Wirtschaftsrecht hatte.

Grundlegend vorauszuschicken ist nach Hendrik Sandmann, dass sich das Gefüge und der Aufbau der Wirtschaft seit dem Ende des 19. Jahrhunderts fundamental änderten, weg vom primären Sektor mit der Schwerpunktsetzung in der Landwirtschaft und deren Produkten hin zum sekundären Sektor mit einer stetig zunehmenden Industrialisierung und Rationalisierung der Produktion. Mit anderen Worten: Deutschland entwickelte sich im 19. Jahrhundert vom Agrarland zum Industrieland.[49] Diese Entwicklung lässt sich nach Helmut

---

44 *Mohnhaupt,* Justus Wilhelm Hedemann und die Entwicklung der Disziplin „Wirtschaftsrecht“, ZNR 2003, S. 241.

45 *Hedemann,* Geschichte des Jenaer Instituts für Wirtschaftsrecht. In: Mitteilungen des Jenaer Instituts für Wirtschaftsrecht, 1937, S. 6 f.; *Mohnhaupt,* Justus Wilhelm Hedemann und die Entwicklung der Disziplin „Wirtschaftsrecht“, ZNR 2003, S. 243.

46 *Zacher,* Die Entstehung des Wirtschaftsrechts, 2002, S. 15.

47 Ebd., S. 22.

48 Ebd., S. 26.

49 *Sandmann,* Die Entwicklung von Begriff und Inhalt des Wirtschaftsrechts durch die Rechtswissenschaft in der Weimarer Republik, 2000, S. 13.

Coing auch durch die sich verändernde Beschäftigtenstruktur belegen: Während im Jahre 1870 noch circa 50 % aller Erwerbstätigen in der Landwirtschaft beschäftigt waren, sank dieser Anteil im Jahre 1913 auf 33 %, obgleich sich die Gesamtzahl der Erwerbstätigen verdoppelte. Im gleichen Zeitraum stieg dagegen der Anteil der Erwerbstätigen in Industrie, Handwerk und Handel um 20 % auf insgesamt 50 % der Erwerbstätigen.[50] Ein deutliches Indiz für die Dynamik, Intensität und Qualität der Wirtschaftsentwicklung Deutschlands gibt auch der Anteil an der Weltindustrieproduktion: Dieser stieg von 13 % im Jahre 1870 auf 16 % im Jahre 1913, wodurch Deutschland nur noch von den Vereinigten Staaten von Amerika überflügelt wurde.[51] Nach Dietmar Petzina stieg die deutsche Industrieproduktion in diesem Zeitraum um das Sechsfache, wohingegen sich die französische Industrieproduktion nur um das Dreifache, die englische nur um das Doppelte steigern konnten.[52] Den Vergleich zu anderen Industrienationen musste Deutschland folglich nicht scheuen. Petzina betont zudem, dass sich besonders jene Branchen in Deutschland rapide fortentwickelten, die den Schwerpunkt auf die Anwendung wissenschaftlich begründeter und kapitalintensiver Technologien legten.[53] Auch das bilde einen Unterschied zu anderen Industrienationen, was folgender Vergleich zeige: Während in Deutschland im Jahre 1913 ein Drittel der gesamten nationalen industriellen Produktion von der metallverarbeitenden und chemischen Industrie geleistet wurde, entfiel in England nur ein Viertel auf diese Branchen. Ein Kennzeichen dieser Branchen war darüber hinaus die stetig zunehmende Komplexität der Produktion, die eine immer größer werdende Anzahl von dem Endverbraucher vorgelagerte Entwicklungsstufen und somit auch mehr Kapital erforderte. Dagegen setzte England einen größeren Schwerpunkt auf die Leichtindustrie, namentlich die Textil- und Nahrungsmittelindustrie, welche 39 % der englischen Produktion umfasste. In Deutschland waren dies nur 32 %.[54] Die strukturbestimmenden Industrien im 20. Jahrhundert waren in Deutschland folglich der Maschinenbau, die chemische, elektrotechnische, feinmechanische und optische Industrie. Herausstechend sei der Erfolg der deutschen chemischen Industrie, welche im Jahre 1913 einen Anteil von 90 % an der Weltfarbenproduktion hatte.[55]

---

50 *Coing*, Epochen der Rechtsgeschichte in Deutschland, 1981, S. 102.
51 *Petzina*, Die deutsche Wirtschaft in der Zwischenkriegszeit, 1977, S. 52.
52 Ebd., S. 52.
53 Ebd., S. 53.
54 Ebd., S. 53.
55 Ebd., S. 55.

Der Vorsprung der deutschen Wirtschaft gegenüber anderen Ländern war nach Petzina im Wesentlichen darauf zurückzuführen, dass die zunehmende Verwissenschaftlichung der Prozesse die bisherige Schwerpunktsetzung der Industrie verdrängte.[56] Handarbeit wurde durch maschinelle Produktion ersetzt. Systematische Forschung an den Universitäten und in den eigenen Laboren der Industrie sowohl im Grundlagenbereich als auch in den speziellen Bereichen sowie der staatlich geförderte Aufbau von technisch orientierten Hochschulen trugen dazu bei, dass die deutsche Forschung in vielen Bereichen den internationalen Standard festlegte.[57]

Kennzeichnend für diesen Wandel des Wirtschaftslebens Deutschlands sei vor allem die dem Handwerk fremde Arbeitsteilung in verschiedene Produktionsabläufe gewesen, bedingt durch die kapitalistische Ausrichtung der neuen Großunternehmen und die Massenproduktion. Hierdurch sei ein neuer Stand – nämlich die Arbeiterklasse – entstanden, die zunehmend auf ihre Rechte pochte.[58]

Die fortschreitende Technisierung forderte neben neuen Betriebsmethoden auch neu ausgerichtete Betriebsformen. Aufgrund des intensiveren Kapitaleinsatzes änderten sich die Unternehmensstruktur der Industriebetriebe und zugleich das Bankwesen. Die Zahl der Großbetriebe nahm von 1871–1914 ungefähr um das Dreifache zu.[59] Die Bildung von Kartellen und Trusts zu dieser Zeit war vor allem eine Maßnahme der Wirtschaft, um sich selbst nach der großen Depression der 1870er-Jahre zu helfen. Die Unternehmen koordinierten ihr Marktverhalten bis hin zur Preisgestaltung, um dem durch die Depression verstärkten Konkurrenzdruck standhalten zu können. Bereits in den 1880er-Jahren setzte über diese Konzentrationsbewegung der Unternehmen eine lebhafte Diskussion ein. Kartelle wurden entweder als „Kinder in der Not" gesehen oder es wurde auf die Wettbewerbsbeschränkungen und die Nachteile für die Endverbraucher durch Preisabsprachen hingewiesen.[60]

Der Aufschwung der Wirtschaft wurde ab 1914 durch den Ersten Weltkrieg unterbrochen. Die Kriegswirtschaft wurde zur bestimmenden Komponente des

---

56 *Petzina*, Die deutsche Wirtschaft in der Zwischenkriegszeit, 1977, S. 54.

57 Ebd., S. 54.

58 *Sandmann*, Die Entwicklung von Begriff und Inhalt des Wirtschaftsrechts durch die Rechtswissenschaft in der Weimarer Republik, 2000, S. 13.

59 *Zacher*, Die Entstehung des Wirtschaftsrechts, 2002, S. 30; *Kellenbenz*, Deutsche Wirtschaftsgeschichte II, 1981, S. 254 f.

60 *Kroeschell*, Rechtsgeschichte Deutschlands im 20. Jahrhundert, 1992, S. 26.

Wirtschaftslebens, beispielsweise in der Form, dass die Privatwirtschaft zugunsten einer staatlich gelenkten Produktion zurücktreten musste.[61]

Erste Züge des Wirtschaftsrechts sind nach Zacher bereits im Rahmen der Kriegswirtschaft während des Ersten Weltkrieges zu erkennen. Ihm zufolge waren die Kriegswirtschaft und das Kriegswirtschaftsrecht notwendige Bedingungen für die Entstehung des Wirtschaftsrechts. Binnen kurzer Zeit habe sich die Kriegswirtschaft mit einer Reihe von Hindernissen konfrontiert gesehen, nämlich der militärischen und wirtschaftlichen Mobilmachung, dem Wegfall vieler qualifizierter Arbeitskräfte, dem Abbruch der Außenhandelsbeziehungen, gefolgt von Versorgungsschwierigkeiten. Zudem sei die Kriegswirtschaft, um die Bedürfnisse des Heeres und der Bevölkerung zu decken, von einer umfassenden staatlichen Einflussnahme geprägt gewesen, zum Beispiel durch Zentralisierung, Rationierung, Beschlagnahmen und Kontrahierungszwang. Die Ermächtigungsgesetze des Reichstags von 1914 übertrugen dem Reichsrat eine umfassende Verordnungskompetenz in allen kriegswichtigen Fragen. Dies habe den Grundstein für eine das ganze Wirtschaftsleben durchdringende Kriegsverwaltung gelegt. Kriegswirtschaftliche Leitentscheidungen seien so zum ersten Mal mit den Mitteln der Gesetzgebung umgesetzt worden.[62]

Der Friedensvertrag wurde am 28. Juni 1919 unterzeichnet und hatte für die deutsche Wirtschaft weitreichende und einschneidende Folgen vor allem durch die festgelegten Reparationszahlungen, die Gebietsverluste und den „Schmachparagraphen" über die Kriegsschuld. Der Versailler Vertrag wurde von der Bevölkerung deshalb weitgehend als Demütigung empfunden, was der politischen und sozialen Stabilität der Weimarer Republik entgegenwirkte. Für Petzina waren die Ausgangsbedingungen für ein wirtschaftliches Wachstum nach 1918 grundlegend verändert und denkbar schlecht., denn nach dem Krieg hatte Deutschland zudem mit den ökonomischen Folgen der Kriegswirtschaft zu kämpfen, wie zum Beispiel der Diskrepanz zwischen monetären Anspruchstiteln (Geldvermögen, Kriegsanleihen) und tatsächlicher Produktionsmöglichkeiten und dem Wegfall traditioneller Verbindungen der deutschen Wirtschaft zum Ausland.[63] Die dem Weltkrieg folgenden Jahrzehnte konnten, so Petzina, den Vergleich mit den Vorkriegsjahren bezogen auf das wirtschaftliche Wachstum und die konjunkturelle Entwicklung, nicht standhalten. Er sieht das Vierteljahrhundert vor

---

61 *Sandmann*, Die Entwicklung von Begriff und Inhalt des Wirtschaftsrechts durch die Rechtswissenschaft in der Weimarer Republik, 2000, S. 13.

62 *Zacher*, Die Entstehung des Wirtschaftsrechts, 2002, S. 31.

63 *Petzina*, Die deutsche Wirtschaft in der Zwischenkriegszeit, 1977, S. 11.

1914 als zweite Industrialisierungswelle, die von der systematischen Umsetzung wissenschaftlicher Erkenntnisse in die Produktion geprägt war. Die aggregierte Wirtschaftsleistung habe sich demzufolge zwischen 1896 und 1913 verdoppelt, wohingegen der Stand von 1913 erst im Jahre 1938 lediglich um 40 % überschritten wurde.[64] Petzina führt für das verlangsamte Wirtschaftswachstum nach dem Ersten Weltkrieg zwei Gründe an: Zum einen hätten sich die Produktionsanreize verringert infolge der zunehmenden Konzentrationsprozesse der Unternehmen, die zu einem Ungleichgewicht zwischen Angebot und solventer Nachfrage führten, denn der Weltkrieg habe zu einer Verarmung der kaufkräftigen Mittelschichten geführt, wodurch im Besonderen die Konsumgüterindustrie nicht den gewollten Aufstieg erreichen konnte. Zum anderen beruft sich Petzina auf die Ausführungen Joseph Alois Schumpeters, der hervorhebt, dass in den zwanziger Jahren die großen technologischen Schübe gefehlt hätten, welche analog zu den Fortschritten der Chemie und Elektrotechnik vor 1914 ein Garant für ein schnelles Wachstum hätte sein können.[65] Für Petzina erscheint diese Aussage nicht beweisbar; wirtschaftliches Wachstum hänge nicht vor allem von technologischen Innovationen ab. Für die wirtschaftliche Entwicklung der Zwischenkriegszeit sei vielmehr die fehlende Absorptionsfähigkeit des Binnenmarktes wegen geringer Kaufkraft infolge des Krieges und der Inflation ausschlaggebend.[66]

Zacher resümiert, dass nach dem Waffenstillstand die Kriegswirtschaft in eine Demobilmachungswirtschaft überführt wurde, deren Defizite der Staat habe ausgleichen sollen.[67] „Sozialisierung“ und „Gemeinwirtschaft“ seien symptomatische Schlagworte jener Zeit gewesen. Das Wirtschaftsrecht habe sich in der Zeit von 1918 bis 1925 in einer Hochphase befunden, während die Weimarer Republik wirtschaftlich zu kämpfen hatte. Nach Zacher kann man diese gegenläufige Entwicklung als Reaktion der Rechtswissenschaft auf die Not der Nachkriegszeit ansehen.[68] Insbesondere die Inflation, die im Jahre 1923 ihren Höhepunkt erreichte, bedrohte durch das aufgrund der Geldentwertung entstandene Missverhältnis zwischen Geldumlauf und tatsächlicher Produktionsmöglichkeit sowohl den Staat als auch die gesamte wirtschaftliche Entwicklung. Erschwerend kam die Besetzung des Ruhrgebiets und somit der eingeschränkte Zugang zu Rohstoffen hinzu. Zacher fasst bezüglich des Aufschwungs des

64 *Petzina*, Die deutsche Wirtschaft in der Zwischenkriegszeit, 1977, S. 11.
65 Zitiert nach *Petzina*, Die deutsche Wirtschaft in der Zwischenkriegszeit, 1977, S. 8 f.
66 *Petzina*, Die deutsche Wirtschaft in der Zwischenkriegszeit, 1977, S. 8 f.
67 *Zacher*, Die Entstehung des Wirtschaftsrechts, 2002, S. 49.
68 Ebd., S. 52.

Wirtschaftsrechts in der Weimarer Republik die Ausführungen von Friedrich Glum aus dem Jahre 1934 zusammen, dass in den Momenten, in denen Mangel herrsche, eine starke Tendenz bestehe, sein Heil in wirtschaftsregelnden Rechtslehren zu suchen.[69]

Es fand zudem ein Wandel in der Wirtschaftsstruktur statt: Ein Konzentrationsprozess der privatwirtschaftlichen Unternehmen setzte ein. So schloss sich beispielsweise 1920 Siemens mit der Rheinelbe-Union zusammen, die IG-Farben-Industrie AG entstand 1925, gefolgt von der Vereinigten Stahlwerke AG im Jahre 1926.[70] Ihren Höhepunkt erreichte die Kartellierung somit in der Zwischenkriegszeit. 1925 wurden 1539 Kartelle gezählt, im Jahr 1910 nur 367.[71] Begünstigt wurde dieser Konzentrationsprozess der Unternehmen vor allem dadurch, dass nach dem Ersten Weltkrieg eine Neuordnung der bisher an den lothringischen, saarländischen und luxemburgischen Montanunternehmen beteiligten Unternehmen zugunsten einer besseren Rentabilität erforderlich war und nach dem Beispiel der USA sich die Unternehmensstruktur weg von den Kleinunternehmen hin zu Großbetrieben veränderte.[72] Nach Friedrich-Wilhelm Henning war jedoch ab 1924 ein „Drei(-miß-)klang“ festzustellen, zwischen zu hohen Investitionen in der Inflationszeit, fehlenden Innovationsinvestitionen und fehlender Nachfrage.[73] Die deutsche Industrie wurde nach der Inflation mit den Zielsetzungen einer vergrößerten Produktkapazität und starker Rationalisierung umgestaltet. Diese Umstrukturierung wurde wesentlich mithilfe von amerikanischen Anleihen finanziert. Es kam zu einer zunehmenden internationalen Kreditverflechtung.[74] Karl Dietrich Bracher spricht zusammenfassend von dem „Niedergang der Mittelschichten im Nachkriegs- und Inflationsdeutschland“.[75] Er weist darüber hinaus auf die von den Konzentrationsprozessen der Unternehmen ausgehende Gefahr für die politische Stabilität der Weimarer Republik hin. Mit den Vereinigten Stahlwerken, den Vereinigten Oberschlesischen Hüttenwerken, der IG-Farben und anderen Großkonzernen standen der politischen Führung wirtschaftliche Machtgefüge und einflussreiche Interessenverbände

---

69 *Zacher*, Die Entstehung des Wirtschaftsrechts, 2002, S. 52; siehe dazu ausführlich: Glum, Sammelrezensionen, AöR 1934, S. 110 ff.

70 *Henning*, Handbuch der Wirtschafts- und Sozialgeschichte Deutschlands, 2003, S. 312.

71 *Petzina*, Die deutsche Wirtschaft in der Zwischenkriegszeit, 1977, S. 61.

72 *Henning*, Handbuch der Wirtschafts- und Sozialgeschichte Deutschlands, 2003, S. 313.

73 Ebd., S. 313.

74 *Bracher*, Die Auflösung der Weimarer Republik, 1971, S. 187 f.

75 Ebd., 192.

gegenüber, deren Bedeutung innerhalb der politischen Machtbildungsprozesse schwer einzuschätzen war.[76]

Nach und nach war das ganze Wirtschaftsleben von Kartellen und Konzernen durchzogen. Hauptargument hierfür war die maximale Effektivität der Produktion. Aber auch der Staat förderte Unternehmenszusammenschlüsse im Sinne einer einheitlichen Außenhandels- und Preispolitik. Zudem war aufgrund der Verwissenschaftlichung der Produktionsmethoden ein steigender Kapitaleinsatz erforderlich, der insbesondere in der Produktionsmittelindustrie nur von einer geringen Zahl von Unternehmen aufgebracht werden konnte.[77] Staatliche Maßnahmen gegen diese Konzentrationsbewegung waren gering.[78] Allein die Kartellverordnung vom 2. November 1923 führte eine Missbrauchsaufsicht über die Kartelle ein.

Auch die Banken trugen über die Kreditbereitstellung hinaus einen Anteil daran, dass die Größe der Unternehmenseinheiten stetig zunahm. Zur Sicherung ihrer Kredite und Investitionen betrieben die Großbanken zur eigenen Risikominderung eine systematische Konzentrationspolitik.[79] Auch wurde die Einflussnahme der Banken dadurch größer, dass ihnen oftmals ein Sitz im Aufsichtsrat von Aktiengesellschaften zugesprochen wurde.

Ab 1924/25 stabilisierten sich die Weimarer Republik und deren Wirtschaft. Begünstigt wurde diese Entwicklung durch die Einführung der Rentenmark, die Gründung der Rentenbank am 15. Oktober 1923 und den Dawes-Plan, der die Grundlage für die Neuregelung der Reparationsleistungen bildete. Der Wirtschaftsaufschwung führte durch die gesteigerten Exportmöglichkeiten, die unter anderem durch die Geldentwertung begünstigt wurden, zu den sogenannten „goldenen Jahren" der Weimarer Republik. Der Hauptträger dieses wirtschaftlichen Wachstums war nach Friedrich-Wilhelm Henning die Industrie, die nunmehr versuchte, sich an die neuen Verhältnisse anzupassen.[80] Durch den Weltkrieg und die Inflation habe man den technischen Fortschritt, insbesondere durch mangelnde Investitionen, vernachlässigt. Die aus dieser Zeit noch bestehende technologische Lücke galt es nun abzubauen.[81] Nach Zacher war die Bedeutung des Wirtschaftsrechts sodann rückläufig, da sich dessen

76 *Bracher*, Die Auflösung der Weimarer Republik, 1971, 192.
77 *Petzina*, Die deutsche Wirtschaft in der Zwischenkriegszeit, 1977, S. 60.
78 *Bracher*, Die Auflösung der Weimarer Republik, 1971, S. 194 ff.
79 *Petzina*, Die deutsche Wirtschaft in der Zwischenkriegszeit, 1977, S. 60.
80 *Henning*, Handbuch der Wirtschafts- und Sozialgeschichte Deutschlands, 2003, S. 365.
81 Ebd., S. 366.

Notwendigkeit nicht mehr in dem Maße aufgedrängt habe, wie dies in wirtschaftlichen Notzeiten der Fall gewesen sei.[82]

Hinsichtlich der durchschnittlichen Unternehmensgröße setzte sich der Trend seit Beginn der Industrialisierung fort: Weiterhin nahm die Zahl der größeren Betriebe, gemessen an der Beschäftigungszahl und dem Produktionsvolumen, zu, während die Zahl der Kleinbetriebe nahezu stagnierte.[83] Zudem ging die Tendenz der Unternehmen dahin, durch Zusammenschlüsse sowohl in vertikaler als auch horizontaler Richtung die eigene Marktposition verbessern zu wollen.[84] Es bildeten sich vor allem Trusts und Kartelle, was Auswirkungen auf den freien Wettbewerb hatte.

Die Weltwirtschaftskrise, die ihren Anfang im Jahre 1929 nahm, führte erneut zu einem Einbruch in der Wirtschaft. Das industrielle Produktionsvolumen ging zurück, der vorhandene Kapitalstock verringerte sich. Nach Dietmar Petzina erreichte der Produktionsindex der deutschen Industrie im Jahre 1932/1933 nur die Hälfte des Standes von 1928. Bis 1932 sank das Volkseinkommen nominal um 43 % gegenüber dem Stand von 1929. Als Pendant zu sinkenden Produktionszahlen stieg die Arbeitslosenquote.[85] Hier trat die Krisenanfälligkeit der Großbetriebe besonders zum Vorschein. Nach Henning hatte das seine Ursache darin, dass der Kundenstamm der Großbetriebe eher überregional ausgerichtet war und somit der Rückgang der Exportmöglichkeiten und der Wegfall der inländischen Nachfrage doppelt negativ zum Tragen kamen.[86] Die Rückläufigkeit des Außenhandels zeigt sich deutlich an der Exportquote Deutschlands, die den prozentualen Anteil des Exports am Volkseinkommen angibt: Während die Exportquote im Jahre 1913 noch 20,2 % des Volkseinkommens betrug, war 1928 nur noch ein Anteil von 17 % und 1936 nur noch von 7,5 % festzustellen.[87] Petzina differenziert jedoch: Wenngleich der Gesamtexport eine rückläufige Tendenz aufweist, gelte dies nicht für alle Branchen. Der Export in den Branchen Maschinenbau, Chemie, Elektrotechnik, Feinmechanik habe in den Jahren 1928/1929 teilweise den Vorkriegszustand überschritten.[88] Großbetriebe seien von der Kreditkrise, die sich in der unvermittelten Rückziehung vieler der gewährten

82 *Zacher*, Die Entstehung des Wirtschaftsrechts, 2002, S. 174.
83 *Henning*, Handbuch der Wirtschafts- und Sozialgeschichte Deutschlands, 2003, S. 509.
84 Ebd., S. 510.
85 *Petzina*, Die deutsche Wirtschaft in der Zwischenkriegszeit, 1977, S. 16.
86 *Henning*, Handbuch der Wirtschafts- und Sozialgeschichte Deutschlands, 2003, S. 510.
87 *Petzina*, Die deutsche Wirtschaft in der Zwischenkriegszeit, 1977, S. 69.
88 Ebd., S. 69.

Kredite äußerte, in besonderem Maße betroffen gewesen.[89] Die Weltwirtschaftskrise erreichte für Petzina in Deutschland eine besondere Stärke durch das Zusammenwirken mehrerer Faktoren: Zunächst seien erforderliche wirtschaftliche Reformen nicht durchgeführt worden, da die Labilität des Nachkriegswirtschaftssystems durch die Stabilität ab Mitte der zwanziger Jahre verdeckt wurde und Reformen daher nicht für notwendig erachtet wurden. Sodann sei als Folge der zunehmenden Monopolisierung ganzer Zweige die abnehmende Elastizität der Wirtschaft zu nennen. Kartellierung und Konzentrationsbewegung führten nämlich zu einer zunehmenden Inflexibilität der Anpassungsfähigkeit der Wirtschaft insbesondere bei der Preis- und Lohnpolitik der Unternehmen. Nach Petzina betrug der Anteil der Kartellproduktion in den Jahren 1935/1937 die Hälfte der Gesamterzeugung, im Jahre 1907 betrug der Anteil nur ein Viertel.[90] Im Krisenfall war nach Petzina deshalb auf eine Selbstregulierung des Marktes nicht zu hoffen. Das liberale Welthandelssystem habe darüber hinaus noch Einschränkungen durch verstärkte Zoll- und Handelsschranken erfahren.[91]

Nach 1933 stabilisierte sich die wirtschaftliche Lage Deutschlands, unter anderem durch enorme Arbeitsbeschaffungsmaßnahmen und durch die erneute staatliche Aufrüstungspolitik.[92] Dagegen ebbte die Diskussion um das Wirtschaftsrecht in seiner Intensität und Ausprägung mit der nationalsozialistischen Machtübernahme ab. Dies liegt zum einen daran, dass viele Diskussionsteilnehmer wie zum Beispiel Eugen Rosenstock oder Arthur Nussbaum emigrierten oder anderen die Lehrerlaubnis aufgrund ihrer jüdischen Abstammung oder wegen einer engen persönlichen Verbindung zu Juden entzogen wurde.[93] Zum anderen war die weitere Diskussion geprägt von den Eckpfeilern des nationalsozialistischen Rechts, das auf den Gedanken des Führerprinzips und der Volksgemeinschaft aufbaute.[94] Es wurde gefordert, dass sich die neuen nationalsozialistischen Grundsätze auch in der Wirtschaft, den Gesetzen und der Rechtsprechung wiederfinden. Die Hauptaufgabe des Rechts sei fortan, die nationalsozialistischen Zielsetzungen umzusetzen. Die Aufgabe des „neuen Wirtschaftsrechts" sei

---

89 *Bracher*, Die Auflösung der Weimarer Republik, 1971, S. 188.

90 *Petzina*, Die deutsche Wirtschaft in der Zwischenkriegszeit, 1977, S. 61.

91 Ebd., S. 18.

92 Ebd., S. 18.

93 *Sandmann*, Die Entwicklung von Begriff und Inhalt des Wirtschaftsrechts durch die Rechtswissenschaft in der Weimarer Republik, 2000, S. 153 f.

94 *Sandmann*, Die Entwicklung von Begriff und Inhalt des Wirtschaftsrechts durch die Rechtswissenschaft in der Weimarer Republik, 2000, S. 155.

somit, die Gemeinwirtschaft aufzubauen.[95] Die neue Grundlage des Wirtschaftssystems und -rechts war fortan die „politische Zweckmäßigkeit".[96] Auf diese Diskussion um das nationalsozialistische „neue Wirtschaftsrecht" ist allerdings aufgrund der Fragestellung dieser Arbeit nicht mehr einzugehen.

II. Die Geschichte des Schutzes von Erfindungen

Im Folgenden sollen die wesentlichen Etappen der Geschichte des Schutzes von Erfindungen dargestellt werden. Insbesondere ist auf die Rechtfertigung der Patentidee einzugehen. Dies dient als Grundlage für die Einordnung der im Weiteren dargestellten Auffassungen Hermann Isays über die neue Funktion von Patenten. Er selbst forderte als Basis für ein umfassendes Verständnis des Wesens der Patente die Kenntnis der Geschichte des gewerblichen Rechtsschutzes.[97] So stellte er jeder Auflage seiner Patentgesetzkommentare in der Einführung eine kurze Übersicht über die Geschichte des Rechts an Erfindungen voran, mit den Worten, dass der „geschichtliche Entwicklungsgang [...] bei der Auslegung und Anwendung des modernen Erfindungsrechts nicht außer Acht gelassen werden"[98] dürfe. Isay unterschied die im Nachfolgenden dargestellten Epochen in der Geschichte des Patentrechts.

1. Der Schutz von Erfindungen innerhalb der Zünfte

Im Mittelalter waren das wirtschaftliche Handeln und der Betrieb von Gewerben durch die Zünfte geprägt, die den Gewerbetreibenden eine genossenschaftliche Ordnung vorgaben.[99] Die jeweilige Zunftordnung regelte umfassend die Art und Weise der Berufsausübung, die Produktionsweise und Qualität der Waren. Es herrschte zudem Zunftzwang.[100] Diese statische Gesellschafts- und Wirtschaftsordnung war ein ungünstiges Umfeld für Erfinder, da sich der Erfinder stets

95 So zum Beispiel: *Danielcik*, Grundgedanken nationalsoz. Wirtschaftsrecht, JW 1935, S. 328 ff.; *Mönckmeier*, Um ein neues Wirtschaftsrecht, Zeitschrift der Akademie für deutsches Recht 1935, S. 375 ff; *Haemmerle*, Die Entwicklung des dt. Wirtschaftsrechts sei dem Jahre 1933, Zeitschrift für die gesamte Staatswissenschaft 1935 Bd. 95, S. 155; *Schlegelberger*, Das Wirtschaftsrecht des Dritten Reiches, 1935, S. 6.

96 *Haemmerle*, Die Entwicklung des deutschen Wirtschaftsrechts seit dem Jahre 1933, Zeitschrift für die gesamte Staatswissenschaft 1935, Bd. 95, S. 155.

97 *Isay*, Die Funktion der Patente im Wirtschaftskampf, 1927 S. 7.

98 *Isay*, PatG 1903, S. 19.

99 Das Folgende nach: *Götting*, Gewerblicher Rechtsschutz, 2007, S. 12.

100 Ebd., S. 12.

den Regeln der Zunft unterwerfen musste. Erschwerend kam hinzu, dass Erfindungen als Gemeingut der Zunft angesehen wurden, weshalb kein besonderer Ansporn für die Ausarbeitung neuer technischer Ideen bestand.[101]

Auch für Isay erschien dieses Umfeld erfindungsfeindlich, denn der Schutz von Erfindungen war für ihn nur möglich gewesen, „solange in den Zünften der Geist des gewerblichen Fortschritts lebendig war“[102]. Nach Isay habe aber im 17. Jahrhundert der Zunftgeist einen „kleinlichen und verknöcherten Charakter“ angenommen und stellte damit ein Hindernis für jegliche Erfindungstätigkeit dar.[103]

2. Der Schutz von Erfindungen durch Privilegien

Einen anfänglichen Schutz für Erfindungen und die ihnen innewohnenden rechtlichen und wirtschaftlichen Interessen boten Privilegien, ungeachtet der Art und des Umfangs des Schutzes. Privilegien waren verbriefte Rechte,[104] verliehen durch Einzelfallgesetze. Barbara Dölemeyer versteht unter Privilegien Exklusivrechte, die Lebensverhältnisse oder Interessen betrafen, deren Schutzwürdigkeit nicht oder noch nicht allgemein anerkannt war, bzw. Bereiche, für die eine allgemeine Gesetzgebung nicht existierte.[105] Die Frühe Neuzeit war von der absolutistisch-merkantilistischen Handelspolitik der Fürsten und Landesherren geprägt.[106] Diese war gekennzeichnet von der wirtschaftspolitischen Zielsetzung, den inländischen Handel und die eigenen Gewerbe zu stärken,[107] was zum Beispiel durch die Einführung von Schutzzöllen auf ausländische Waren und die Förderung der Einfuhr der notwendigen Rohstoffe erreicht wurde. Der Abfluss von Kapital ins Ausland sollte vermieden werden.[108] Betrachtet man die Erteilung von Privilegien in diesem ökonomischen und politischen Zusammenhang, lässt sich folgern, dass die Privilegien in das übergreifende System der „guten Policey“ des Staates eingebettet waren.[109] Oberstes Ziel und Staatszweck war das

---

101 *Götting*, Gewerblicher Rechtsschutz, 2007, S. 12.

102 *Isay*, PatG 1903, S. 18.

103 Ebd., S. 18.

104 *Pahlow*, Art. Patent, Patentrecht, in: HRG 2017, Sp. 424.

105 *Dölemeyer*, Patentrecht und Musterschutz, 1986, S. 4068.

106 *Götting*, Gewerblicher Rechtsschutz, 2007, S. 13 f.

107 *Schmoeckel*, Rechtsgeschichte der Wirtschaft, 2008, S. 134 f; *Pahlow*, Art. Patent, Patentrecht, in: HRG 2017, Sp. 424.

108 *Dölemeyer/Klippel*, Theorie des gewerblichen Rechtsschutzes, GRUR-FS 1991, S. 194.

109 Ebd., S. 193.

Erreichen des Gemeinwohls oder der Wohlfahrt, das „bonum commune" oder die „salus publica". Ein beliebtes Mittel der merkantilistisch-absolutistischen Wirtschaftsförderung war deshalb die Erteilung von Privilegien. Gewerbeprivilegien wurden beispielsweise Personen zugesprochen, die neue Gewerbezweige oder neue Waren einführten.[110] Diese sicherten sich so das Recht zur befristeten alleinigen Ausübung des Gewerbes,[111] zugleich den Schutz technischer Erfindungen. Die Wirkung des Privilegs war zudem die Befreiung vom Zunftzwang und die zeitlich begrenzte Monopolstellung auf die Benutzung der Erfindung. Daneben wurden Erfinderprivilegien erteilt, welche die exklusive Nutzung einer technischen Idee für eine bestimmte Zeit garantierten, mit der nachfolgenden Pflicht zur Veröffentlichung der Idee.[112]

Es kann an dieser Stelle dahingestellt bleiben, ob die Privilegien als Ursprung des modernen gewerblichen Rechtsschutzes anzusehen sind oder ob dieser sich aus der kritischen Auseinandersetzung mit dem Privilegienwesen entwickelte.[113] Jedenfalls unterschied sich die Zielsetzung für die Erteilung von Privilegien wesentlich vom Zweck der ersten Patentgesetze im 19. Jahrhundert: Privilegien boten zwar auch die Möglichkeit des Schutzes der wirtschaftlichen und rechtlichen Interessen des Inhabers. Staatszweck und damit Hauptargument für die Erteilung von Privilegien war aber das Gemeinwohl.[114] Es wurde betont, dass die Erteilung von Privilegien gerechtfertigt sei, weil die Allgemeinheit ihren Nutzen aus neuen Erfindungen oder der Einführung von neuen Techniken ziehen könne und damit der Wohlstand des Landes gehoben werde.[115] Form und Inhalt des Schutzes waren abhängig davon, ob die Erfindung dem Gemeinwohl diente oder nicht. Einen Rechtsanspruch auf Erteilung eines Privilegs gab es nicht, die Erteilung von Privilegien lag allein im Ermessen der Landesherren.[116] Privilegien konnten widerrufen oder aufgehoben werden, sie konnten mit anderen Privilegien kollidieren und die Wirkung des Privilegs erstreckte sich nur auf das Gebiet des jeweiligen Herrschers, der das Privileg erteilt hatte.[117] Ein Schutz allein der erfinderischen Leistung im heutigen Sinn war nicht bezweckt, da beispielsweise

110 *Götting*, Gewerblicher Rechtsschutz, 2007, S. 14.
111 Ebd., S. 14.
112 *Dölemeyer*, Patentrecht und Musterschutz, 1986, S. 4068.
113 Siehe dazu: *Dölemeyer/Klippel*, Theorie des gewerblichen Rechtsschutzes, GRUR-FS 1991, S. 190 f.
114 Ebd., S. 191.
115 *Götting*, Gewerblicher Rechtsschutz, 2007, S. 14.
116 Ebd., S. 14.
117 *Dölemeyer/Klippel*, Theorie des gewerblichen Rechtsschutzes, GRUR-FS 1991, S. 192.

schon die Einfuhr einer im Inland neuen Ware ausreichte,[118] unabhängig davon, ob der Importeur der Erfinder dieser Neuerung war. So wurden Privilegien oftmals als Mittel für den Innovationstransfer gebraucht, ohne zur Förderung innovativer Tätigkeit selbst beizutragen.

Hermann Isay sah das Privilegienwesen, das sich in die staatliche Wohlfahrtspflege eingliederte, als notwendigen Schutz von Erfindungen gegen das rigide Zunftwesen an. Er bemängelte allerdings die willkürliche Erteilung von Privilegien, auch wenn es sich um keine neue Erfindung handelte. Kritisch sah er ebenso den Missbrauch der Privilegien in der Form, dass die Pflicht des Privilegieninhabers zur Zahlung einer Abgabe an den Staat oftmals in eine lukrative Einnahmequelle der Landesherren verkehrt wurde.[119]

3. Der Schutz von Erfindungen in England

Als Vorläufer der europäischen Patentgesetzgebung kann das „Statute of Monopolies" angesehen werden, das im Jahre 1624 in England erlassen wurde.[120] Section 6 legte fest, dass alle zukünftigen Erfindungspatente von der Anwendbarkeit der Monopolakte ausgeschlossen waren, und begründete das Erfinderprinzip: Das Patent durfte nur noch an den ersten und wahren Erfinder erteilt werden („the first and true inventor").[121] Ferner wurden Richtlinien für das Patentrecht festgelegt, zum Beispiel die Schutzdauer, wodurch die Willkür und der Missbrauch bei der Erteilung von Privilegien eingedämmt werden sollten. Im Vordergrund der Gesetzgebung stand aber stets die Gewerbefreiheit, von welcher Patente eine Ausnahme darstellten,[122] und somit bedurften die Patente als Monopole einer Rechtfertigung, die wiederum im Nutzen für die Allgemeinheit lag.

Für Hermann Isay waren Anerkennung und Entstehung der Idee eines Monopolrechts durch Patente an Erfindungen nur vor dem Hintergrund des kapitalistischen Wirtschaftssystems denkbar. Das Patentrecht war nach Isay zugleich „Ausfluß und Faktor des Frühkapitalismus".[123] Es war für ihn zudem nicht verwunderlich, dass das erste Patentgesetz der Welt, das „Statute of Monopolies" von 1624, in England und nicht auf dem Kontinent erlassen wurde. Das erklärte

---

118 *Götting,* Gewerblicher Rechtsschutz, 2007, S. 15.

119 *Isay,* PatG 1903, S. 18; entsprechende Ausführungen bei Churchill, Monopolies, Quarterly Law Review, 1925, S. 289.

120 *Machlup/Penrose,* The patent controversity in the nineteenth century, 1950, S. 2.

121 *Kurz,* Weltgeschichte des Erfindungsschutzes, 2000, S. 173.

122 *Götting,* Gewerblicher Rechtsschutz, 2007, S. 16.

123 *Isay,* Die Funktion der Patente im Wirtschaftskampf, 1927, S. 7.

sich für ihn aus der vorteilhaften wirtschaftlichen und geistigen Atmosphäre des puritanischen Englands: Erstens sei dort die rational fundierte Naturwissenschaft allgemein akzeptiert und nicht von den Vorbehalten der katholischen Kirche gegenüber Neuerungen torpediert worden. Als Beispiel für Letzteres führte er an, dass im Jahre 1616, mithin nur sieben Jahre vor Erlass des „Statute of Monopolies", das Inquisitionsverfahren gegen Galileo Galilei eröffnet wurde. Zweitens und ausschlaggebend sei der Geist des Puritanismus in England. Dieser sei wegbereitend für die Entstehung des Kapitalismus gewesen, da aufgrund der strengen Prädestinationslehre Calvins zum ersten Mal der Geist einer innerweltlichen Askese geschaffen und dem bürgerlichen Beruf Würde und Ethos gegeben worden seien. Die Prädestinationslehre Calvins habe das Streben nach Gewinn und Gelderwerb somit nicht nur von den Verklärungen der traditionellen Ethik befreit, sondern habe die rational organisierte, gewinnorientierte Arbeit sogar als gottgewollt angesehen. Drittens habe die calvinistische Lehre das Individualgefühl begründet, im Gegensatz zu dem Genossenschaftsgedanken des Kontinents. Höchstleistungen wie Erfindungen waren nach Isay so durch Hingabe an den Beruf zu erreichen.

4. Isays Folgerungen

Aus der Geschichte des Erfindungsschutzes zog Hermann Isay im Wesentlichen drei Schlussfolgerungen für die Patentgesetzgebung seiner Zeit.

Erstens folgte er den Vertretern der sogenannten Belohnungstheorie, indem er in der Erteilung eines Patents ein „Entgelt für die Bereicherung des gewerblichen Lebens"[124] sah. Dieser Nutzen für die Allgemeinheit stelle sich als unmittelbarer Ausfluss der Anmeldung und der damit erfolgten Veröffentlichung der Erfindung dar und sei in Form eines Patents zu belohnen. Isay berief sich hier auf den Präsidenten des Kaiserlichen Patentamts, Victor von Bojanowski, der in seinen Ausführungen über die Entwicklung des deutschen Patentwesens den Zusammenhang zwischen den Belangen der Allgemeinheit und denen des Erfinders als Kennzeichen des Patentwesens deutlich herausgestellt hatte. Nach Bojanowski galt es als Grundlage des Patentwesens zu erkennen, dass für die wirtschaftliche Entwicklung des Gemeinwesens die Gewinnung neuer oder verbesserter Gebrauchswerte notwendig sei. Dementsprechend sei auch die Fürsorge und Förderung für die Gewinnung solcher neuen Gebrauchswerte zum Wohle der Allgemeinheit notwendig:

---

124 *Isay,* PatG 1903, S. 19.

„Die Zuführung neuer oder verbesserter Arten des Arbeitsverfahrens, neuer Ideenverknüpfungen zur Befriedigung menschlicher Bedürfnisse, die Erweckung neuer Bedürfnisse entspringt der Anregung von Seiten des Erfinders. Erfinder und Allgemeinheit – Einzelinteresse und Gesamtinteresse – stehen sonach einander gegenüber; dort Angebot – hier Verlangen."[125]

Da neue Erfindungen nach Bojanowski demnach die Nachfrage der Allgemeinheit befriedigen und somit zur Förderung des Gemeinwohls wünschenswert sind, müsse der Erfinder Unterstützung erlangen. Würde man den Erfinder dem uneingeschränkten Wettbewerb aussetzen, so wäre es nach Bojanowski zweifelhaft, ob sich die Aufwendungen und Anstrengungen des Erfinders amortisieren würden. Würde dem Erfinder keine Entschädigung oder Entlohnung in Aussicht gestellt, so könnte die Allgemeinheit vom Vorteil der Erfindung nicht oder nur nach ungewisser Zeit profitieren. Deshalb resümierte Bojanowski, dass die Gewährung eines Ausschlussrechtes die angemessene Form der Entschädigung darstelle.[126]

Zweitens setzte Isay die Entstehungsgeschichte des Patentschutzes in zwei Punkten mit der Geschichte des Schutzes des Eigentums gleich. Zum einen gehe die Entwicklung vom Gemeinrecht hin zum Einzelrecht.[127] Zum anderen hafte beiden der gleiche soziale Charakter an: Die Pflicht des Eigentümers, von seinem Eigentum keinen unsozialen Gebrauch zu machen, treffe analog auch auf das Gebiet des Erfindungsrechts zu.[128] Auch hier findet man wieder ähnliche Ausführungen bei Bojanowski. Für ihn stellte die Gewährung eines Ausschlussrechtes an der Erfindung zugunsten des Patentnehmers zugleich die Verpflichtung für diesen dar, die Vorteile der Erfindung der Gesamtheit zuzuführen.[129] Isay setzte das Recht am körperlichen Eigentum allerdings nicht vollkommen gleich mit dem Recht an einer Erfindung. In der Einleitung zur fünften Auflage seines Patentrechtkommentars arbeitete er als Unterschied zwischen beiden heraus, dass der Gedanke des Privateigentums an körperlichen Gegenständen in allen höheren Kulturen gefunden werden könne, der Gedanke eines Ausschlussrechts an Erfindungen diesen hingegen zunächst grundsätzlich fremd gewesen sei.[130] Isay berief sich hier auf Gabriel Tarde, den er mit den Worten zitierte: „L'invention

125 *v. Bojanowski*, Ueber die Entwicklung des Deutschen Patentwesens, 1890, S. 17.
126 Ebd., S. 19.
127 *Isay*, PatG 1903, S. 19.
128 Ebd., S. 19.
129 *v. Bojanowski*, Ueber die Entwicklung des Deutschen Patentwesens, 1890, S. 20.
130 *Isay*, PatG 1931, S. 19.

et l'imitation sont l'acte social élémentaire".[131] Um ein Monopolrecht an Erfindungen rechtfertigen zu können, habe es erst einer zusätzlichen Komponente bedurft, nämlich der Herausbildung des kapitalistischen Wirtschaftssystems, aus dem dieses Recht dann hervorgehen konnte. Isay sah das Ausschlussrecht an einer Erfindung deshalb nicht als „natürliches" beziehungsweise „reines" Recht des Erfinders an.[132] Trotzdem sei das Ausschlussrecht an Erfindungen ein „Recht im eigentlichen Sinne", nämlich Ausdruck des Rechtsgefühls und nicht bloß der staatlichen Gesetzgebung, denn auch das Rechtsgefühl wandele sich im Laufe der Zeiten, weshalb im modernen Industriestaat der Anspruch des Erfinders auf das alleinige Recht zur Ausbeutung seiner Erfindung vom allgemeinen Rechtsgefühl getragen sei.[133]

Drittens war nach Isay festzustellen, dass die Patenterteilung konstitutive Bedeutung habe. Die Erlangung des Erfindungsschutzes erfordere also stets einen staatlichen Akt – historisch gesehen ursprünglich die Privilegienerteilung. Privilegien seien formell Gesetze für den Einzelfall.[134] Das moderne Patent wies für Hermann Isay in der Konsequenz eine Reihe von Zügen auf, die sich nur aus der Natur des Privilegs erklären ließen, aus dem es seiner Ansicht nach hervorgegangen war.[135] Er stellte sich folglich aus einem sehr pragmatischen Grund gegen die Auffassung von Josef Kohler, der die sogenannte „Privilegientheorie" ablehnte. Es sei schlichtweg eine historische Gegebenheit und Tatsache, dass sich das moderne Patent aus dem Privileg entwickelt habe.[136] Erwägungen des Naturrechts oder der Rechtsphilosophie spielten für Isay hier keine Rolle. Für Josef Kohler hingegen begann die Geschichte des Patentschutzes im Jahre 1623. Er zählte die Privilegiengeschichte nicht zu der Geschichte des Patentwesens aufgrund der zu großen Unterschiede zwischen beiden Systemen. Unter einem Privileg verstand Kohler ein Recht, das nicht durch seinen Inhalt, sondern maßgeblich durch seinen Erwerb charakterisiert werde.[137] Dadurch unterscheide sich ein Privileg maßgeblich von allen anderen Rechten, die aus dem Recht kraft seiner allgemeinen Ordnung entsprängen und nicht erst durch eine individuelle Verfügung entstünden. Das Erfinderrecht entsteht nach Kohler dagegen bereits

131 *Tarde,* Les lois de l'imitation, 1904, S. 157.
132 *Isay,* PatG 1931, S. 19.
133 Ebd., S. 19.
134 *Isay,* PatG 1903, S. 19.
135 Ebd., S. 19.
136 Ebd., S. 19.
137 *Kohler,* Handbuch des Deutschen Patentrechts, 1900, S. 16.

durch die Erfindung als unvollkommenes Recht, das durch die Patenterteilung zum vollkommenen Recht erstarke. Das Privilegienwesen sei somit vom Patentwesen deutlich zu unterscheiden.[138]

5. Der Schutz von Erfindungen im 19. und 20. Jahrhundert

Gegen Ende des 18. Jahrhunderts verlor das Privilegienwesen auch auf dem Kontinent zunehmend an Fürsprechern und wurde als Hindernis für die wirtschaftliche Entwicklung empfunden. Zwar bildeten sich in der Praxis anerkannte Verfahrensgrundsätze für die Vergabe von Privilegien heraus.[139] Oberste Prämisse blieb aber stets, dass es sich bei einem Privileg um eine von der Obrigkeit nach freiem Ermessen verliehene Rechtsposition handelte.[140]

Frankreich nahm hinsichtlich der Legitimation des Erfindungsschutzes mit der revolutionären Gesetzgebung von 1791/1793 eine von den übrigen Nationen abweichende Sonderposition ein: Die Naturrechtslehre und die Philosophie der Aufklärung fanden zwar auch auf dem übrigen Kontinent immer mehr Zuspruch; das Individuum und seine Rechte wurden in den Mittelpunkt der Betrachtung gerückt. In Frankreich aber stand die Erteilung eines Privilegs nicht länger im Ermessen des Landesherrn, sondern es bildete sich die Auffassung heraus, dass der geistig Schaffende auf das Ergebnis seines Tuns ein natürliches Anrecht, einen Anspruch habe.[141] Die Theorie vom geistigen Eigentum fand dort mit der Anerkennung der Menschenrechte vollen Zuspruch.[142] Die Idee der „propriété industrielle“ besagte, dass jede Entdeckung oder Erfindung auf allen Gebieten der Industrie Eigentum des Erfinders sei.[143]

In Deutschland war die rechtswissenschaftliche Erfassung des gewerblichen Rechtsschutzes im Allgemeinen und des Schutzes von Erfindungen im Speziellen anders ausgestaltet. Eine Herausforderung in der Begründung der Legitimation des Patentrechts bildete weiterhin der Umstand, dass ein Patent monopolartig wirkte und gerade daher auf Ablehnung stieß.[144] Dies lag nicht zuletzt daran, dass die durch Patente geschaffene gesicherte Rechtsposition zugunsten des

---

138 *Kohler*, Handbuch des Deutschen Patentrechts, 1900, S. 349 f.

139 *Dölemeyer*, Patentrecht und Musterschutz, 1986, S. 4068.

140 *Wadle*, Der Weg zum gesetzlichen Schutz des geistigen und gewerblichen Schaffens, in: GRUR-FS Bd. 1, S. 125 f.

141 *Dölemeyer*, Patentrecht und Musterschutz, 1986, S. 4069.

142 *Götting*, Gewerblicher Rechtsschutz, 2007, S. 18.

143 Ebd., S. 18.

144 *Dölemeyer/Klippel*, Theorie des gewerblichen Rechtsschutzes, GRUR-FS 1991, S. 221.

Rechteinhabers in das freie Marktgeschehen eingriff und als Hindernis für den freien Wettbewerb begriffen wurde.[145] Die daraus entstehende Diskussion um eine tragfähige Begründung für die gewerblichen Schutzrechte dauerte lange an. In Anlehnung an das französische Recht versuchte man, zunächst den Begriff des geistigen Eigentums für die Legitimation des privatrechtlichen Schutzes von Erfindungen heranzuziehen. Insbesondere aufgrund des römisch-rechtlich geprägten Einwandes der Rechtswissenschaft, dass es Eigentum nur an körperlichen Gegenständen geben könne, wurde der Begriff des geistigen Eigentums gegen Ende des Jahrhunderts schließlich von den Begriffen der Persönlichkeitsrechte und Immaterialgüterrechte verdrängt.[146] Entscheidende Kriterien zur Differenzierung waren der Gegenstand des Rechts sowie der Grad der Veräußerlichkeit. Um die Notwendigkeit des rechtlichen Schutzes des Erfinderrechtes zu begründen, wies Josef Kohler insbesondere auf den Arbeitsbegriff und die schöpferische Tätigkeit des Berechtigten hin und folgerte daraus parallel zum Eigentum und unterschiedlich zu Monopolen und Privilegien die Anerkennung der Immaterialgüterrechte.[147] Darüber hinaus ging in Deutschland die Entwicklung auch aufgrund der territorialen Zersplitterung langsamer voran als in Frankreich.[148]

Eine Wende markierte die Übereinkunft der Zollvereinsstaaten in dem Jahre 1842. Diese Absprache legte einheitliche Grundsätze des Patentschutzes innerhalb des Zollvereins fest.[149] Allerdings war die Absprache von dem Motiv des Vorrangs freier Handelsbeziehungen geprägt[150] und brachte nur einen eingeschränkten Schutz. Es sollten nur die Grundsätze vereinheitlicht werden, die Auswirkungen auf den gegenseitigen freien Verkehr unter den Vereinsstaaten hätten.[151] Als Fortschritte sind die Anerkennung des Neuheitsprinzips und der Veröffentlichungspflicht zu nennen.[152] Einschränkend wirkte sich aus, dass die Wirkung des Patents auf den jeweiligen Vereinsstaat begrenzt war.[153]

---

145 *Dölemeyer/Klippel*, Theorie des gewerblichen Rechtsschutzes, GRUR-FS 1991, S. 221.

146 Ebd., S. 223.

147 Ebd., S. 228.

148 *Götting*, Gewerblicher Rechtsschutz, 2007, S. 20.

149 Details hierzu bei *Dölemeyer*, Patentrecht und Musterschutz, 1986, S. 4150 f.

150 *Dölemeyer*, Patentrecht und Musterschutz, 1986, S. 4151.

151 Ebd., S. 4150.

152 Ebd., S. 4150.

153 *Wadle*, Der Weg zum gesetzlichen Schutz des geistigen Eigentums und gewerblichen Schaffens, in: Geistiges Eigentum Bd. 2, 2003, S. 33.

Der Nutzen und der Wert von Patenten blieben umstritten. Um 1860 erreichte die sogenannte Patentkontroverse in Deutschland einen Höhepunkt. In ihr gaben nicht juristische Argumente, sondern wirtschaftliche Erwägungen den Ausschlag. Die Vertreter der Freihandelslehre, wie John Prince-Smith und Rudolf Delbrück, lehnten die Erteilung von Patenten ab, da diese als durch Gesetzeszwang errichteten Monopole nur der Handelsfreiheit im Wege ständen.[154] Insbesondere wurde der aus naturrechtlichen Erwägungen hervorgehenden Idee vom Erfindungseigentum mit einer Abwägung der individuellen und kollektiven wirtschaftlichen Interessen widersprochen.[155] Dem entgegnete die Propatentbewegung mit seinen bekannten Vertretern Rudolf Klostermann, Werner von Siemens und Robert Jannasch, dass ein einheitlicher Patentschutz für Deutschland unerlässlich sei. Neben die rechtsphilosophische Theorie vom geistigen Eigentum traten vermehrt wirtschaftliche Begründungsansätze, so zum Beispiel, dass der Erfindungsschutz die Industrie fördere, da Erfindungen dann nicht länger geheim gehalten würden. Es wurde vermehrt mit volkswirtschaftlichen Thesen wie der Vertrags- oder Belohnungstheorie argumentiert.[156] Der Erfindungsschutz sei zudem kein Monopol, da der Allgemeinheit durch die Erfindung etwas Neues gegeben werde und somit nichts bereits Bestehendes vorenthalten würde. Zudem wurde auf die fortschreitende patentrechtliche Gesetzgebung in den Nachbarländern verwiesen. Ein Patentschutz sei auch deshalb notwendig, um Kapitalgeber zur Verwertung von Erfindungen zu bewegen. Das würde ohne ein Ausschlussrecht nicht geschehen, da das Investitionsrisiko zu groß sei. Elmar Wadle resümiert, dass die Patentkontroverse unter anderem verdeutlicht habe, dass der Erfindungsschutz allein mit juristischen Argumenten nicht zu begründen war. Wirtschaftliche Argumente hätten den Ausschlag gegeben.[157]

Auch aus diesem Abschnitt der Geschichte des Patentwesens zog Hermann Isay Rückschlüsse, dieses Mal auf das wirtschaftliche Entwicklungspotential und die Leistungsfähigkeit eines Landes, in dem nur „partikulare Patentgesetze mit engherziger Handhabung“[158] existierten. Für Isay war die Übereinkunft

---

154 *Wadle,* Der Weg zum gesetzlichen Schutz des geistigen und gewerblichen Schaffens, in: GRUR – FS Bd. 1, 1991, S. 132.

155 *Wadle,* Der Weg zum gesetzlichen Schutz des geistigen Eigentums und gewerblichen Schaffens, in: Geistiges Eigentum Bd. 2, 2003, S. 34.

156 *Wadle,* Der Weg zum gesetzlichen Schutz des geistigen und gewerblichen Schaffens, in: GRUR – FS Bd. 1, 1991, S. 132.

157 Das Vorangegangene nach *Wadle,* Der Weg zum gesetzlichen Schutz des geistigen und gewerblichen Schaffens, in: GRUR – FS Bd. 1, 1991, S. 151.

158 *Isay,* Die neue Richtung in der Rechtsprechung des Reichsgerichts, GRUR 1925, S. 292.

der Zollvereinsstaaten das Ergebnis der damaligen erfinderfeindlichen Gewerbepolitik.

Über die Zeit vor Inkrafttreten des ersten deutschen Patentgesetzes 1877 urteilte er, dass die Handhabung des Patentwesens und der Umgang mit Erfindungen für die deutsche Wirtschaft durchweg negative Auswirkungen gehabt hätten: Erstens seien deutsche Erfinder mit ihren Erfindungen dadurch zur Abwanderung ins Ausland gezwungen worden, weil sich das für die Ausführung der Erfindung erforderliche Kapital in Deutschland mangels ausreichendem gesetzlichen Schutz nicht habe finden lassen.[159] Eine Ausarbeitung von Erfindungen habe sich nämlich aufgrund der hohen Kosten nicht gelohnt, da ein wirkliches Ausschlussrecht an der Erfindung in Deutschland nicht zu erwirken gewesen sei. Er resümierte, dass auf diese Art die erfinderische Tätigkeit mangels gesetzlichen Schutzes nicht auf die deutsche Industrie habe positiv einwirken können.[160] Isay stimmte hier den Ausführungen von Franz Reuleaux zu, dem Direktor der Berliner Gewerbe-Akademie. Reuleaux hatte bereits in der Vorrede zu seinem im Jahre 1875 veröffentlichten „Lehrbuch der Theoretischen Kinematik" auf den Missstand der Abwanderung von deutschen Erfindern mit ihren Erfindungen in Ländern mit einer brauchbaren Patentgesetzgebung hingewiesen. Er machte diesen Umstand zum einen dafür verantwortlich, dass nur ein geringer Fortschritt zum Beispiel im Maschinenwesen zu verzeichnen sei, obwohl in Deutschland mehr Techniker ausgebildet würden als in anderen Ländern. Zum anderen führe diese Diskrepanz dazu, dass Deutschland gezwungen sei, neue Maschinen zu importieren. Er formulierte, dass es aufgrund des unzureichenden Patentschutzes an „geschäftlichen Leichtsinn" grenze, eine Erfindung in Deutschland zu entwickeln und zu produzieren.[161]

Isay stellte zweitens heraus, dass in der Konsequenz für die deutsche Industrie kein besonderer Anreiz zu innovativem technischen Schaffen bestanden habe, sodass sie versucht habe, sich durch billige Arbeit, auch in Form von Nachahmungen, einen Markt zu verschaffen.[162] Die Reputation der deutschen Industrie habe in der Folge derart unter der populären und verbreiteten Unternehmenspolitik des Nachahmens ausländischer Erfindungen gelitten, dass die Lieferung neuartiger Maschinen aus dem Ausland aus Angst vor dem Nachbau

159 *Isay*, PatG 1931, S. 20.

160 *Isay*, Die neue Richtung in der Rechtsprechung des Reichsgerichts, GRUR 1925, S. 292 f.

161 *Reuleaux*, Lehrbuch der Theoretischen Kinematik, 1875, Vorrede S. XV.

162 *Isay*, PatG 1931, S. 20.

teilweise verweigert worden sei.[163] Auch auf diese Gefahr hatte Reuleaux bereits hingewiesen.[164]

Isay berief sich hier ebenso auf die Erfahrungen des Industriellen Friedrich Goldschmidt, die dieser während der Weltausstellung in Philadelphia gemacht hatte. Goldschmidt teilte mit, dass ihm selbst amerikanische Maschinen nicht geliefert wurden, aus Angst vor der deutschen Imitation des Produkts und vor der Folge des Verlustes des Absatzmarktes in Deutschland als auch in anderen Ländern.[165] Goldschmidt hoffte deshalb auf eine Änderung der Patentgesetze in den Staaten im Deutschen Reich, damit der deutschen Industrie nicht noch weiterer Schaden zugefügt werde.[166] Er sah es als sicher an, dass die bereits in England, Frankreich, Belgien und Amerika erlassenen Patentgesetze den industriellen Vorsprung dieser Länder begründeten und die Abwesenheit einer einheitlichen Patentgesetzgebung für die schlechte Bilanz der deutschen Wirtschaft mit ausschlaggebend war. Eine Reform des Patentrechts würde dagegen eine Vielzahl von Erfindungen auslösen und dem Wohle der Allgemeinheit dienen.[167] Für Isay war nach diesem Bericht die allgemein negative Beurteilung der Besucher der Weltausstellung in Philadelphia im Jahre 1876 über die deutschen Industrieerzeugnisse als „billig und schlecht", welcher der entsandte Reichskommissar Reuleaux nicht widersprechen mochte,[168] nicht verwunderlich.[169] Reuleaux unterstrich dieses Urteil darüber hinaus mit dem Zitat des Kommentars des breiten Publikums der Weltausstellung über den deutschen technischen Fortschritt: „Bei allen Nationen, die auf der Ausstellung vertreten sind, haben wir etwas zu lernen gefunden, in Deutschlands nichts!"[170].

Aus den Berichten von Goldschmidt und Reuleaux ließ sich deutlich erkennen, dass die deutschen industriellen und technischen Leistungen in ihrer Gesamtheit bei Weitem nicht ausreichend waren und im Vergleich zu anderen Ländern nur ein schlechtes Ergebnis lieferten.

Der nächste Schritt zum modernen Patentrecht, das die Rechte und die Verwertung an Erfindungen regelte, sollte vollzogen werden. So setzte sich auch in

---

163 *Isay,* PatG 1931, S. 20.
164 *Reuleaux,* Lehrbuch der Theoretischen Kinematik, 1875, Vorrede S. XVI.
165 *Goldschmidt,* Weltausstellung in Philadelphia und die Deutsche Industrie, 1877, S. 44.
166 Ebd., S. 45.
167 Ebd., S. 43.
168 *Reuleaux,* Briefe aus Philadelphia, 1877, S. 5.
169 *Isay,* PatG 1931, S. 20; *ders.,* Die neue Richtung in der Rechtsprechung des Reichsgerichts, GRUR 1925, S. 293.
170 *Reuleaux,* Briefe aus Philadelphia, 1877, S. 6.

Deutschland allmählich die Überzeugung von der Notwendigkeit eines Schutzes von gewerblichen Leistungen durch. Im Deutschen Reich existierten vor dem Inkrafttreten des ersten einheitlichen deutschen Patentgesetzes im Jahre 1877 insgesamt 29 Einzelgesetze zum Schutz von Erfindungen.[171] Die politische Voraussetzung für eine einheitliche Gesetzgebung auf diesem Rechtsgebiet war aber durch die Gründung des Deutschen Reiches im Jahre 1871 geschaffen worden. Zudem hatte sich die wirtschaftspolitische Anschauung gewandelt: Während Bismarck noch im Jahre 1868 einen Antrag auf völlige Abschaffung aller im Norddeutschen Bund bestehenden Patentgesetze stellte,[172] mehrte sich die Zahl der Patentbefürworter. Diese organisierten sich zunehmend in Verbänden. Namentlich seien hier der im Jahre 1856 gegründete Verein Deutscher Ingenieure, als Sprachrohr der Einzelerfinder,[173] und die Deutsche Chemische Gesellschaft genannt. Die ablehnende freihändlerisch-liberale Haltung der preußischen Ministerialbürokratie gegen gewerbliche Schutzrechte wurde durch die Wirtschaftskrise 1873 infrage gestellt. Die staatliche Einstellung zum Wirtschaftsgeschehen änderte sich. Unter anderem mit dem Abdanken des Leiters der preußischen Handelspolitik, Rudolf von Delbrück, im Jahre 1876 konnte eine neue wirtschaftliche Orientierung erfolgen.[174] Die patentfreundliche Stimmung gewann in Deutschland immer mehr Befürworter, was nicht zuletzt am Einsatz des Deutschen Patentschutzvereins lag, der 1874 von Werner Siemens gegründet wurde und sich vor allem für die Interessen der Unternehmer einsetzte.[175] Siemens setzte hier die unternehmerfreundliche Auslegung des Erfindungsschutzes durch.[176] So sprach er sich beispielsweise für das Anmelderprinzip, den Ausführungszwang und ein lediglich konsultatives Vorprüfverfahren aus. Dagegen trat die an den Interessen der Erfinder orientierte Lehre, die beispielsweise von Carl Pieper vertreten wurde, zunehmend in den Hintergrund.[177]

---

171 *Mächtel,* Das Patentrecht im Krieg, 2009, S. 17.

172 *Wadle,* Der Weg zum gesetzlichen Schutz des geistigen Eigentums und gewerblichen Schaffens, in: Geistiges Eigentum Bd. 2, 2003, S. 68; *Kurz,* Weltgeschichte des Erfindungsschutzes, 2000, S. 361.

173 *Dölemeyer,* Patentrecht und Musterschutz, 1986, S. 4157.

174 *Wadle,* Der Weg zum gesetzlichen Schutz des geistigen Eigentums und gewerblichen Schaffens, in: Geistiges Eigentum Bd. 2, 2003, S. 51.

175 *Kurz,* Weltgeschichte des Erfindungsschutzes, 2000, S. 371; *Dölemeyer,* Patentrecht und Musterschutz, 1986, S. 4157.

176 *Wadle,* Der Weg zum gesetzlichen Schutz des geistigen Eigentums und gewerblichen Schaffens, in: Geistiges Eigentum Bd. 2, 2003, S. 68.

177 *Wadle,* Der Weg zum gesetzlichen Schutz des geistigen und gewerblichen Schaffens, in: GRUR – FS Bd. 1, 1991, S. 175.

Die Patentbefürworter, so zum Beispiel der Geheime Bergrat und Professor der Rechte Rudolf Klostermann, waren bemüht, den Hauptkritikpunkt am Erfindungsschutz, den Monopolcharakter der Patente, zu widerlegen. So wurde hervorgehoben, dass der Zweck des Patentschutzes nicht in der Errichtung eines Monopols zu sehen sei, sondern darin, die Erfindung der Allgemeinheit zur Verfügung zu stellen, was unter Umständen nur möglich war, wenn durch das geschaffene Recht Verwertungsverträge zur Ausführung der Erfindung geschlossen werden konnten.[178] Es sollte ein Rechtsobjekt geschaffen werden, das am Rechtsverkehr teilnehmen konnte. Diese Diskussion mündete später in der Einführung der Zwangslizenz. Zudem wurde vermehrt darauf hingewiesen, dass die meisten europäischen Länder bereits eine einheitliche Patentgesetzgebung hatten. Wenn man im internationalen Handel eine Rolle spielen wollte, dürfe man sich auf dem Gebiet der Patentgesetzgebung nicht in die Isolierung begeben.[179]

Der Patentschutzverein reichte im Jahre 1875 schließlich einen Entwurf eines Patentgesetzes ein. Darüber hinaus trat dem Patentschutzverein im Jahre 1876 der Centralverband Deutscher Industrieller bei, sodass dieser zunehmend als Sprachrohr der gesamten deutschen Industrie fungieren konnte.[180] Sodann wurde 1876 eine Kommission zur Vorbereitung eines Patentgesetzes eingesetzt und in der Folge ein neuer Gesetzentwurf ausgearbeitet. Schließlich wurde am 25. Mai 1877 das erste deutsche Patentgesetz verkündet, das am 1. Juli 1877 in Kraft trat. Grundlage war das Anmelderprinzip (§ 3), nach dem nicht dem Erfinder, sondern dem ersten Anmelder beim Patentamt der Schutz zugutekommen sollte. Es wurde zudem ein Vorprüfverfahren festgelegt und die Schutzdauer auf 15 Jahre beschränkt. Ferner wurden unter anderem der Ausführungszwang und der Lizenzzwang geregelt (§ 11), Patentgebühren, die als Jahresgebühren progressiv gestaffelt wurden (§ 8), und die Veröffentlichung (§ 19). Die Tendenz des Gesetzes wird als unternehmerfreundlich und demnach einzelerfinderfeindlich beurteilt.[181] Dennoch wurde das Gesetz fast einhellig begrüßt, da es Ausdruck des Strebens nach Vereinbarung der Interessen der Erfinder und denen der Öffentlichkeit war. Das öffentliche Interesse wurde zumeist in der Stärkung der Industrie und der Entfaltung der Wirtschaftskraft des Reiches gesehen.[182]

---

178 *Klostermann,* Patentgesetzgebung 1876, S. 23.

179 *Dölemeyer,* Patentrecht und Musterschutz, 1986, S. 4158.

180 *Kurz,* Weltgeschichte des Erfindungsschutzes, 2000, S. 371.

181 *Wadle,* Der Weg zum gesetzlichen Schutz des geistigen Eigentums und gewerblichen Schaffens, in: Geistiges Eigentum Bd. 2, 2003, S. 69.

182 *Dölemeyer,* Patentrecht und Musterschutz, 1986, S. 4159.

Das Patentgesetz von 1877 fand fast ausnahmslos großen Anklang.[183] Die Erfindertätigkeit stieg, gemessen an den Anmeldungen, enorm.[184] Während die Anzahl von Patentanmeldungen im Jahr 1878 bereits knapp 6000 Anmeldungen betrug, waren dies nahezu 13000 im Jahre 1891.[185] Kritik wurde jedoch insbesondere an dem Anmelderprinzip geübt, da das Patentgesetz von 1877 das Patent dem ersten Anmelder zusprach, den Erfinder selbst aber nicht erwähnte.[186]

Aufgrund der steigenden Zahl von Patentanmeldungen war auch alsbald eine Reorganisation des Patentamtes nötig.[187] Im Jahre 1891 wurde dann ein neues, überarbeitetes Patentgesetz erlassen, welches die Mängel des ersten Gesetzes vor allem in der Organisation und im Verfahren des Patentamts ausbessern sollte.[188] Zudem wurde das Gesetz betreffend den Schutz von Gebrauchsmustern erlassen, um das Patentwesen zu entlasten.

Kurz vor dem Ersten Weltkrieg, während des Krieges und danach wurden ergänzende Bestimmungen zum Patentgesetz erlassen. 1911 wurden zum Beispiel Änderungen zur Zwangslizenz und dem Ausführungszwang aufgenommen.[189] Ferner wurden im Jahre 1923 die Schutzdauer der Patente von 15 auf 18 Jahre und die Patentgebühren erhöht.[190] Eine erneute umfassende Reform wurde aber erst im Jahre 1936 mit dem Erlass eines neuen Patentgesetzes vollzogen. Nach Alexander Schmidt brachte die Reform von 1936 im Wesentlichen diejenigen Neuerungen im Patentgesetz, die seit der Jahrhundertwende zugunsten des Erfinders gefordert worden waren.[191] Er arbeitet heraus, dass trotz der Verklärung der individuellen Schöpferkraft in der offiziellen Propaganda die

183 *Wadle*, Der Weg zum gesetzlichen Schutz des geistigen und gewerblichen Schaffens, in: GRUR – FS Bd. 1, 1991, S. 176.

184 Ebd., S. 176.

185 *Beier/Moufang*, Vom deutschen zum europäischen Patentrecht, in: GRUR – FS Bd. 1, S. 251.

186 Im Einzelnen sei hier verwiesen auf die Ausführungen von *Schmidt*, Erfinderprinzip und Erfinderpersönlichkeitsrecht im deutschen Patentrecht von 1877 bis 1936, 2009, S. 55.

187 *Dölemeyer*, Patentrecht und Musterschutz, 1986, S. 4159.

188 *Wadle*, Patent (gewerblich), in: HRG 1984, Sp. 1537.

189 *Dölemeyer*, Patentrecht und Musterschutz, 1986, S. 4160; *Wadle*, Patent (gewerblich), in: HRG 1984, Sp. 1537.

190 *Dölemeyer*, Patentrecht und Musterschutz, 1986, S. 4160; *Wadle*, Patent (gewerblich), in: HRG 1984, Sp. 1537.

191 *Schmidt*, Erfinderprinzip und Erfinderpersönlichkeit im deutschen Patentrecht von 1877 bis 1936, 2009, S. 248.

Normierung des Erfinderrechts nicht über ältere Entwürfe und internationale Standards hinausgehe.[192] Erst zu diesem Zeitpunkt wurde das Anmelderprinzip durch das Erfinderprinzip ersetzt, nach dem das Recht auf Erteilung des Patents dem Erfinder zustand und das Erfinderpersönlichkeitsrecht anerkannt wurde.[193]

III. Alte und neue Funktionen des Patentrechts

Wie bereits gezeigt, leitete Isay die Rechtfertigung der Patentidee sowie die daraus folgenden Funktionen des Patentrechts zum einen aus der Entstehungsgeschichte des Erfindungsschutzes her. Zum anderen spielte für ihn die wirtschaftliche Situation Deutschlands eine überragende Bedeutung für die Beantwortung der Frage nach der Notwendigkeit eines starken Patentschutzes, auch im Interesse der Erfinder. Das Zusammenspiel dieser beiden Elemente und die Schlussfolgerungen, die Isay daraus zog, sind im Folgenden zu untersuchen. Zunächst ist zu fragen, warum der Jurist einen starken Schutz der Interessen der Erfinder forderte (1.), um sodann erklären zu können, warum er den Patenten neben der alten Funktion der Förderung des Gewerbefleißes die weitere Aufgabe des Schutzes des Mittelstandes zusprach (2.). Die Betonung der Person des Erfinders mündet in die Auffassung, das Patent habe die Funktion des Schutzes ethischer Werte, die Isay Patenten zusprach (3.).

1. Pro und Contra starker Erfinderschutz

Die Grundvoraussetzung jeder Diskussion über patentrechtliche Fragen bildete für Hermann Isay die Forderung nach einem starken Erfinderschutz. Diese Auffassung stellte er insbesondere seit dem Vorwort zur dritten Auflage seines Patentgesetzkommentars deutlich heraus, den er im Jahre 1920 veröffentlichte, somit kurz nach Ende des Ersten Weltkriegs. Dort schrieb er:

> „Das letzte Jahrzehnt vor dem Weltkriege weist in der Rechtsprechung der deutschen Gerichte eine stärkere Betonung des Schutzes des Erfinders auf. Diese Richtung ist beizubehalten; daß wir für den Neuaufbau unseres Wirtschaftslebens den erfinderischen Geist unserer Ingenieure und Chemiker mehr denn je nötig haben, bedarf keiner Begründung.“[194]

---

192 *Schmidt*, Erfinderprinzip und Erfinderpersönlichkeit im deutschen Patentrecht von 1877 bis 1936, 2009, S. 248.

193 *Beier/Moufang*, Vom deutschen zum europäischen Patentrecht, in: GRUR – FS Bd. 1, S. 247; *Dölemeyer*, Patentrecht und Musterschutz, 1986, S. 4160.

194 *Isay*, PatG 1920, S. III.

Isay deutet in diesem Zitat an, dass die wirtschaftliche Macht Deutschlands vor dem Ersten Weltkrieg einen Höhepunkt erreicht hatte, den es danach – bis zu seiner Äußerung – nicht mehr erreicht habe. Ferner brachte er die wirtschaftliche Führungsposition Deutschlands vor dem Ersten Weltkrieg direkt mit dem Patentschutz in Verbindung, der seit Erlass des Patentgesetzes von 1877 mit den darauf folgenden Revisionen überhaupt zum ersten Mal umfassend möglich gewesen sei. Hermann Isay forderte einen starken Erfinderschutz allerdings nicht ausschließlich um des Erfinders willen. Die Betonung des Schutzes des Erfinders wurde für ihn nicht durch philosophische oder naturrechtliche Ansätze getragen.[195] Von entscheidender Bedeutung war für ihn vielmehr, welchen Einfluss Patente und so letztlich der einzelne Erfinder auf die wirtschaftliche Entwicklung eines Landes haben konnten.

Zu der Erkenntnis, dass ein umfassender Erfinderschutz die volkswirtschaftliche Lage positiv beeinflussen konnte, gelangte er zum einen durch seine Sicht auf die geschichtliche Entwicklung des Patentschutzes. Wie oben gezeigt, war für ihn grundlegend, dass der zeitlich beschränkte Patentschutz seinen Ursprung in England habe und folglich aus der Wirtschaftsgesinnung des Frühkapitalismus und dem Geist des Puritanismus hervorgegangen sei. Besonders kennzeichnend hierfür seien, neben der zunehmenden Industrialisierung, die Anerkennung und Förderung der „wirtschaftlichen Individualität in ihrer Betätigung auf dem Gebiet der Technik“[196]. Auch auf dem Kontinent sei die Entwicklung hin zu einem Patentschutz erst nach der Überwindung des Zunftwesens und dessen genossenschaftlichen Denkens möglich gewesen. Individualität war demnach für Isay ein entscheidendes Kriterium, wenn auch nicht das einzige.

Daraus zog er den Schluss, dass die Verwirklichung der Funktion der Patente, die in der Förderung der Industrie liege, nur durch den Schutz der Einzelleistung, beruhend auf der Entfaltung der Individualität und schöpferischen Persönlichkeit, möglich sei. Dem Erfinder sollte folglich ein möglichst umfassender Schutz gewährleistet werden, um ihn zu Höchstleistungen zu motivieren.

Als zweites wesentliches Argument für einen starken Erfinderschutz sah Isay die wirtschaftliche Entwicklung Deutschlands mit und ohne eine funktionierende Patentgesetzgebung an. Während Deutschlands Industrie noch auf der Weltausstellung von Philadelphia im Jahre 1876 als billig und schlecht angesehen worden sei, habe die Industrie ab dem Erlass des Patentgesetzes einen

195 *Isay*, PatG 1920, S. III.
196 *Isay*, PatG 1931, S. 23.

Aufstieg hin zu einem führenden Industriestaat erlebt.[197] Diese Entwicklung schrieb Isay insbesondere den Leistungen des technischen Schaffens zu; Patente stellen für ihn einen wesentlichen Faktor für dieses wirtschaftliche Aufblühen dar.[198] In der Vorrede zur vierten Auflage seines Patentgesetzkommentars von 1926 befürwortete er die Rechtsprechung des Reichsgerichts bis dahin als Versuch, dem „Erfinder nach Möglichkeit den vollen Lohn seiner Geistesarbeit zu sichern".[199] Nach Isay sollte Deutschland wieder zu dem „blühenden und mächtigen Industriestaat"[200] gemacht werden wie vor dem Ersten Weltkrieg. Hierzu sollte das Patentrecht „in erster Linie als Werkzeug und Waffe des nationalen Wirtschaftslebens zielbewusst gestaltet und gehandhabt werden"[201]. Die Idee eines starken Patentschutzes wurde für Isay folglich durch die wirtschaftliche Entwicklung bestärkt und bedingt, wenn nicht sogar hervorgerufen. Die Zeit vor 1877 beurteilte Isay als erfindungsfeindlich, danach und bis zum Ersten Weltkrieg habe Deutschland dagegen gute Wirtschaftsergebnisse erzielt. Die positive Entwicklung der Wirtschaft sei dann durch den Ersten Weltkrieg unterbrochen worden und der einst blühende und mächtige Industriestaat sei zusammengebrochen und verarmt.[202] Nach Isay bedurfte es deshalb für den Wiederaufbau des Wirtschaftslebens des erfinderischen Geistes der deutschen Ingenieure und Chemiker mehr denn je, weshalb diese in den Mittelpunkt der Betrachtung über die Gestaltung und Handhabung des Patentrechts gerückt werden müssten.

Isays Lehre, den Erfinder selbst in den Mittelpunkt der Betrachtung zu rücken, war nicht unumstritten. Zweck und Funktion des Patentrechts und somit auch der Wert der erfinderischen Leistung selbst waren stets Gegenstand lebhafter Diskussionen. Georg Benjamin sprach sich beispielsweise in seinem Aufsatz „Schutz vor dem Erfinder" gegen die Erfinder, die er als „Störer der Nation" betitelte, in polemischen Formulierungen aus:

---

197 Isay belegte dies wie folgt: „Während im Jahre 1900 die Maschinenausfuhr einen Betrag von 183 Millionen Mark ausmachte, betrug sie im Jahre 1913, dem letzten vom Kriege unberührten Wirtschaftsjahr, 678 Millionen, war also um 370 % gestiegen, während die Gesamtausfuhr nur eine Steigung von 212 % auswies. Auch im Verhältnis zu England und den Vereinigten Staaten stand die deutsche Maschinenausfuhr vor dem Kriege obenan: in Deutschland 678 Mill., in England 674, in den Vereinigten Staaten 614." In: *Isay*, Die Funktion der Patente im Wirtschaftskampf, 1927, S. 10 f.

198 *Isay*, Die Funktion der Patente im Wirtschaftskampf, 1927, S. 11 f.

199 *Isay*, PatG 1926, S. V.

200 *Isay*, PatG 1920, S. III.

201 Ebd., S. III.

202 Ebd., S. III.

> „Wird eine neue Maschine erfunden, welche besseres leistet als die bisherigen Maschinen, so fällt es keinem Verbraucher ein, den bisherigen Fabrikanten dieser Maschine aus Gutherzigkeit noch ihr ‚veraltetes' Fabrikat abzukaufen. Angesehene Betriebe, deren Inhaber vorzügliche Organisatoren und Ingenieure, aber keine Erfinder sind [...] sehen sich dann plötzlich in ihrer Existenz bedroht, weil die würgende Erfinderfaust ihnen nach der Gurgel greift."[203]

Für Benjamin waren der Patentschutz und die ihm zugrunde liegenden Erfindungen folglich in bestimmten Situationen kein angemessenes Mittel, um den Aufschwung der Industrie zu fördern, sondern vielmehr ein Hindernis für viele Industrielle. Er ging noch weiter und forderte ein Einschreiten des Staates, da dieser „es dem ‚mit überstarken Geisteskräften ausgestattete Erfinder' ebenso wenig gestatten dürfe, die wirtschaftliche Existenz seiner Mitmenschen abzuwürgen, wie einem mit Übermaß von Körperkräften ausgestatteten Menschen das Gleiche bezüglich der körperlichen Existenz seiner Mitmenschen".[204] Für Benjamin bedrohten neue Erfindungen folglich Unternehmer, die zu einer Fortentwicklung der Produkte nicht in der Lage seien und deren Produkte durch neue Erfindungen substituiert wurden. Isay resümiert, dass zwischen Benjamins Standpunkt und demjenigen, der eine Fortentwicklung der Technik gerade von dem Wettbewerb auf geistigem Gebiete erwarte, eine Verständigung schwer möglich sei; der Patentschutz solle zunächst den technischen Gedanken für den Erfinder schützen, dann aber für die Allgemeinheit zur Befruchtung ihrer geistigen Arbeit freigegeben werden.[205]

Auch für Eduard Pietzcker war der Patentschutz lediglich ein mögliches Mittel zum Zweck der Förderung der Industrie und folglich nur ein Mittel unter vielen, das aus Gründen der Staatsräson im Interesse der Allgemeinheit geboten sei.[206] Er stimmte mit Isay zwar in der Schlussfolgerung überein, dass die Aufgabe der Patente letztlich darin lag, den „Fortschritt der gesamten Technik zu fördern und vor allen Dingen keine Stagnation aufkommen zu lassen".[207] Nach Pietzcker musste aber eine Abwägung stattfinden zwischen dem gerade noch erforderlichen Schutz, den man Erfindern zugestehen sollte, damit möglichst viele Erfindungen gemacht würden, und dem unbedingt notwendigen Schutz der Industrie vor den Gefahren zu großer Beschränkungen durch den

203 *Benjamin*, Schutz vor dem Erfinder, GRUR 1925, S. 39.
204 Ebd., S. 39.
205 *Isay*, Der Nachbau patentfreier Maschinen, GRUR 1926, S. 86.
206 *Pietzcker*, Patentgesetz 1929, S. 33.
207 Ebd., S. 298.

Patentschutz.[208] Er vertrat nämlich die Auffassung, dass jedes Patent in irgendeiner Weise die Industrie hindere und dem Patentschutz deshalb Grenzen gesetzt werden müssten.[209]

Pietzcker begründete diese Auffassung, die er als „volkswirtschaftliche Theorie“ bezeichnete, sodann damit, dass seiner Meinung nach jede technische Erfindung, wenn nicht von dem ursprünglichen Erfinder, dann doch von einem anderen in kürzester Zeit „unter dem Zwange der Anforderungen der Technik“ erfunden worden wäre, auch wenn es den ersten Erfinder nicht gegeben hätte.[210] Der Verdienst des ursprünglichen Erfinders sei deshalb nur, dass er der erste Anmelder für die Lösung eines technischen Problems war. Dies unterscheide ihn insbesondere von dem Urheber eines Musikwerkes, denn das Musikwerk gäbe es ohne den Urheber nicht, die technische Erfindung ohne den ersten Erfinder aber schon. Eine Abwägung aus Gründen der Staatsräson müsse deshalb zwar dem Erfinder einen gewissen Schutz zugestehen, um „genügend Ansporn zu neuen Erfindungen zu geben“[211]. Der Schutz der Erfinder solle aber nicht so weit gehen, dem Erfinder ein Höchstmaß an Einkommen zuzusichern, sondern nur in engen Grenzen, um die Industrie nicht übergebührlich zu behindern.[212] Pietzcker bewertete das Patent also als Hindernis für die Industrie, das zu tun, was sie aus eigenem Vermögen auch selbst geschafft hätte.

Die Person des Erfinders statt die Interessen der Allgemeinheit in den Mittelpunkt der Betrachtung zu setzen, um die Industrie zu fördern, bezeichnete er als „urheberrechtliche Theorie“. Die urheberrechtliche Theorie sehe den Patentschutz als ein Gebot der Gerechtigkeit an, um dem Erfinder Schutz zu gewähren und ihm eine Belohnung für die Offenbarung seiner Erfindung zukommen zu lassen, indem er die Früchte aus seiner Erfindung ziehen könne.[213] Der Erfinder, als Urheber der technischen Idee, solle hiernach ein Recht auf das, was er erfunden hatte und auf alles, was mit der Erfindung in einem Kausalzusammenhang stehe, haben. Dieser Auffassung zu folgen, verbot sich für Pietzcker deshalb, weil das Patentrecht nicht auf urheberrechtlichen Grundsätzen aufgebaut sei.[214] Das Patentgesetz habe an vielen Stellen Bestimmungen, die sich keineswegs aus

208 *Pietzcker,* Patentgesetz 1929, S. 34.
209 Ebd., S. 298.
210 Ebd., S. 33.
211 Ebd., S. 298.
212 Ebd., S. 297.
213 Ebd., S. 33.
214 Ebd., S. 297.

ethischen Gründen rechtfertigen ließen, sondern lediglich aus Gründen der Staatsräson. Als Beispiele hierfür führte er an, dass auch dann, wenn zwei Erfinder dieselbe Erfindung gleichzeitig machen, der Patentschutz nur dem ersten Anmelder zustehe. Ferner stehe der Patentschutz weder dem Vorarbeiter oder Entwickler zu, der an der Ausarbeitung der Erfindung einen Anteil hatte, sondern nur dem Anmelder.[215]

Folglich wich Pietzcker in der Wahl der Mittel, um den Fortschritt der Industrie fördern zu können, von der Meinung Isays über die Notwendigkeit eines starken Erfinderschutzes ab. Anders als Isay rückte er nicht die Person des Erfinders in den Vordergrund, sondern forderte im Interesse der Allgemeinheit eine Eindämmung des Patentschutzes in zeitlicher als auch in sachlicher Hinsicht.[216]

Diese von Benjamin Pietzcker und Isay geführte Diskussion ist symptomatisch für den seit Mitte des 19. Jahrhunderts geführten Streit über die Notwendigkeit eines Patentschutzes, der auch nach Erlass des Patentgesetzes weitergeführt wurde. Es standen sich stets zwei Auffassungen gegenüber: auf der einen Seite die Belange der Industrie, die einen möglichst ungehinderten Zugang zu Erfindungen wünschte, auf der anderen Seite sollten Patente und das damit erteilte Ausschlussrecht des Erfinders auch immer ein „Mittel zur Hebung des Gewerbefleißes“[217] seien. Trotz der unterschiedlichen Lösungsansätze argumentierten beide Ansichten jedoch stets mit dem Gedanken der Förderung der nationalen Industrie und der nationalen Volkswirtschaft.

Hermann Isay bewertete die von Pietzcker aufgestellte These über die Bedeutung der Patente als Hemmnis der Industrieentwicklung, als Geringschätzung der Erfinder und folglich als unzutreffend. Isay wandte sich speziell gegen die Auffassung, dass jede Erfindung auch nach dem ersten Erfinder von einem anderen gemacht würde. Seiner Meinung nach mochte die These Pietzckers zwar für einige wenige Erfindungen zutreffen, für die Mehrzahl der Fälle könne dies aber nicht gelten.[218] Zudem warf er Pietzcker vor, die Wirtschaftsentwicklung, insbesondere deren Strukturveränderung, außer Acht gelassen zu haben. Er wandte sich auch gegen Pietzckers Bezeichnung der beiden Theorien und gegen die Auffassung, die, „urheberrechtliche Theorie“ sei der Gegensatz zur „volkswirtschaftlichen Theorie“. Nach Isay war auch die „urheberrechtliche Theorie“, die den Schutz des Erfinders in den Mittelpunkt rückte, von volkswirtschaftlichen

215 *Pietzcker*, Patentgesetz 1929, S. 297.
216 Ebd., S. 297.
217 *Isay*, PatG 1920, S. 21.
218 *Isay*, PatG 1931, S. 23.

Grundsätzen geprägt und durchdrungen. Hauptargument Isays gegen Pietzckers volkswirtschaftliche Theorie war aber eine, wie er meinte, veränderte Einstellung zu der Person des Erfinders. Er argumentierte, dass zwar das Patentgesetz von 1891 noch auf dem Anmelderprinzip beruhte. Das Gesetz erwähne somit zwar den Erfinder nicht, bezwecke aber eindeutig den Schutz des Erfinders. Hierfür habe sich auch der Deutsche Verein für den Schutz des gewerblichen Eigentums eingesetzt, der im Jahre 1909 während des Stettiner Kongresses die ausdrückliche Anerkennung des Anspruchs des Erfinders auf die Patenterteilung gefordert hatte. Auch habe die Reichsregierung einen dahin gehenden Entwurf eines neuen Patentgesetzes im Jahre 1913 veröffentlicht, der vom Verein für den Schutz des gewerblichen Eigentums während des Augsburger Kongresses im Jahre 1914 beraten wurde. Der Krieg sowie die darauffolgende instabile Phase hätten zunächst eine Gesetzesänderung verhindert.[219] Die dahin gehenden Bemühungen seien aber im Jahre 1928 durch einen erneuten Gesetzesentwurf von der Regierung wieder aufgenommen worden. Nur die Auflösung des Reichstags im Jahre 1928 habe die Verabschiedung eines abgeänderten Gesetzes verhindert, was auch für den im Jahre 1929 vorgelegten Entwurf gelte.[220] Aus dieser Entwicklung folgerte Isay, dass dem Erfinder der ihm gebührende Stellenwert zugesprochen werden müsse. Er argumentierte weiter, dass auch die Weimarer Verfassung in Art. 158 WRV den Schutz des Erfinders als Grundrecht der Deutschen anerkannt habe. Da Art. 158 WRV im fünften Abschnitt der Verfassung stehe, der mit dem Titel „das Wirtschaftsleben“ überschrieben sei, sei zudem klargestellt, dass die Erfindertätigkeit von wirtschaftlicher Bedeutung sei.[221]

Besondere Bedeutung für die Beurteilung von Stellenwert und Funktion der Erfinder hatte für Isay wiederum der Rückblick auf die wirtschaftliche Entwicklung Deutschlands. Für den Aufstieg Deutschlands zur führenden Industriemacht machte er die Patente als wesentlichen Faktor verantwortlich, weil sie durch eine Reihe von Wirkungen und Wechselwirkungen auf die Entwicklung der Technik und Industrie einwirkten.[222] Isay sah es als Ergebnis des Patentschutzes an, dass viele Unternehmen durch den Schutz von Patenten erst erfolgreich geworden waren. Patente hätten es den Unternehmen erst ermöglicht, einen individuellen Charakter zu entwickeln und zu behaupten.

---

219 *Isay*, PatG 1931, S. 22.

220 Ebd., S. 23.

221 Ebd., S. 23.

222 *Isay*, Die Funktion der Patente im Wirtschaftskampf, 1927, S. 11 f.

Isay resümierte:

> „Die Funktion der Patente in diesem Kampfe ist nach dem Gesagten klar: dadurch, daß sie das in einem bestimmten Zeitpunkt erzielte Ergebnis des technischen Schaffens festlegen und schützen, bilden sie die Meilenpunkte in der Bahn der Entwicklung, die Punkte, an denen der Techniker sich über sein eigenes Schaffen Rechenschaft gegeben hat, und an denen er eine Atempause findet, um in Ruhe das Ergebnis seiner bisherigen Arbeit kontrollieren, vertiefen, sichern zu können. Wird ihm diese zeitweilige Ruhe nicht gewährt, so ermüdet sein Wille, so erlahmt sein Mut, seine Schaffenskraft. Die Technik, die dann der lebendigen Kräfte entbehrt, gelangt auf die Bahn einer geistlosen Mechanisierung. Die Persönlichkeit verschwindet aus ihr, es verschwindet die Individualität."[223]

Er begründete die positive Wirkung der Patente auf die Wirtschaft also zunächst damit, dass ein Patent immer ein Ausschlussrecht für einen bestimmten Zeitraum zugunsten des Anmelders und zulasten der Konkurrenz gebe. Wirtschaftliche und technische Bedeutung komme dem Patent aber erst dann zu, wenn der Gegenstand des Patents marktfähig gemacht werde, was zum Zeitpunkt der Patenterteilung regelmäßig noch nicht der Fall sei. Mängel und Fehlerquellen, die sich oftmals erst in bei der Benutzung der Erfindung in der Praxis zeigen würden, müssten behoben werden, es müsse Werbung für das Produkt geschaltet werden, unzählige Kosten, Aufwendungen und eine große Arbeitsleistung müssten vor allem nach der Patenterteilung geleistet werden. Nach Isay bedeutete die „Erfindung als mehr oder weniger genialer Gedanke [...] noch keine Befruchtung der Industrie"[224]. Dies geschehe erst durch erneute Aufwendungen an Zeit und Kapital in der Zeit nach der Patenterteilung. Diese Aufwendungen und Investitionen würden von Unternehmen aber nur dann gemacht, wenn sich diese durch spätere Marktbeherrschung rentierten. Diese Sicherheit könne nur durch die Patenterteilung und zu gleichen Teilen auch durch eine angemessene Auslegung der Patente, die den Erfindungsgedanken in seiner vollen Bedeutung schütze, vor Gericht erreicht werden.[225] Eine zu eng am Wortlaut haftende Auslegung der Patente vor den Gerichten, die den Erfindungsgedanken nicht in ausreichender Weise berücksichtigt, habe auf den Erfinder eine demotivierende Wirkung und laufe daher der Funktion des Patents zuwider[226]. Konkurrenten könnten in diesem Fall ermutigt werden, mithilfe kleinster Abweichungen, im

---

223 *Isay,* Die Funktion der Patente im Wirtschaftskampf, 1927, S. 18.
224 Ebd., S. 13.
225 Ebd., S. 13.
226 Zur Bedeutung der Patentauslegung bei Isay, siehe unter Kapitel 3.

Wesentlichen aber durch Nachahmung, eine neue Ausführungsform der Erfindung zu kreieren und diese als Konkurrenzprodukt auf den Markt zu bringen. Von einer technischen Mehrleistung und einem ehrlichen Konkurrenzkampf könne so nicht mehr gesprochen werden.[227] Die Funktion der Patente als Mittel zur Förderung der Wirtschaft könne so nicht erreicht werden.

Für Hermann Isay war eine weitere positive Auswirkung des Patentschutzes auf die Förderung der Industrie, dass die Erfinder selbst aufgrund der zeitlichen Begrenzung des Patentschutzes bestrebt waren, die Erfindung zu verbessern und weiterzuentwickeln, um für die Zeit nach Erlöschen des Patentschutzes mit einer weiterentwickelten Lösung der Erfindung oder einer darauf basierenden neuen Erfindung für ein bekanntes oder neu entstandenes technisches Problem erneut konkurrenzfähig zu sein. Dies habe einen Fortschritt des Standes der Technik zur Folge. Dieser werde darüber hinaus gleichfalls dadurch erreicht, dass aufgrund der Ausschlussfunktion des Patents während der Schutzdauer die Konkurrenzunternehmen genötigt seien, einen eigenen Beitrag zu leisten, um selbst ein neues Produkt, basierend auf einer neuen Erfindung, für den gleichen Markt, den das erste Patent bereits bedient, anbieten zu können, um überhaupt konkurrenzfähig bleiben zu können. Die Ausschlussfunktion während der Schutzdauer des Patents habe also in zweifacher Hinsicht einen positiven Rückkopplungseffekt auf die Weiterentwicklung des Standes der Technik.

Isay erwartete demnach eine Fortentwicklung der Technik und somit ein Vorankommen der Wirtschaft durch den Wettbewerb auf geistigem Gebiet. Ihm zufolge sollte durch den Patentschutz der technische Gedanke zunächst für den Erfinder geschützt, dann aber nach einer gewissen Zeit der Allgemeinheit zur Befruchtung ihrer geistigen Arbeit freigegeben werden.[228]

2. Die Patente im Dienste des Mittelstandsschutzes

Die Ökonomisierung aller Lebensbereiche hatte Auswirkungen auf Hermann Isays Schwerpunktsetzung[229] bei seinen Publikationen. Seit dem Ersten Weltkrieg ging er dazu über, in verstärktem Maße die volkswirtschaftliche Bedeutung der

227 *Isay*, Die Funktion der Patente im Wirtschaftskampf, 1927, S. 17.

228 *Isay*, Der Nachbau patentfreier Maschinen, GRUR 1926, S. 86.

229 So führte er in seinem Vortrag Wirtschaftskrise und gewerblicher Rechtsschutz von 1933 in der Vorbemerkung auf S. 3 an: „Die Wirtschaft ist das Schicksal".

Patente zu betonen.[230] Isay erkannte die schwierige und instabile wirtschaftliche Situation ebenso wie die zunehmende Konzentrationsbewegung der Industrie. Im Jahre 1919 merkte er ausdrücklich an, dass „für die Zukunft des deutschen Wirtschaftslebens [...] die Handhabung der Patentgesetzgebung unter volkswirtschaftlichen Gesichtspunkten erst recht von entscheidender Bedeutung"[231] sei, um die wirtschaftliche Leistungsfähigkeit Deutschlands zum Vorkriegszeitpunkt wieder erreichen zu können. Deutschlands weitere Entwicklung hing für ihn davon ab, inwieweit es gelingen würde, die Kräfte des Volkes zu Höchstleistungen anzuspornen.[232] Dem Vorwort zu der sechsten Auflage des Patentgesetzkommentars stellte er voran, dass das Schicksal der deutschen Industrie im Ganzen davon abhängen werde, ob es gelinge, den industriellen Mittelstand am Leben zu erhalten, denn insbesondere für diesen sei die Existenz eines starken Patentschutzes unbedingt erforderlich.[233]

Angesichts der stetig steigenden Zahl von Großkonzernen entwickelte Isay seine These weiter, dass die schöpferische Individualität, die ihren Ausdruck in Erfindungen finde und so letztlich der Wirtschaft zugutekomme, besonderen Schutz durch die Patente benötige. Er maß Patenten aufgrund der veränderten wirtschaftlichen Rahmenbedingungen eine besondere zusätzliche Funktion zu: Die neue Funktion der Patente im Wirtschaftskampf war für Isay vor allem die Rettung der Einzelunternehmen, folglich des unabhängigen industriellen Mittelstandes, um damit Raum für die Entwicklung selbstständiger, technisch versierter Persönlichkeiten zu schaffen.[234]

Um die Volkswirtschaft der Weimarer Republik wieder aufbauen zu können, war für ihn die Rückeroberung des Absatzes im Ausland zwingend notwendig.[235] Er begründete dies damit, dass er den Vorkriegszustand als Anhaltspunkt nahm, ohne jedoch Quellen für seine Angaben zu benennen: Wurden im Jahre 1913 nach Isay Güter im Wert von 10,8 Milliarden Mark exportiert, machten Fertigfabrikate davon den Großteil, nämlich 6,64 Milliarden Mark aus.[236]

---

230 Vgl. z.B. *Isay*, Der Rechtsgedanke des Patentschutzes, GRUR 1919, S. 43–45; *ders.*, Die Funktion der Patente im Wirtschaftskampf, 1927; *ders.*, Vorwort zur 3., 4. und 6. Aufl. des PatG-Kommentars.

231 *Isay*, Der Rechtsgedanke des Patentschutzes, GRUR 1919, S. 45.

232 Ebd., S. 45.

233 *Isay*, PatG 1932, S. IV; *ders.*, Kritisches zur jüngsten Rechtsprechung des Reichsgerichts in Patentsachen, GRUR 1932, S. 527.

234 *Isay*, Die Funktion der Patente im Wirtschaftskampf, 1927, S. 35.

235 *Isay*, Wirtschaftskrise und gewerblicher Rechtsschutz, 1933, S. 21 f.

236 *Isay*, Der Rechtsgedanke des Patentschutzes, GRUR 1919, S. 45.

Fertigfabrikate resultierten zumeist aus Patenten. Daraus ergab sich für ihn, dass das deutsche „Wirtschaftsgut Nummer Eins“, welches am besten für den Absatz im Ausland geeignet schien, vor allem die Ergebnisse deutschen technischen Schaffens seien.[237]

Diese Ergebnisse technischen Schaffens basierten für Isay wiederum vor allem auf der besonderen technischen Veranlagung der Deutschen und auf deren individualistischem Wesen.[238] Damit sich diese beiden Veranlagungen aber besonders gut entfalten könnten, brauche der Erfinder ein geeignetes Umfeld, das er nicht in bürokratisierten Großkonzernen finden könne. Technische Höchstleistungen, die sich auf dem Weltmarkt behaupten könnten, seien nur in kleinen bis mittleren Unternehmen zu erzielen, in denen die Persönlichkeit noch eine Rolle spiele.[239]

Isay stand mit dieser Auffassung nicht alleine da. Ebenso äußerte sich der Ingenieur Gottlieb Matthias Lippart im Jahre 1927. Er formulierte den Zusammenhang zwischen technischem Schaffen und Persönlichkeit wie folgt:

> „Meine Lebenserfahrung geht dahin, daß technisches Schaffen ohne die Möglichkeit des Auswirkens von Persönlichkeitswerten zum Erlahmen kommen muß, und daß in dem gleichen Maß, in dem gewollt oder ungewollt die Persönlichkeitsgrenzen eingeengt werden, die Unfruchtbarkeit technischen Denkens wächst.“[240]

Um innovatives technisches Schaffen zu ermöglichen, müsse man, so Lippart, der Persönlichkeit, aus der das technische Schaffen hervorgehe, ein bestmögliches Umfeld bieten. Dafür stellte Lippart drei Forderungen auf: Erstens verlange die Persönlichkeit eine unmittelbare Verbindung mit ihrem Schaffen. Nur die unmittelbare Verbindung mit dem Werk ermögliche das Erfassen und Lösen von Detailproblemen, um die Erfindung erfolgreich zu machen, was nicht durch reine Organisation, Lesen und Verfassen von Berichten und schlichtes Geben von Anweisungen ersetzt werden könne.[241] Zweitens fordere die Persönlichkeit Verantwortung. Fremde Ideen und Anweisungen könnten nur dann für die Persönlichkeit hinnehmbar sein, soweit sie sich mit der Grundidee des Werks vereinbaren ließen. Es müsse ein Spielraum zur Verfügung stehen, der den Mut fördere, eine Idee leidenschaftlich zu verfolgen, auch auf die Gefahr hin, dass in der Verfolgung der technischen Idee ein Misserfolg zu verbuchen

---

237 *Isay,* Wirtschaftskrise und gewerblicher Rechtsschutz, 1933, S. 21.
238 Ebd., S. 22 f.
239 Ebd., S. 23.
240 *Lippart,* Persönlichkeit und technisches Schaffen, TuW 1927, S. 33 f.
241 Ebd., S. 34.

wäre.[242] Drittens bedürfe die Persönlichkeit eines Freiraums dergestalt, dass sie sich mit keinerlei Beschränkungen auseinandersetzen müsse, die sich nicht aus dem Werk selbst ergäben. Finanzpolitische, organisatorische, betriebsbezogene oder sonstige untechnische Erwägungen dürften den Erfinder nicht an der Ausführung seiner Ideen hindern. Die Ausführung einer technischen Idee sei oftmals auf einen anderen Zeitraum bezogen, als ihn Betriebswirtschaftler, ohne technisches Verständnis für die Entwicklung der Idee, gewähren wollten. Die Entscheidung über die Entwicklung einer Idee dürfe aber nicht durch solche Erwägungen zunichtegemacht werden.[243]

Lippart stellte allerdings ausdrücklich klar, dass er angesichts der großen Leistungen der industriellen Entwicklung dem Konzentrationsprozess in der Wirtschaft nicht die Berechtigung absprechen wolle, da die Technik dort oftmals erst ihren Raum finde und, gemessen an den Bedürfnissen der Gesellschaft, auch nur so in dem geforderten Umfang möglich sei.[244] Das Anliegen Lipparts war, das Augenmerk darauf zu lenken, die optimale Größe der Betriebe nicht zu überschreiten, die dadurch bestimmt werde, ob die Persönlichkeit noch ausreichend Platz habe und der Leiter so mit dem Betrieb innerlich verwachsen bleibe.[245]

Isay erkannte auch, dass Großunternehmen einen enormen Anteil an dem Wiederaufstieg Deutschlands nach dem Krieg hatten und hierfür notwendig waren.[246] Für Isay bargen die Unternehmensvereinigungen und Rationalisierungsprozesse dennoch offensichtliche Nachteile für die Kette Erfinder – Technisches Schaffen – Wirtschaftsentwicklung in sich.[247] Die negativen Auswirkungen der modernen Industrialisierung stellten sich für ihn in einem komplexen Gefüge dar, in dem ein Rädchen ins andere griff und bei dem nur die Gesamtschau aller Einzelfaktoren deren Brisanz für jedes einzelne Glied der obigen Kette ausmachte. Im Einzelnen sah er im Wesentlichen fünf negativen Auswirkungen der modernen Industrialisierung:

Erstens gehe mit den Unternehmenszusammenschlüssen Hand in Hand das Eingliedern oder Schließen kleiner bis mittlerer Unternehmen.[248] Zum einen habe dies die Entlassung zahlreicher Angestellter im Rahmen der

242 *Lippart,* Persönlichkeit und technisches Schaffen, TuW 1927, S. 35.
243 Ebd., S. 34.
244 Ebd., S. 35.
245 Ebd., S. 34.
246 *Isay,* Die Funktion der Patente im Wirtschaftskampf, 1927, S. 30.
247 *Isay,* Wirtschaftskrise und gewerblicher Rechtsschutz, 1933, S. 14 ff.
248 Ebd., S. 15.

Rationalisierung zur Folge, was für sich schon einen enormen Verlust an Humankapital bedeute, denn mit den entlassenen Mitarbeitern gingen auch deren Wissen und Erfahrungsschatz verloren.[249] Zum anderen wachse die Angst vor dem Abbau der eigenen Stelle. Dies stehe einer funktionierenden und effizienten Zusammenarbeit entgegen, die aber unerlässlich sei, um Ideen hervorzubringen, zu verwirklichen und so dem Unternehmen wie auch der gesamten Wirtschaft im bestmöglichen Maße zu dienen.[250] Dieses Arbeitsklima oder eine etwaige Entlassung könnten darüber hinaus auch Anstoß dafür sein, ins Ausland zu wechseln, um dort mit seinen Fähigkeiten weiter forschen zu können, was wiederum empfindliche Verluste für die deutsche Wirtschaft bedeuten könne.[251]

Zweitens werden nach Isay im Großkonzern Entscheidungen primär von finanzpolitischen Erwägungen getragen. Dies ergebe sich zwangsläufig aus dem Zusammenspiel von zwei Faktoren, die zum einen ihren Ursprung im Großkonzern selbst und zum anderen im veränderten Bankenwesen hätten.

Zum einen müsse in einer Unternehmensvereinigung eine strukturierte, straffe Organisation und Bürokratie herrschen, damit diese ihrem Entstehungsgrund, der Gewinnerzielung und Rentabilität, näherkommen könne. Deshalb müssten stets finanzpolitische Aspekte das erste und schließlich auch das bestimmende Entscheidungsmerkmal sein, um konkurrenzfähig zu sein und zu bleiben. Dies gehe aber letztlich zulasten des Forschungsstrebens, denn die Verwaltung denke in Finanzabschnitten, die Technik dagegen in größeren Zeiträumen.[252] Isay argumentierte hier ähnlich wie bereits Lippart, dass von der ersten Idee bis zur Patentanmeldung große Zeiträume verstreichen können. In einem kleinen Unternehmen bestehe eher die Möglichkeit, die Idee über viele Jahre hinweg, entsprechend den jeweiligen finanziellen Möglichkeiten, zu entwickeln. In einem Großunternehmen hingegen müsse jede Handlung sofort den kritischen Augen der Finanzaufsicht standhalten. Die Rentabilität müsse sich baldmöglichst einstellen, andernfalls werde die Idee verworfen.[253] Auf diesem Wege gingen nach Isay der Wirtschaft wertvolle Ideen noch vor der Patentanmeldung verloren.

Zum anderen griff für Isay eine weitere Entwicklung entscheidend mit ein, denn Unternehmenszusammenschlüsse erfolgten nicht nur bei

249 *Isay*, Wirtschaftskrise und gewerblicher Rechtsschutz, 1933, S. 16.
250 Ebd., S. 16.
251 *Isay*, Die Funktion der Patente im Wirtschaftskampf, 1927, S. 33.
252 Ebd., S. 30.
253 Ebd., S. 28.

Fertigungsunternehmen, sondern auch bei Banken. Der Privatbankier verschwinde zugunsten der Großbank.[254] Dies beeinflusse in zweifacher Hinsicht den gewerblichen Rechtsschutz auf eine negative Art und Weise.

(1) Den Großbanken stünden zwar größere Kapitalmassen zur Verfügung, die der Forschung und Entwicklung zugutekommen könnten. Die Kreditpolitik der Großbanken stehe dem aber entgegen.[255] Nach Isay fehlte bei Großbanken das persönliche Moment, das bei den Privatbankiers den Großteil ihrer Geschäfte ausmache. Die kleinen und mittleren Banken vergäben Kredite in erster Linie an Menschen, denen sie vertrauen, die sie kennen, und erst in zweiter Linie werde auf deren Sicherheiten geachtet. Das Gegenteil sei bei Großbanken der Fall, für die allein Sicherheiten und Zinsgewinne zählen würden. Diese könnten kleine und mittlere Unternehmen oftmals nur schwer oder gar nicht bieten, denen somit die Erlangung eines Kredits erschwert werde. Für die Entwicklung einer neuen Idee seien diese Geldmittel aber notwendig oder bereits zur Existenzfrage aufgestiegen. Der Aufsaugungsprozess der kleinen zahlungsunfähigen oder nicht mehr konkurrenzfähigen Unternehmen werde auf diese Art begünstigt, mit den oben genannten Folgen aus dem Verlust des Mittelstandes.

(2) Nach Isay ist bei der Politik der Großbanken festzustellen, dass es ihnen ein Anliegen und in der Unternehmenspolitik üblich ist, eine Mitwirkungsmöglichkeit in den jeweiligen durch Kredite begünstigten Unternehmen zu erlangen. Auch Otto Jeidels sah diese Entwicklung kritisch:
„Galt es in früheren Perioden industrieller Banktätigkeit, die Industrie anzuregen, so handelt es sich heute darum, sich derselben zu bemächtigen. Nicht die Schaffung, sondern die Beherrschung und Leitung der Kapitalmassen ist das entscheidende.“[256]

Otto Jeidels warnte davor, dass durch die direkte oder indirekte Einflussnahme der Banken mittels Kapitalinvestitionen die Selbstständigkeit der Industriellen beschränkt würde.[257] Dies war zum Beispiel durch einen Sitz im Aufsichtsrat zu erreichen, was, so nach Isay, erneut das Finanzdenken anstelle des schöpferischen Ansporns begünstige.[258] Ebenso argumentierte Karnath: Nach dem

254 *Isay*, Wirtschaftskrise und gewerblicher Rechtsschutz, 1933, S. 18.
255 Ebd., S. 19.
256 *Jeidels*, Das Verhältnis der deutschen Großbanken zur Industrie, 1913, S. 108 f.
257 Ebd., S. 3.
258 *Isay*, Wirtschaftskrise und gewerblicher Rechtsschutz, 1933, S. 20.

Kriege sei, finanziert durch die Großbanken, die Zusammenschlussbewegung von Unternehmen gefördert worden, die neue Betriebsform sei die der Aktiengesellschaft. Hierdurch werde die Industrie abhängig von den Banken gemacht. Eine Gewähr für den Fortschritt der Industrie sei durch diese Einflussnahme der Banken, zum Beispiel im Aufsichtsrat oder durch die Kreditvergabepolitik der Großbanken, nicht gegeben, da den Banken das für Entscheidungen in Industriefragen Wesentliche fehle, nämlich die Sachkunde.[259]

Drittens ergab sich für Isay als weiterer Nachteil von Großunternehmen, der zwangsläufig aus dem Überschreiten einer gewissen Unternehmensgröße entstehe, der Verlust der persönlichen Fühlungnahme zugunsten der Bürokratie.[260] In einem kleinen Betrieb trennten Leitung und Produktion nur wenige bis gar keine Instanzen. Entscheidungen, sowohl finanzpolitischer als auch technischer Natur, gründeten auf unmittelbaren Eindrücken. Der Einfluss der Persönlichkeit des Betriebsleiters, wie auch die ständige persönliche Fühlungnahme führten dazu, dass bis hin zum kleinsten Angestellten ein Verantwortungsbewusstsein und der Wille, Probleme selbst zu lösen, herrschten, auch wenn es nicht den direkt zugeteilten Aufgabenkreis betreffe. Mit zunehmender Betriebsgröße sinke automatisch die Möglichkeit der persönlichen Fühlungnahme. Der Aufgabenkreis, für den eine Person nun theoretisch die Verantwortung übernehmen müsste, werde praktisch unüberschaubar und entziehe sich dem Wissen und der Erfahrung des Einzelnen.[261] Es würden aus organisatorischen Gründen mehrere Zuständigkeitsinstanzen zwischengeschoben, meist sogar nach technischer und kaufmännischer Seite aufgespalten, wobei für die Entscheidungsfindung nicht mehr der persönliche Eindruck entscheidend sei, sondern der Bericht über den zur Entscheidung stehenden Vorgang.[262] Die Bürokratie sei aber ein erfindungsfeindliches Umfeld, denn Erfindungen würden allein durch die Persönlichkeit des Forschers im Zusammenspiel mit seinen Kollegen geschaffen:

> „An die Stelle der lebendigen Persönlichkeit, die sich in technischem Schaffen unmittelbar auswirkt, tritt die Bürokratie mit der Eigenart des Wesens der Bürokratie. Man kann ihr sicherlich viele guten Eigenschaften nachrühmen: Gewissenhaftigkeit, Treue, Hingebung bis zur Selbstaufopferung – aber eine Eigenschaft fehlt ihr ganz gewiß: die schöpferische Kraft. Die Bürokratie erzieht Beamte; selbstständige Naturen sind ihrem Wesen zuwider. Entweder sie fügen sich und passen sich an oder sie werden ausgeschieden."[263]

---

259 *Karnath,* Der Existenzkampf von Einzelunternehmungen, TuW 1927, S. 61.

260 *Isay,* Wirtschaftskrise und gewerblicher Rechtsschutz, 1933, S. 16 f.

261 Ebd., S. 17.

262 Ebd., S. 17.

263 *Isay,* Die Funktion der Patente im Wirtschaftskampf, 1927, S. 29.

Hier betont Isay also erneut, dass sich die Persönlichkeit als Grundlage für eigenverantwortliches, innovatives, engagiertes technisches Schaffen nicht durch Organisation ersetzen lasse.

Auch Kurt Wiedenfeld behandelte die Frage nach der Bedeutung der Persönlichkeit im Unternehmertum. Als Auswirkung der steten Zunahme der Betriebsform der Aktiengesellschaft stellte er heraus, dass es eine Entwicklungstendenz dahin gebe, dass in die modernen Unternehmen ein unpersönliches Element hineingekommen sei. Es sei zu bedenken, dass in einer Aktiengesellschaft die Summe der Aktionäre die Trägerin des Unternehmens sei. Diese Aktionäre seien größtenteils nur durch das eingebrachte Kapital an das Unternehmen gebunden, hingegen nicht durch eine persönliche Verbindung oder sonstiges Interesse am Unternehmen. Unternehmensentscheidungen würden in Aktiengesellschaften dann in Form von Beschlüssen durch die Mehrheit der Aktionäre gefasst, was wiederum ein persönliches, individuelles Verantwortungsgefühl des Einzelnen für das Unternehmen schwäche, da sich der Einzelne hinter der Mehrheitsentscheidung verstecken könne.[264] Mit dem Ziel, den breiten Markt zu beherrschen, gerate das Persönliche stetig in den Hintergrund, die Technik als ausschlaggebender Faktor werde zurückgedrängt und Maßnahmen zur Kapitalbeschaffung würden an die erste Stelle für Unternehmensentscheidungen gesetzt.[265]

Es schloss sich *viertens* für Isay die Frage nach den Auswirkungen dieser Entwicklung auf die Ausbildung der Lehrlinge an. Der Wegfall starker Führungspersönlichkeit im Austausch gegen eine in Bürokratie- und Zuständigkeitsbereichen denkende Organisation könne den Auszubildenden nicht das Verantwortungsbewusstsein und die Freude an der Arbeit vermitteln, die erforderlich wäre, um aus ihnen neue Persönlichkeiten zu machen, die dann in der Zukunft dem technischen Schaffen einen Fortschritt brächten.[266]

Als *fünften* Nachteil sah Isay an, dass das Vorantreiben der Politik der Rationalisierung und Unternehmensvereinigung zum Verlust des Wettbewerbs und seiner belebenden Wirkung auf den Ansporn zur technischen und innovativen Mehrleistung führe.[267] Denn würden stetig mehr Einzelunternehmen in Großkonzerne eingegliedert, oder müssten immer mehr mittelständische Betriebe geschlossen werden, weil sie der Konkurrenz nicht mehr standhalten, gewännen

---

264 *Wiedenfeld,* Das Persönliche im modernen Unternehmertum, 1920, S. 9.

265 Ebd., S. 8.

266 *Isay,* Die Funktion der Patente im Wirtschaftskampf, 1927, S. 32; *Lippart,* Persönlichkeit und technisches Schaffen, TuW 1927, S. 35.

267 *Isay,* Die Funktion der Patente im Wirtschaftskampf, 1927, S. 32 f.

die Großkonzerne immer mehr an Macht. Es gäbe nicht länger eine Vielzahl von Einzelunternehmen, die in ihrer Masse den wenigen größeren Unternehmen im Wettbewerb die Stirn bieten könnten. Die Unternehmensstruktur wäre folglich nicht länger inhomogen, die Kluft zwischen Mittelstands- und Großunternehmen riesig. „Die eine deutsche Wirtschaft" existiere dann nicht mehr und somit gäbe es auch keine einheitliche Not der Industrie mehr.[268]

Aus der Darstellung dieses als zunehmend härter geführt geschilderten Konkurrenzkampf zwischen nicht zu vergleichenden Konkurrenten wird deutlich, warum sich für Hermann Isay die Notwendigkeit eines starken Patentschutzes gerade für den Mittelstand ergab. Der Mittelstand musste seiner Auffassung nach nicht nur um seiner selbst willen als Wirkungsstätte der Persönlichkeit geschützt werden, er musste darüber hinaus geschützt werden, um den Wettbewerb am Markt nicht zum Erlahmen kommen zu lassen. Wettbewerb wiederum war eminent wichtig, um den Fortschritt der Technik voranzutreiben. Auch Kurt Karnath beurteilte den freien Konkurrenzkampf als Schrittmacher für den Fortschritt und Mittel zur Auslese von unrentablen Unternehmen.[269] Isay wählte deshalb als sein Kampfmittel im Wirtschaftskampf einen starken Patentschutz, da dieser für ihn die einzige geeignete Waffe zu sein schien. Hier trat die unterschiedliche Bedeutung von Patenten als Waffe im Wirtschaftskampf für Klein- und Großunternehmen besonders hervor:

> „Die Einzelunternehmung kann sich im Kampf gegen die überlegene Kapitalmacht der Konzerne im Wesentlichen nur auf ihre etwaige technische Mehrleistung stützen, sie kämpft mit der Entfaltung erfinderischen Geistes gegen die größere und bessere Verkaufsorganisation, gegen den weitreichenden Einfluß besserer Beziehungen und vertraglicher Bindungen."[270]

Isay erkannte, dass die Bedeutung von Patenten je nach Standpunkt unterschiedlich zu bewerten war. Dem Großkonzern stünden viele Möglichkeiten offen, um Wettbewerb zu betreiben. Das Patent reihe sich lediglich in eine endlose Kette mit ein, steche aber nicht besonders aus ihr hervor. Dem industriellen Mittelstand hingegen bleibe in seiner technischen Leistung, seinen Innovationen oftmals die einzige, zumindest aber die effektivste Möglichkeit, um seine Unabhängigkeit gegen die Großkonzerne durchzusetzen und folglich im Konkurrenzkampf die Oberhand zu gewinnen. Die Bedeutung der Patente sei für diesen riesig.[271] Der unterschiedliche Stellenwert der Patente mache sodann besonders

268 *Isay*, Die Funktion der Patente im Wirtschaftskampf, 1927, S. 35.
269 *Karnath*, Der Existenzkampf von Einzelunternehmungen, TuW 1927, S. 66.
270 *Isay*, Die Funktion der Patente im Wirtschaftskampf, 1927, S. 34.
271 Ebd., S. 34.

deutlich, welche Gefahren für die Existenz eines wirklichen Wettbewerbs durch den stetig zunehmenden Konzentrationsprozess der Unternehmen drohten. Der Wettbewerb dürfe aber nie in den Hintergrund treten und könne nur entstehen, wenn alle Teilnehmern Ressourcen besäßen, die ihnen einen wenn auch nicht ebenbürtigen, so doch zumindest fairen Konkurrenzkampf ermöglichten. Von einer vergleichbaren Bedürfnis- und Interessenlage könne aber, wie gezeigt, unter diesen Voraussetzungen nicht mehr die Rede sein.

Würde man dem Erfinder im Allgemeinen und dem kleinen Erfinder im Speziellen einen starken Patentschutz nicht zugestehen, würde man damit den Sinn und Zweck der Patentgesetzgebung aushebeln. Das würde zunächst das schwächste Glied der Kette, den kleinen Erfinder, treffen, der vor allem im Mittelstand zu finden sei. Insbesondere der Schutz des Mittelstandes sei deshalb vor allem Aufgabe der Patente, denn diese sind nach Isay

> „dasjenige Kampfmittel, das den gewerblichen Mittelstand in den Stand setzt, durch die Qualität seiner Leistung, durch seine schöpferischen technischen Fähigkeiten den Wettbewerb mit den Großen erfolgreich zu bestehen."[272]

3. Die ethische Funktion des Patents

Wie oben bereits geschildert, war für Isay die Funktion des Patents als Fördermittel der industriellen und technischen Entwicklung durch den Lauf der Zeit bestätigt und gefestigt worden. Ihm zufolge traten neben diese ursprüngliche Funktion angesichts der zunehmenden Konzentrations- und Rationalisierungsprozesse neue Funktionen, nämlich der Schutz der Individualität und des Bestandes der Einzelunternehmen sowie der Schutz der Entfaltungsmöglichkeit der schöpferischen Persönlichkeit.[273] Mit dieser Erweiterung des Aufgabenbereiches der Patente erschloss sich für Isay zugleich eine weitere positive Auswirkung des Patentschutzes, die darin lag, dass durch den Schutz der Individualität und Persönlichkeit der Erfinder zugleich ethische Werte gestärkt und geschützt seien:

> „Die Rationalisierung hat zweifellos ihre berechtigten Grundgedanken [...] aber auch ihre Grenzen da, wo die Herrschaft der irrationalen Persönlichkeit beginnt. Und diese Grenzen gilt es festzuhalten und zu verteidigen, unbeirrt durch das Götzenbild einer Rentabilität um jeden Preis. Hier enthüllen sich auch die ethischen Werte um die es geht: die Freude an der Leistung, die Freude an der Arbeit, die Schöpferfreude, die durch den Moloch Rationalismus vernichtet, aufgerieben werden würde. Hier zeigt sich, daß die Technik zu ihrer Höchstleistung gerade auch Höchstanforderungen an den

---

272 *Isay*, Wirtschaftskrise und gewerblicher Rechtsschutz, 1933, S. 31.
273 *Isay*, Die Funktion der Patente im Wirtschaftskampf, 1927, S. 48.

> ethischen Charakter ihrer Jünger stellen muß, daß die Hingabe an das Werk im Dienst der Allgemeinheit nur auf der Grundlage einer sittlichen Persönlichkeit die Erfolge zeitigen kann, die als Ziele der technischen und damit industriellen Entwicklung aufgerichtet sind."[274]

Isay stellte mit dieser Aussage heraus, dass es einen Zusammenhang zwischen der industriellen und technischen Entwicklung einerseits und der Persönlichkeit andererseits gebe. An die Persönlichkeit stellte er nunmehr ethische Anforderungen in der Form, dass man die Forschung und Entwicklung neuer technischer Ideen nicht nur als Beruf, sondern vielmehr als Berufung sehen müsse. Damit man allerdings dieses Ethos entwickeln konnte, war für Isay ein entsprechend förderliches berufliches Umfeld nötig, welches primär in Unternehmen zu finden sei, die nicht allein dem Gewinn verpflichtet waren. Je höher die technischen und industriellen Anforderungen, desto höher waren für Isay auch die sittlichen Anforderungen an den Schaffenden.[275] Deshalb war der selbstständige Mittelstand in seiner Sicht

> „der Träger der kulturellen, ethischen und religiösen Werte, der uralte Pflanzboden, in dem das deutsche Wesen wurzelte, und aus dem das meiste hervorging, was die deutsche Geschichte an Großem, an Schönem, an Edlem, an Liebenswerten hervorgebracht hat."[276]

Der Geist des Mittelstandes machte für Isay somit die Eigenart des deutschen Volkes aus, sein Verschwinden bedeute einen Verlust altehrwürdiger Werte ebenso wie das Brachliegen schöpferischen Potentials. Dies war ein Grund mehr für Isay, um dem Mittelstand mithilfe eines starken Patentschutzes den Schutz, den er gegen die zunehmenden Konzentration- und Rationalisierungsprozesse benötigte, zukommen zu lassen. Der Jurist sah auf diesem Weg eine Möglichkeit, „politische, völkische und ethische Nachteile"[277] abzuwenden.

Zu der gleichen Schlussfolgerung wie Isay kam auch Lippart. Er hob hervor, dass in Deutschland bei der Persönlichkeitsbildung zu lange und zu einseitig nur an die intellektuelle Ausbildung gedacht und die Willensbildung und Vermittlung von Persönlichkeitswerten zu sehr in den Hintergrund gedrängt worden sei.[278] Lippart forderte in diesem Sinne von den Hochschulen: „Erzieht ganze Menschen und ihr erzieht gute Ingenieure."[279] Er wollte damit ausdrücken, dass

---

274 *Isay*, Die Funktion der Patente im Wirtschaftskampf, 1927, S. 49 f.
275 Ebd., S. 18.
276 *Isay*, Wirtschaftskrise und gewerblicher Rechtsschutz, 1933, S. 18.
277 Ebd., S. 18.
278 *Lippart*, Persönlichkeit und technisches Schaffen, TuW 1927, S. 36.
279 Ebd., S. 36.

nur vollwertige Persönlichkeiten einen wertvollen Beitrag zur Förderung des Standes der Technik leisten konnten. Er betonte, dass die vorherrschende Konzentrationsbewegung der Unternehmen nur dann erfolgreich sein würde, wenn sie wieder Platz für eben solche verantwortungsvolle und verantwortungsfreudige Persönlichkeiten bieten würde.[280]

IV. Zusammenfassung

1. Bis zum Ersten Weltkrieg gelangte Deutschland zu einer wirtschaftlichen Führungsposition, welche in der Zwischenkriegszeit unerreichbar blieb. Zunächst schwächten die Folgen des Ersten Weltkrieges die Wirtschaft, dann brach die Wirtschaft aufgrund der Inflation ein. Erst von 1924 bis 1928 kann von einer gewissen Stabilisierung des Marktes gesprochen werden, bis dann im Jahre 1929 die Weltwirtschaftskrise ihren Tribut forderte. Die Industrie versuchte in dieser wirtschaftlich wie auch politisch instabilen Zeit mit zunehmender Rationalisierung und der Zusammenfassung von Unternehmen zu reagieren. Die Zahl der Kartelle und Trusts und deren Anteil an der Gesamtproduktion Deutschlands stiegen erheblich. Zugleich stieg der Einfluss der Großbanken.
2. Es entstand das Bedürfnis, diese neuen Rahmenbedingungen rechtlich zu erfassen und zu regeln. Am deutlichsten trat der Einzug wirtschaftlicher Argumente und Sachverhalte in die Rechtswissenschaft durch die zu Beginn des 20. Jahrhunderts aufkommende Entstehung der neuen Disziplin des Wirtschaftsrechts hervor, die durch die Ansichten Justus Wilhelm Hedemanns und von der Reformbestrebung um die Juristenausbildung, an welcher sich Hermann Isay beteiligte, geprägt wurde. Eine weitverbreitete Forderung der Zwischenkriegszeit ging dahin, den wirtschaftlichen Stand Deutschlands von 1913 wieder zu erreichen. Isay versuchte hierfür das Patentrecht einzusetzen, da seiner Meinung nach ein Wiederaufstieg Deutschlands nur durch ein Erstarken der Exportleistung möglich war. Das beste Exportmittel wiederum waren für ihn vor allem innovative Technologien, die durch Patente geschützt werden müssten. Das erklärte sich für ihn aus der Entstehungsgeschichte des Schutzes von Erfindungen und deren Rückwirkung auf die jeweilige wirtschaftliche Situation.
3. Der Umgang mit Patenten war für Isay Ausdruck des allgemeinen Rechtsgefühls, das sich im Laufe der Zeiten ändere. Das Privilegienwesen sei bereits Ausdruck der Weiterentwicklung des Rechtsgefühls. Privilegien waren für

280 *Lippart*, Persönlichkeit und technisches Schaffen, TuW 1927, S. 37.

ihn ein notwendiger Entwicklungsschritt in der Überwindung des Zunftwesens und Vorläufer des modernen Patentwesens. Eine weitere Entwicklungsstufe war für Isay in England das „Statute of Monopolies“ von 1624. In England herrschten für ihn optimale Voraussetzungen, die auf dem Einfluss des Puritanismus beruhten, der einer gewinnorientierten, rationalen und innovativen Arbeit einen hohen Stellenwert beigemessen habe. Die Überwindung des Genossenschaftsgedankens hin zum Individualgefühl bilde die entscheidende Grundlage, damit Erfindungen getätigt werden konnten. Das moderne Patentrecht sei zugleich Ausfluss und Faktor des Frühkapitalismus.

4. Für Isay war es erklärbar, dass in Deutschland nach jahrzehntelang andauernder Diskussion über Nutzen und Wert des Patentwesens das erste allgemeine Patentgesetz erst im Jahre 1877 erlassen werden konnte, nachdem die deutsche Industrie eine vernichtende Niederlage auf der Weltausstellung in Philadelphia erlitten hatte und zudem eine Abkehr von der freihändlerisch-liberalen Haltung Preußens vollzogen worden war, folglich eine Änderung des Rechtsgefühls festzustellen war.
5. Isay war nicht nur der Auffassung, dass die gewerblichen Schutzrechte aufgrund der veränderten Bedingungen entstanden, sondern auch, dass der wirtschaftliche Aufschwung durch die gewerblichen Schutzrechte bedingt war. Patente hatten für Isay in vielerlei Hinsicht das Potential, förderlich auf die Wirtschaftsentwicklung einzuwirken. Sie stellten eine Belohnung dar, und die Ausschließlichkeitswirkung der Patente mache den Gegenstand der Erfindung zu einem marktfähigen Gut. Dieses Gut wurde nach Isay oftmals erst nach der Patentanmeldung in der Produktion von Fehlerquellen und Mängeln befreit, und erst dieser erneute Aufwand an Kapital und Zeit waren dem Fortschritt der Technik und so auch der Wirtschaft zuträglich. Die zeitliche Begrenzung des Patentschutzes wiederum rege dazu an, die Erfindung für die Zeit nach Ablauf der Schutzfrist weiterzuentwickeln, und die Konkurrenz könne versuchen, mit einem neuen, innovativen Produkt marktfähig zu bleiben.
6. Die Hebung des Gewerbefleißes war seit jeher Hauptargument der Propatentbewegung. Hermann Isay schloss sich dem an. Für ihn bestand folglich kein Gegensatz zwischen dem privaten Interesse, den Erfindungsgegenstand zu schützen und zu verwerten, und dem öffentlichen Interesse, Erfindungen uneingeschränkt Allgemeingut werden zu lassen. Für ihn war die Verknüpfung dieser beiden sich zunächst widerstreitend erscheinenden Interessen in dem zeitlich beschränkten Recht aus dem erteilten Patent die Lösung. Die Stärkung der Interessen des Erfinders führte für Isay zum Wohl aller durch den Fortschritt der Technik.

7. Isay stellte sich damit gegen Eduard Pietzcker und Georg Benjamin, die eine Eindämmung der Rechte aus Patenten sowohl in zeitlicher als auch in sachlicher Hinsicht forderten, da jedes Patent grundsätzlich ein Hindernis für die Wirtschaft darstelle und die Erfindung, wenn nicht von dem ersten Erfinder, dann doch zeitnah von einem anderen gemacht werde.
8. Aus der Betonung der Bedeutung der Patente für die gesamtwirtschaftliche Situation und der Stellenwert der Individualität und der Persönlichkeit ergab sich für Isay eine neue, weiterführende Funktion des Patents: der Schutz des Mittelstands. Für Isay hing demnach das Schicksal der deutschen Industrie im Ganzen davon ab, ob es gelingen würde, den industriellen Mittelstand zu retten. Nur die kleineren Unternehmenseinheiten boten für Isay ein erfinder- und erfindungsfreundliches Umfeld. Einzige Möglichkeit für den Mittelstand, um im Konkurrenzkampf bestehen zu können, war nach Isay der Patentschutz ihrer Erfindungen, da den kleinen bis mittleren Unternehmen nicht die Kapitalmassen für Werbung, Vermarktung, Forschung etc. zur Verfügung stünden wie den Großunternehmen. Kleinere Unternehmenseinheiten könnten im Konkurrenzkampf in erster Linie auf ihre technische Mehrleistung zurückgreifen, weshalb sie eines starken Patentschutzes bedürften.
9. Für Isay wurde die wirtschaftliche Entwicklung durch eine zweite Komponente negativ beeinflusst, nämlich durch den Aufsaugungsprozess kleinerer Unternehmen durch Großkonzerne und die Schließung vieler kleiner Unternehmen. Dadurch stünden den Großunternehmen immer weniger kleinere Unternehmenseinheiten gegenüber, die zuvor dank ihrer Masse noch eine echte Konkurrenz zu den Großunternehmen dargestellt hätten. Die Änderung in der Unternehmensstruktur bedeutete nach Isay den Verlust der anspornenden Wirkung des Wettbewerbs zur technischen und innovativen Mehrleistung.
10. Isay sprach der zunehmenden Konzentrations- und Zusammenschlussbewegung der Unternehmen allerdings nicht vollständig ihre Berechtigung ab. Er erkannte, dass Rationalisierung und Konzentration notwendig waren, um die Wirtschaft zu stabilisieren und im internationalen Vergleich voranzubringen. Er befürchtete aber, dass, sobald ein Unternehmen eine gewisse Größe überschritten habe, das Umfeld, das ein Erfinder für seinen Ideenreichtum und zur Erreichung technischer Höchstleitungen benötigte, nicht mehr gewährleistet werden könne. Die Ergebnisse deutschen technischen Schaffens basierten für Isay vor allem auf dem individualistischen Wesen und der technischen Begabung der Deutschen.

11. Isay sah in zu großen Unternehmenseinheiten Nachteile für den Erfinder und die Erfindung selbst: Hauptnachteil der Großkonzerne im Vergleich zu kleineren Unternehmenseinheiten war für Isay der Verlust der persönlichen Fühlungnahme zugunsten der Bürokratie. Das gehe ihm zufolge zulasten des Forschungsstrebens, da sich die Rentabilität einer neuen Erfindung nach Auffassung der Bürokratie sofort einstellen müsse, um nicht aus finanzpolitischen Gründen oder auf der Basis eines unvollständigen Berichtes verworfen zu werden. Die Entwicklung einer technischen Idee bedürfe eines größeren Zeitraums, als ihn die Verwaltung zugestehen wolle, weshalb viele Ideen noch vor der Patentanmeldung verloren gingen. Ob eine Idee verworfen werde oder nicht, dürfe sich nach Isay aber nicht aus finanzpolitischen, organisatorischen oder sonstigen Erwägungen ergeben, die dem Wesen der Erfindung fremd seien, sondern dürften sich nur aus einer kritischen Betrachtung der Erfindung selbst ergeben.
12. Die Dominanz finanzpolitischer Erwägungen wurde nach Isay, Kurt Karnath und Otto Jeidels zudem durch Veränderungen im Bankenwesen begünstigt. Der Privatbankier sei aufgrund der veränderten Rahmenbedingungen und des vermehrten Kapitalbedarfs von Großbanken verdrängt worden. Diese vergäben ihre Kredite nicht aufgrund des Vertrauens, das einem Kreditnehmer entgegengebracht werde, sondern allein aufgrund vorhandener Sicherheiten. Diese könnten in kleineren Unternehmen oftmals nicht aufgebracht werden, weshalb eine neue Idee nicht entwickelt werden könne oder aber das kleine Unternehmen zur Schließung oder Eingliederung in einen Konzern aufgrund mangelnder Konkurrenzfähigkeit gezwungen werde. Zudem beeinflussten Großbanken die Großkonzerne, indem sie durch einen Sitz im Aufsichtsrat ihre Interessen durchsetzen. Die Selbstständigkeit industrieller Entscheidungen werde so beschränkt.
13. Die Persönlichkeit verliere durch diese Entwicklungen die unmittelbare Verbindung zu ihrem Schaffen. Innovatives, engagiertes und eigenverantwortliches Handeln, das für die Entwicklung technischer Ideen notwendig sei, werde zugunsten der Organisation und Bürokratie verdrängt.
14. Auch das Arbeitsklima sei nach Isay in einem von der Idee der Rentabilität durch Rationalisierung geprägten Konzern erfinderfeindlich, da der Erfinder stets Angst um seinen Arbeitsplatz habe. Die Entlassung angestellter Erfinder bedeute den Verzicht auf deren Erfahrungsschatz. Schließlich werde nach Isay die Ausbildung der Lehrlinge, den Erfindern von morgen, stetig schlechter, weil ihnen aufgrund des Mangels an vorbildhaften Führungspersönlichkeiten verantwortliches, engagiertes, übergreifendes Denken nicht mehr vermittelt werde.

15. Insgesamt sah Hermann Isay die Funktion von Patenten darin, den Mittelstand und die industrielle Einzelunternehmung zu schützen, um mithilfe der Aufrechterhaltung eines echten Wettbewerbs zwischen Groß- und Kleinunternehmen den durch die Geschichte bestätigten Zweck des Patentgesetzes, der in der Förderung des Gewerbefleißes und somit in dem Voranbringen der Wirtschaft liege, erreichen zu können. Patente seien die einzige Möglichkeit, damit kleinere Unternehmen durch technische Mehrleistung neben den größeren Unternehmen bestehen könnten. Kleinere Unternehmenseinheiten waren für Isay vor allem deshalb besonders schützenswert, weil sie dem Erfinder ein geeigneteres Umfeld böten, in dem sich seine individualistische und technische Begabung bestmöglich entfalten könne. Das liege nicht zuletzt an den vorherrschend im Mittelstand vermittelten ethischen Werten, wie dem Verantwortungsbewusstsein, dem Engagement, der Hingabe an die Arbeit und der Führungsqualität. Auch der Schutz dieser Werte war für Isay folglich eine aus der Grundfunktion des Patentschutzes, der Förderung der Wirtschaft, weiterentwickelte neue Funktion von Patenten.

Kapitel 3: Der Patentanspruch

Im vorigen Kapitel wurde die Auffassung Isays zur Bedeutung von Patenten sowohl für die Wirtschaft im Allgemeinen als auch für kleine bis mittlere Unternehmen im Besonderen dargelegt. In diesem Kapitel ist herauszuarbeiten, welche Forderungen Hermann Isay zur Erreichung der damit verbundenen Ziele an den Umgang der Rechtsprechung mit dem Patentgesetz, insbesondere mit § 4 PatG, stellte und welche Konsequenz dies für die Kompetenzverteilung zwischen dem Patentamt und dem Reichsgericht hatte. Aus der großen Zahl der Publikationen des Juristen zu den verschiedenen Gebieten des Patentrechts wird das Thema der Auslegung des Patentanspruchs herausgegriffen, da er hier einen wesentlichen Beitrag zur Fortentwicklung der Rechtsprechung leistete, wie die Koks-Löschrinnen-Entscheidung des Reichsgerichts vom 9.2.1910 deutlich zeigt.[1] Hervorzuheben ist der wegweisende Vortrag von Hermann Isay aus dem Jahre 1909 mit dem Titel „Wesen und Auslegung des Patentanspruchs"; die weitere Bearbeitung dieser Problematik in zahlreichen Veröffentlichungen schloss sich an.[2] Vor allem bei diesem Thema tritt deutlich zutage, welche Voraussetzungen zu erfüllen waren, um seine Forderung nach einem starken Patentrecht umzusetzen.

I. Grundlegung

Legt man Isays These zugrunde, dass eine florierende wirtschaftliche Entwicklung einen starken Patentschutz benötigt, stellte sich die Frage, ob die

---

1 RG v. 9.2.1910 (I 423/09), abgedruckt in Mitt. 1910, S. 57–58.

2 *Isay*, Wesen und Auslegung des Patentanspruchs, MittDPatAnw 1909, S. 138 ff.; *ders.*, Der Patentanspruch in der jüngsten Rechtsprechung des Reichsgerichts, GRUR 1911, S. 321 ff; *ders.*, Die einschränkende Auslegung von Patenten, GRUR 1912, S. 241 ff.; *ders.*, Die einschränkende Auslegung von Patenten, MittDPatAnw 1912, S. 21 ff.; *ders.*, Die einschränkende Auslegung von Patenten, MittDPatAnw 1912, S. 71 f; *ders.*, Zur Frage der Auslegung von Patenten, Zeitschrift für Industrierecht 1912 (VII), S. 37 ff.; *ders.*, Die Auslegung der Patente in Deutschland und Österreich, GRUR 1913, S. 133 ff.; *ders.*, Die einschränkende Auslegung von Patenten, MittDPatAnw 1913, S. 66 f.; *ders.*, Reichsgericht und Rechtssicherheit, GRUR 1915, S. 157 ff.; *ders.*, Die Rechtssicherheit in der patentrechtlichen Rechtsprechung, GRUR 1916, S. 129 ff.; *ders.*, Zur Patentauslegung, GRUR 1917, S. 129 ff.; *ders.*, Die geschichtliche Entwicklung der Patentauslegung, MittDPatAnw 1925, S. 54.

erfinderische Leistung schon den Schutz genoss, dessen sie bedurfte, um sich in Hinblick auf Isays These der notwendigen Mittelstandsförderung auch gegen kapitalstärkere Konzerne durchsetzen zu können. Der Wert von Patenten ergibt sich nicht zuletzt aus dem Umfang des Schutzes, den sie gewähren. Hierbei sind zwei Ebenen zu berücksichtigen, nämlich das Erteilungsverfahren vor dem Patentamt und der Verletzungsprozess vor den ordentlichen Gerichten. Das Verständnis vom Zusammenspiel dieser beiden Faktoren unterlag im Laufe der Zeit einem Wandel, der unter besonderer Herausstellung von Hermann Isays Thesen hier darzustellen ist.

Mit Erlass des Patentgesetzes von 1877 wurde erstmals eine einheitliche gesetzliche Regelung des deutschen Patentwesens herbeigeführt. Als Patent Nummer 1 wurde ein „Verfahren zur Herstellung einer rothen Ultramarinfarbe“ geschützt.[3] Sobald das Patent durch das Kaiserliche Patentamt als deutsches Reichspatent wirksam erteilt war, eröffnete es dem Patentinhaber das zeitlich begrenzte Verwertungsrecht zur ausschließlichen gewerblichen Nutzung der Erfindung. So konnte er Dritten die Benutzung untersagen, Lizenzen erteilen oder Entschädigungen für Patentverletzungen verlangen. Der Patentinhaber kam also in den Genuss der durch § 4 PatG festgelegten Rechte, die ausschließlich ihm zustanden. So führte das Reichsgericht in seiner Entscheidung vom 25.4.1900 aus: „Erworben wird der Erfindungsschutz durch die Ertheilung eines Patentes und die Ertheilung eines Patentes erfolgt durch Beschluß des Patentamts.“[4]

Mit der Patenterteilung eröffneten sich dem Anmelder also sämtliche Vorteile des Schutzes, den das Patentgesetz bot. Um diesen Schutz zu erlangen, musste der Erfinder zuvor seine Erfindungsidee dem Patentamt offenbaren, wofür § 20 PatG die Voraussetzungen nannte. Was Gegenstand des Ausschlussrechts sei, sollte nach § 20 PatG durch den Patentanspruch angegeben werden.[5] Ein „Patentanspruch“ war bei Erlass des ersten Patentgesetzes von 1877 noch nicht normiert. Dieser fand erst im Patentgesetz von 1891 seinen Niederschlag. Am Schluss der Beschreibung war dasjenige anzugeben, was als patentfähig unter Schutz gestellt werden sollte (Patentanspruch).[6]

Allerdings blieb der Gesetzgeber eine befriedigende Antwort auf die für die Praxis so wichtige Frage schuldig, wie mit dieser Norm umzugehen war und wie sodann Patente auszulegen waren. Voranzustellen ist die Überlegung, dass mit

3 *Kirchhoff*, Patentauslegung und Rechtssicherheit, GRUR 1956, S. 453.
4 RG v. 25.4.1900 (I 61/00), mitgeteilt in: GRUR 1901, S. 153.
5 *Isay*, PatG 1931, § 4 Anm. 1.
6 *Kirchhoff*, Patentauslegung und Rechtssicherheit, GRUR 1956, S. 453.

der Patenterteilung nicht nur Rechte erworben werden, sondern auch Pflichten gegenüber der Allgemeinheit entstehen. Hier ist vor allem die vollständige Offenbarung der zu schützenden Erfindung zu nennen. Die Weite des Schutzbereichs war in Relation zu dem durch die geschützte Erfindung verursachten Fortschritt der Technik zu setzen. Hier war ein Spannungsfeld zwischen dem Interesse der Allgemeinheit an Rechtssicherheit und dem Erfinderinteresse an maximaler Amortisation seiner Aufwendungen festzustellen. Kirchhoff wies später darauf hin, dass es mit den volkswirtschaftlichen Zielsetzungen der Patentgesetzgebung unvereinbar wäre, wenn ein Patentinhaber im Verletzungsprozess einen Schutzumfang beanspruchen könnte, der nicht aus den durch die Patentbeschreibung zu erläuternden Patentansprüchen für den Durchschnittsfachmann klar zu erkennen sei.[7]

Nach Erlass des Patentgesetzes setzte eine zunehmende wissenschaftliche Durchdringung patentrechtlicher Fragen ein. Alleine durch den Erlass des Patengesetzes konnte den Erfindungen nicht der Schutz zukommen, den sie insbesondere nach Isay bedurften. Der Rechtsanwalt und Justizrat Arnold Seligsohn hob hervor, dass das Patentrecht, wie jedes andere Rechtsgebiet, nicht ein in starren Gesetzesbestimmungen eingeschlossenes unwandelbares Gebilde sei, sondern als Ausdruck der Gesetzesauffassungen sowie der wirtschaftlichen und sozialen Verhältnisse, je nach dem Wechsel der Anschauungen und der Bedürfnisse, einer organischen Entwicklung unterworfen sei.[8] Die durch das Patent geschützte Erfindungsidee konnte sich in unterschiedlichen Ausprägungen manifestieren.

Der Patentanmelder war vor Konkurrenten zu schützen, die zu der im Patent offenbarten Erfindung nur einen unerheblichen Zusatz hinzufügten, einen entbehrlichen Teil wegließen oder sonstige Maßnahmen ergriffen, die verschleierten, dass die neue Erfindung lediglich nachgeahmt wurde. Insbesondere im Verletzungsprozess standen dann die Gerichte vor der Aufgabe herauszufinden, ob trotz der Abweichung eine Übereinstimmung mit dem Erfindungsgedanken bestehe.[9]

Ein wichtiges, wenn nicht sogar das wichtigste Thema bildete von Anfang an die Frage nach der Patentauslegung und damit nach dem Schutzumfang eines Patents. Die wirtschaftliche Bedeutung dieser Frage liegt auf der Hand. Die

---

7 *Kirchhoff*, Patentauslegung und Rechtssicherheit, GRUR 1956, S. 456.

8 *Seligsohn*, Die Entwicklung des Patentrechts seit 1891, GRUR 1922, S. 6.

9 *Isay*, Die Bedeutung der Patentauslegung für das Patenterteilungsverfahren, in: Patentrechtliche Fragen, Vorträge gehalten im Reichspatentamt, 1930, S. 1.

wissenschaftliche Auseinandersetzung mit diesem Thema beruhte darauf, dass das Patentgesetz keine Regelungen hierüber enthielt. Nach Kurt von Falck legte § 4 der Patentgesetze vom 25. Mai 1877, vom 7. April 1891 und vom 7. Dezember 1923 zwar nicht in wörtlicher, jedoch in sachlicher Übereinstimmung lediglich fest, dass der Patentinhaber das ausschließliche Recht zur Benutzung des Erfindungsgegenstandes durch die Erteilung des Patents innehabe.[10] § 4 PatG vom 25. Mai 1877 lautet wie folgt:

> „Das Patent hat die Wirkung, daß niemand befugt ist, ohne die Erlaubniß des Patentinhabers den Gegenstand der Erfindung gewerbsmäßig herzustellen, in Verkehr zu bringen oder feilzuhalten."

Nach dem Wortlaut § 4 des Patentgesetzes 1877 war „niemand befugt", den Gegenstand der Erfindung zu benutzen. Nach Rafael von Heppe ging man bis 1891 von einem negativen Abwehrrecht im Sinne eines Verbietungsrechts aus.[11] Im Patentgesetz von 1891 wurde § 4 PatG dahin gehend geändert, dass die negative Formulierung „niemand befugt" durch die positive „ausschließlich befugt" ersetzt wurde:

> „Das Patent hat die Wirkung, daß der Patentinhaber ausschließlich befugt ist, gewerbsmäßig den Gegenstand der Erfindung herzustellen, in Verkehr zu bringen, feilzuhalten oder zu gebrauchen."

Es trat also ein positives Benutzungsrecht neben das negative Ausschlussrecht.

Zum Gegenstand der Erfindung konnten körperliche Stoffe, Maschinen, Anordnungen und Verfahren gemacht werden. Da gemäß § 4 PatG die Wirkung des Patents von diesem Gegenstand der Erfindung bestimmt wurde, waren dessen Bedeutung und Reichweite in der Verletzungsprüfung im Rahmen von Feststellungs-, Unterlassungs- oder Schadensersatzprozessen vor dem Reichsgericht am heftigsten umstritten. Schließlich leitete sich daraus unmittelbar der wirtschaftliche Wert der Erfindung und zugleich des Patents ab. In letzter Konsequenz bedeutete diese Bestimmung die Antwort auf die Frage, ob das Patent für die Erfinder den nötigen wirtschaftlichen Anreiz bot, wie dies unter anderem von Hermann Isay gewünscht war. Es drängte sich damit, insbesondere in Prozessen wegen einer Patentverletzung, stets die Frage auf, in welchem Umfang dieses erteilte Recht seinen Schutzbereich zugunsten des Patentinhabers eröffnete. Aufgrund der großen Bedeutung und zugleich großen Schwierigkeit hinsichtlich der Eingrenzung war die Bestimmung des Gegenstands der Erfindung

10 *v. Falck*, Patentauslegung und Schutzumfang, GRUR Festschrift, 1991, S. 544.
11 *v. Heppe*, Patentverletzungen, 2007, S. 82.

eine der umstrittensten Fragen in Wissenschaft und Praxis. Viele Autoren, darunter Hermann Isay, trugen mit zahlreichen Aufsätzen und Schriften zum wissenschaftlichen Diskurs darüber bei.

Zu fragen war, was unter dem „Gegenstand der Erfindung" zu verstehen war, und damit, wie weit der Schutz des Patents reichen sollte. Da das Patentgesetz, wie oben gezeigt, keine ausdrückliche Regelung der Patentauslegung enthielt, war hier das Tor für eine kontroverse Diskussion geöffnet. Damit der Umfang des Rechts bestimmt werden konnte, bedurfte es folglich einer Abgrenzung des technologischen Gebietes, für das es seine ausschließliche Wirkung entfaltete.

Isay stellte zunächst fest, dass die wirtschaftliche Funktion der Patente darin begründet sei, andere von der Benutzung bestimmter technischer Gedanken, insbesondere zum Zweck der Herstellung und des Vertriebes von Waren, auszuschließen.[12] Hermann Isay maß deshalb § 4 PatG, der das Ausschlussrecht des Patentinhabers festlegte, die größte Bedeutung unter den patentrechtlichen Normen bei.[13] So war für ihn § 4 PatG „die praktisch bedeutsamste Bestimmung des Gesetzes geworden"[14]. Wolle man den Zweck des Patentgesetzes erreichen, so müsse dem Anmelder nach Isay die ungestörte Entwicklung und Verbesserung seiner technischen Erfindung möglich gemacht werden und die Amortisierung der Aufwendungen, die der Anmelder in der Zeit der Forschung und Weiterentwicklung zu tragen hatte.[15] Die Folgen eines unzureichenden Patentschutzes, wie sie nach Isays Meinung in der Zeit vor 1877 zu sehen waren, seien in Hinblick auf die Steigerung des Potentials der deutschen Industrie zu vermeiden.[16] Der Jurist forderte, den Schutz des Patents so weit zu erstrecken, wie die im Patent offenbarte Erfindung reiche.[17] Es war der Gegenstand des Ausschlussrechts zu ermitteln. Folglich war das erteilte Patent auszulegen: Die Tätigkeit der Ermittlung des Gegenstandes des Ausschlussrechtes wurde also als „Auslegung" bezeichnet.[18]

Was genau hierunter zu verstehen war, wurde kontrovers diskutiert und durchlief im Laufe der Zeit einen Wandel. Die unterschiedlichen Grundsätze

12 *Isay*, PatG 1931, § 4 Anm. 1.
13 Ebd., § 4 Anm. 1.
14 Ebd., § 4 Anm. 1.
15 Ebd., § 4 Anm. 1.
16 Ebd., § 4 Anm. 1.
17 Ebd., § 4 Anm. 1.
18 Ebd., § 4 Anm. 1.

der Auslegung, deren geschichtliche Entwicklung und insbesondere Isays Beitrag dazu werden in den folgenden Abschnitten untersucht.

Die Wichtigkeit des Themas ist der patentrechtlichen Literatur bekannt.[19] Insbesondere Rafael von Heppe beschäftigt sich in seiner Dissertation mit dem Titel „Patentverletzungen" unter anderem mit der geschichtlichen Entwicklung der Patentauslegung. Er legt einen Schwerpunkt der Bearbeitung auf die Entwicklung der reichsgerichtlichen Rechtsprechung. Die vorhandene Literatur kann herangezogen werden, um Isays Standpunkt innerhalb der geführten zeitgenössischen Diskussion – der hier im Vordergrund steht – einordnen zu können.

II. Die erste Phase der Geschichte der Patentauslegung: Auslegung der Willenserklärung des Patentamts

1. Die Entstehung der Patentauslegungsgrundsätze

Einen ersten Anhaltspunkt für die Patentauslegung konnte man im patentrechtlichen Grundsatz des staatlichen Erteilungsverfahrens finden – das Recht aus der Erfindung entstand nicht von selbst zum Beispiel bei der Fertigstellung der Erfindung, vielmehr war ein förmliches Verfahren erforderlich, an dessen Anfang die Anmeldung des Patents und an dessen Ende der Erteilungsbeschluss des Patentamtes stand. Das Patentgesetz von 1877 schrieb die Formulierung eines „Patentanspruchs" zur Erlangung eines Patents noch nicht vor. Allerdings wurde dies durch Übung eingeführt.[20] Der 1891 zu § 20 PatG hinzugefügte Satz 5 erwähnte erstmals ausdrücklich den Patentanspruch und maß ihm als Aufgabe zu, zusammenfassend das anzugeben, was als patentfähig unter Schutz gestellt werden sollte.[21]

Wollte man ein Patent anmelden, so musste man den Anforderungen des § 20 PatG genügen. Der Patentsuchende musste die Erfindung möglichst genau beschreiben. Es musste der Gegenstand, welcher durch das Patent geschützt werden sollte, genau bezeichnet und in einer Anlage die Erfindung dergestalt beschrieben werden, dass danach die Benutzung derselben durch andere

19 Siehe vor allem *v. Falck*, Patentauslegung und Schutzumfang, GRUR – Festschrift, 1991, S. 543–584; *Kirchhoff*, Patentauslegung und Rechtssicherheit, GRUR 1956, S. 453–466.

20 *Kirchhoff*, Patentauslegung und Rechtssicherheit, GRUR 1956, S. 456; *Isay/Wirth*, Die Entwicklung der Patentauslegung, in: Isay/Wirth, Der Patentanspruch, 1912, S. 2.

21 *v. Heppe*, Patentverletzungen, 2007, S. 205.

Sachverständige möglich erschien. Im Übrigen waren nach § 20 PatG Zeichnungen, bildliche Darstellungen, Modelle und Probestücke beizufügen.

Im Erteilungsbeschluss führte das Patentamt sodann all das auf, was es als eine Erfindung erachtete und worauf es folglich das Patent erteilen wollte. Dieser Erteilungsbeschluss hatte zwei Bestandteile: zum einen die Erklärung, dass auf die im Folgenden mitgeteilte Anmeldung ein Patent erteilt werde, und zum anderen die Mitteilung der Erfindung in der patentierten Form. Letztere wurde sodann als Patentschrift der Allgemeinheit öffentlich zugänglich gemacht.[22]

Mit der Verpflichtung der Veröffentlichung gingen dann die Rechte und Befugnisse aus dem Patent einher, die sich aus dem Gegenstand der Erfindung ableiteten, wie in § 4 PatG normiert wurde. Die Reichweite der Feststellung des Gegenstandes der Erfindung war von entscheidender Bedeutung in Verfahren wegen einer Patentverletzung. Man musste das technologische Gebiet abgrenzen, für welches das Patent seine ausschließliche Wirkung entfalten sollte. Vor allem in Verletzungsprozessen musste ermittelt werden, welchen Erfindungsgegenstand das vom Patentamt erteilte Patent betraf, und damit, ob der Erfinder aus seiner Erfindung die Rechte des Patentschutzes genießen konnte oder ob der potentielle Patentverletzer die Früchte der Erfindungsarbeit ernten konnte. Die Tätigkeit der Ermittlung des Gegenstandes des Ausschlussrechts wurde nach Isay bereits zu Beginn der Patentrechtsprechung als Auslegung des Patents bezeichnet.[23]

Hermann Isay fasste die erste Phase der Geschichte des Umgangs mit der Patentauslegung wie folgt zusammen: Die deutsche Patentrechtsprechung nach Erlass des Patentgesetzes von 1877 legte der Patentauslegung eine einheitliche Auffassung zugrunde. Es erfolgte die Auslegung einer Willenserklärung des Patentamtes.[24] Das Reichsgericht stellte hierzu in seiner Entscheidung vom 15.12.1890 heraus: „Im Patentverletzungsprozess ist das Patent in demjenigen Umfang zur Geltung zu bringen, in welchem dasselbe nach dem erkennbaren Willen des Patentamtes ertheilt worden ist."[25] Patente wurden nach Isay

---

22 *v. Heppe,* Patentverletzungen, 2007, S. 205.

23 *Isay,* PatG 1931, § 4 Anm. 1; *Isay/Wirth,* Die Entwicklung der Patentauslegung, in: Isay/Wirth, Der Patentanspruch, 1912, S. 5.

24 RG v. 15.12.1890 (I 211/90) – Edisonlampen, abgedruckt in PatBl 1891, S. 108.; *Isay,* Die geschichtliche Entwicklung der Patentauslegung, MittDPatAnw 1925, S. 54; *Isay,* PatG 1931, § 4 Anm 1; *ders.,* Wesen und Auslegung des Patentanspruchs, GRUR 1909, S. 138; *ders.* PatG 1903, § 4 Anm. 105; siehe auch *v. Heppe,* Patentverletzungen, 2007, S. 207.

25 RG v. 15.12.1890 (I 211/90) – Edisonlampen, abgedruckt in PatBl 1891, S. 108.

demnach nach allgemeinen Grundsätzen ebenso ausgelegt wie Gesetze oder Rechtsgeschäfte.[26] Der Patentanspruch, der den Gegenstand der Erfindung begrifflich festhielt, wurde als Willenserklärung[27] des Staates, des Patentamtes, aufgefasst, die den Umfang des Schutzbereichs des Patents betraf.[28]

Das Mittel der Auslegung war nach Isay nur dann heranzuziehen, wenn der Patentanspruch nicht von sich aus eindeutig sei und Zweifel möglich schienen.[29] Andernfalls könne durch die Auslegung in einem potentiellen Verletzungsprozess ein berechtigter Anspruch zunichtegemacht werden, eine Aufgabe, die dem Nichtigkeitsverfahren vorbehalten bleiben müsse.[30]

Sollte eine Auslegung im Zweifelsfall nötig werden, so war nach Isay folgendermaßen vorzugehen: Zunächst müsse man die Anmeldung in ihrer endgültigen Fassung beachten, die Beschreibungen und Zeichnungen der Patentschrift. Sofern zwischen der Beschreibung und der Zeichnung ein Widerspruch bestehe, gehe die Beschreibung vor.[31] Lasse die Patentschrift immer noch Zweifel bestehen, dann seien die Erteilungsakten heranzuziehen, in denen sich die Korrespondenz zwischen Anmelder und Patentamt findet und die somit Rückschlüsse auf den Willen des Patentamtes zuließen.[32] Die ersten und wichtigsten Mittel, die bei der Auslegung heranzuziehen waren, waren also die Patentschrift und die Erteilungsakten. Die Rechte aus dem Patent leiteten sich in den Anfängen der Patentrechtsprechung also im Wesentlichen aus dem technischen Gedanken ab, wie er im Patentanspruch dargestellt wurde.

Nach Heinz Winkler kam es in dieser ersten Periode der Patentrechtsprechung nicht so sehr auf die tatsächliche Erfindung an, sondern auf das, was der Erfinder mit der Billigung des Patentamtes in der Patentschrift als das Wesen der Erfindung angegeben habe.[33]

---

26 *Isay,* Die geschichtliche Entwicklung der Patentauslegung, GRUR 1925, S. 54; Ebenso *Bolze,* Zwei Fragen aus dem Patentrecht, Zeitschrift für gewerblichen Rechtsschutz 1892, S. 156.

27 *Seligsohn,* Patentgesetz, 1912, S. 127.

28 RG v. 15.12.1890 (I 211/90) – Edisonlampen, abgedruckt in PatBl 1891, S. 108.; *Isay,* PatG 1903, § 4 Anm. 105; *Kent,* Das Patentgesetz, 1906, Anm. 196 zu § 4, S. 401 f.; *ders.,* Anm. 247 zu § 4, S. 424.

29 *Isay,* PatG 1903, § 4 Anm. 108.

30 Ebd., § 4 Anm. 108.

31 Ebd., § 4 Anm. 115.

32 *Isay,* Die geschichtliche Entwicklung der Patentauslegung, MittDPatAnw 1925, S. 54; *ders.,* PatG 1903, § 4 Anm. 116.

33 *Winkler,* Der Schutzumfang der Patente in Vergangenheit, Gegenwart und Zukunft, GRUR 1977, S. 394.

In der Folgezeit ab dem Jahre 1889 trat zu diesen ersten Auslegungsgrundsätzen unter der Berücksichtigung der grundlegenden Ariston-Entscheidung des Reichsgerichts vom 4. Mai 1889[34] und der Daverio-Entscheidung vom 15. Mai 1889[35] ein weiteres Kriterium hinzu: Zunehmend wurde in Verletzungsprozessen vom Reichsgericht in strittigen Fällen auch der Stand der Technik berücksichtigt.[36] Hierfür behalf man sich über die Fiktion der Ermittlung des vermuteten Willens des Patentamtes.

Das Reichsgericht stellte eine Doppelvermutung auf:[37] Einerseits habe das Patentamt alles patentieren wollen, was der Anmelder nach dem Stand der Technik anmelden konnte und damit objektiv patentwürdig war, andererseits habe der Anmelder alles anmelden wollen, was er nach dem Stand der Technik anmelden konnte (es sei damit zu vermuten, dass alles patentiert sei, was

---

34 RG v. 4.5.1889 (I 345/89), abgedruckt in: PatBl 1889, S. 274–278, hier S. 276: „Kommt der Erfindung eine weitergehende Bedeutung zu, drückt sich in der concreten Gestalt eine Idee aus, welche in verschiedenen Gestalten darstellbar ist, so daß aber immer derselbe Zweck mit dem, was als das Wesen des angewendeten Mittels anzusehen ist, erreicht wird, so muß man über den logischen Sinn des Patentanspruchs hinausgehen; gerade so wie der Jurist auch bei der Anwendung der Gesetze sich nicht immer auf ihren logischen Sinn einschränken kann, vielmehr zur Analogie greift, und wie selbst bei der Handhabung der Rechtsgeschäfte die Rechtsprechung sich nicht einschränkt auf die Ermittelung dessen, was die Parteien nach dem in der Urkunde niedergelegten Ausdrucke effectiv gewollt haben, sondern darüber hinaus festzustellen sucht, was die Parteien bei der gegebenen Sachlage und bei dem, was sie mit dem Rechtsgeschäft erreichen wollten, als verständige Menschen wollen mußten. […] Dabei handelt es sich so wenig […] um thatsächliche Feststellungen, sondern um eine richterliche Reflexion […]“.

35 RG v. 15.5.1889 (I 345/89), abgedruckt in PatBl 1889, S. 337–340, hier S. 339: „[…] nimmt das Reichsgericht, […] an, daß sich der Patentschutz keineswegs auf den logischen Sinn der Patentansprüche beschränkt. Es ist vielmehr bei einer Vergleichung der patentierten Erfindung mit Einrichtungen, welche als Patentverletzungen angesprochen werden, auf den der patentierten Erfindung zu Grunde liegenden Gedanken, die Idee, die Bedeutung der Erfindung zuückzugehen. […] Allein entscheidend ist dabei nicht der subjective Gedanke des Erfinders, sondern es sind auch die objectiven Verhältnisse zu berücksichtigen, unter welchen die Erfindung in das Leben trat, das, was zur Zeit der Patentanmeldung bereits bekannt war.“.

36 Dazu ausführlich: *v. Heppe,* Patentverletzungen, 2007, S. 214 ff.

37 *Isay,* Die geschichtliche Entwicklung der Patentauslegung, MittDPatAnw 1925, S. 54; RG v. 4.5.1889 (I 345/89), abgedruckt in: PatBl 1889, S. 274–278; RG v. 4.5.1889 (I 345/89), abgedruckt in: PatBl 1889, S. 274–278; RG v. 15.5.1889 (I 345/89), abgedruckt in PatBl 1889, S. 337–340.

angemeldet wurde, dass aber auch nur das patentiert sei, was angemeldet war, sich also Anmeldung und Patenterteilung deckten).[38]

Gegen die erste Vermutung, dass das Patentamt alles habe patentieren wollen, was nach dem Stand der Technik patentfähig war, sei der Gegenbeweis möglich, dass das Patentamt einen objektiven Stand der Technik nicht gekannt oder diesen nicht berücksichtigt habe. Gegen die zweite Vermutung, dass der Anmelder alles habe anmelden wollen, was er nach dem Stand der Technik anmelden konnte, könne man einwenden, dass nicht alles patentiert worden sei, was angemeldet wurde.[39]

Im Ergebnis bedeutete dies *erstens* eine Ausdehnung des Schutzbereichs des Patents über den Wortlaut des Patentanspruchs hinaus. Es wurde hier erstmals anerkannt, dass über den logischen Sinn des Patentanspruchs hinausgegangen werden müsse, wenn in dem Patent ein technischer Gedanke steckte, der in verschiedenen Ausführungsformen darstellbar sei. Das Patent müsse in diesem Falle die zugrunde liegende Idee schützen, die das Gericht mithilfe der Ermittlung des Standes der Technik auszulegen habe.[40]

Zweitens war hierin auch eine gewisse Loslösung des Reichsgerichts vom Patentamt zu erkennen. Das Reichsgericht gab den Verletzungsgerichten die Möglichkeit der eigenständigen Prüfung der Erfindung, unabhängig von der zuvor vom Patentamt getroffenen Entscheidung.[41] Damit einher ging naturgemäß die Möglichkeit eines Widerspruchs der Rechtsprechung im Verletzungsprozess zu den Ausführungen des Patentamtes bei der Patenterteilung.

Besonders deutlich wurde dieser Widerspruch am Beispiel des Kombinationsschutzes: Das Patentamt lehnte unter dem Einfluss von Ernst Hartig ab, Elementen einer Kombination selbstständigen Schutz zu gewähren. Dies basierte insbesondere auf der Vorstellung, dass eine Erfindung begrifflich zu definieren sei, und zwar als einheitlicher technologischer Begriff.[42] Das Patentamt erteilte nicht zugleich auf Kombinationserfindungen und einzelne Teile derselben Patente.[43] Im Falle der Kombination lag nach Hartig die Erfindung im

---

38 *Isay,* Die geschichtliche Entwicklung der Patentauslegung, MittDPatAnw 1925, S. 54; *ders.,* PatG 1931, § 4 Anm. 111; *ders.,* PatG 1931 § 4 Anm. 1.

39 *Isay,* PatG 1903, § 4 Anm. 112.

40 *Isay,* Die geschichtliche Entwicklung der Patentauslegung, MittDPatAnw 1925, S. 55.

41 Ebd., S. 55.; *ders.,* PatG 1931§ 4 Anm. 1.

42 *Isay,* Die geschichtliche Entwicklung der Patentauslegung, MittDPatAnw 1925, S. 55.

43 *v. Heppe,* Patentverletzungen, 2007, S. 214 ff, 249 ff.

Zusammenwirken der einzelnen Teile, wobei jede Aufspaltung in mehrere Teile dieser Erfindung zuwiderlaufen würde.[44]

Um diese Auffassung besser einordnen zu können, sind im Folgenden Ernst Hartigs „Studien" zu untersuchen, die für die erste Phase der Patentauslegung wegweisend waren. Diese theoretische Grundlage erleichtert das Verständnis der einheitlichen Auffassung in den Anfängen der Geschichte der Patentrechtsprechung. Ihr ist sodann die Auffassung Richard Wirths über die Bandbreite der damaligen Diskussion gegenüberzustellen. Hermann Isay nahm auf beide Bezug.

2. Ernst Hartig: „Studien in der Praxis des Kaiserlichen Patentamtes" (1890)

Kennzeichnend und wegweisend für die Entwicklung der Patentauslegung in der frühen Patentrechtsgeschichte war der Einfluss Ernst Hartigs, Professor der mechanischen Technologie am Königlich Sächsischen Polytechnikum in Dresden und von Anfang an Mitglied des Deutschen Patentamtes.[45] Er arbeitete wissenschaftlich fundierte Grundsätze für die Abfassung und die Bedeutung von Patentansprüchen heraus, insbesondere ist auf Hartigs „Studien in der Praxis des Kaiserlichen Patentamtes" von 1890 zu verweisen. Ausgangspunkt seiner Überlegungen war, dass immaterielle Güter durch die Bildung logischer Begriffe mittels Definition abzugrenzen seien. Diese Definition sollte auf der einen Seite der Eigenart der Erfindung entsprechen und auf der anderen Seite durch reine Subsumtion der Nachahmungen unter den Begriff mit Sicherheit einen zureichenden Schutz der Erfindung ermöglichen.[46] Hartig verglich die Aufgabe der Patentverwaltung mit der eines Markscheiders, der den zu vermessenden Bereich genau vom benachbarten Bereich abzugrenzen habe: Das Patentamt habe bei Erteilung des Ausschlussrechts den Gegenstand der Erfindung nach allen Richtungen genau gegen dasjenige abzugrenzen, was nicht unter den Patentschutz fallen solle.[47] Hartig

---

44 *Hartig,* Studien in der Praxis des Kaiserlichen Patentamtes, 1890, S. 158, 161; zur Herleitung ausführlich: *v. Heppe,* Patentverletzungen, S. 252 ff.

45 *Kirchhoff,* Patentauslegung und Rechtssicherheit, GRUR 1956, S. 456; *Isay/Wirth,* Die Entwicklung der Patentauslegung, in: Isay/Wirth, Der Patentanspruch, S. 3.

46 *Isay/Wirth,* Die Entwicklung der Patentauslegung, in: Isay/Wirth, Der Patentanspruch, S. 4.

47 Ebd., S. 4; *Hartig,* Zur Markscheidekunst der Patentverwaltung, Der Civilingenieur Neue Folge, 1896, Sp. 539 ff.

unterschied nicht zwischen dem technologischen Begriff der Erfindung und dem Schutzumfang.[48]

Hartig etablierte das Mittel der Definition für die Patentanspruchsformulierung: Die Erfindung sollte nicht anschaulich, sondern begrifflich definiert werden, und zwar als einheitlicher technologischer Begriff.

Nach Hartig lag dem Patentgesetz die Auffassung zugrunde, dass eine logische unzweideutige Feststellung der einzelnen Patentrechte möglich sei. Diese Feststellung sei nur unter Anwendung der in der Technik üblichen Sprache denkbar, deren richtiger Gebrauch an die allgemeinen Denkregeln gebunden.[49] Hartig erkannte, dass die Grundsätze der Logik nicht völlig ausreichten, um dieser Aufgabe gerecht zu werden. Vielmehr sah er hier den Boden für Streitigkeiten. Deshalb seien Grundsätze von normativer Bedeutung aufzustellen, die als Weiterentwicklung der formalen Logik angesehen werden dürften und hauptsächlich die Beziehung zwischen Werkbegriff und Sachbegriff beträfen.[50] Eine widerspruchsfreie Verwaltung von Rechten an der Erfindung war nach Hartig nur dann möglich, wenn man die Grenzen desjenigen geschützten Bereichs, der einer neuen Erfindung entspricht, zusammenfallen lasse mit den Grenzen eines logischen Begriffes. Hartig forderte deshalb eine fehlerfreie, knapp gefasste Begriffsdefinition.[51] Ausgangspunkt war für ihn, die Erfindung als technologische Einheit aufzufassen. Der Einheitlichkeit der geschützten Erfindung solle die Einheit des Rechtsschutzes gegenüberstehen.[52]

Um nachvollziehen zu können, was Hartig hierunter verstand und wie er zu dieser Auffassung kam, muss man sich zunächst damit auseinandersetzen, wie er eine technische Erfindung deutete. Sodann ist die Frage zu stellen, welche Folgerungen er daraus für die Verwertung der Erfindung zog.

Hartig fasste, wie bereits gesagt, die Erfindung als technologische Einheit auf; der Einheitlichkeit der geschützten Erfindung sollte die Einheitlichkeit des Rechtsschutzes gegenüberstehen.[53] Zu dieser Erkenntnis gelangte Hartig durch folgende Vorgehensweise: Er untersuchte zunächst den Charakter von Erfindungen am Beispiel der Erfindungsgruppe der Arbeits- oder Werkmaschinen.

48 *Isay/Wirth,* Die Entwicklung der Patentauslegung, in: Isay/Wirth, Der Patentanspruch, S. 4.
49 *Hartig,* Studien in der Praxis des Kaiserlichen Patentamtes, 1890, S. VI.
50 Ebd., S. VII.
51 *Hartig,* Studien in der Praxis des Kaiserlichen Patentamtes, 1890, S. VIII.
52 Ebd., S. VIII.
53 Ebd., S. 156.

Hierfür wählte er das Beispiel der von Howe erfundenen Nähmaschine aus dem Jahre 1846. Das Neuartige an dieser Erfindung war für Hartig, dass zum ersten Mal die Verbindung zweier Stofflagen mittels zweier bei jedem Stich sich umschlingender Nähfäden durch das Zusammenspiel einer neuen Gruppe von Werkzeugen, Nadel und Schiffchen, möglich sei und sich auch die Gesamtheit ihrer körperlichen Bestandteile, Betriebsmechanismen und Stützkörper als neues Gebilde hervortue.[54] Dieses Beispiel wählte Hartig, da die Einstufung als Erfindung von niemandem in Zweifel gezogen werden könne, wenn durch eine solche Maschine ein neuer Arbeitsprozess vermittelt werde und sich die Maschine in ihrer Ausführungsform als neue Körperverbindung erweise.[55] Aus den bei der Erfindungsgruppe der Arbeitsmaschinen gefundenen Erkenntnissen sei es dann möglich, im Wege der Analogie auch für anderweitige Objekte, deren Erfindungscharakter strittig sei, Rückschlüsse zu ziehen.

Er ging von der wörtlichen Auslegung aus und argumentierte, dass bereits das Patentgesetz in den §§ 4, 19, 20, 22, 23 PatG nur von der Erfindung, dem Gegenstand der Anmeldung beziehungsweise dem Gegenstand der Erfindung spreche.[56] Ferner stellte er fest, dass eine Begrenzung der Erfindung auf die formal konstruktive Gesamtanordnung der Maschine zu eng sei. Dem Erfinder müsse zwar sicherlich das Recht an dieser Gesamtanordnung zugesprochen werden, aber ohne jemanden in der Benutzung der bekannten Teile zu beschränken.[57] Er führte ergänzend aus, dass eine bloße Materialvertauschung oder Änderung der Größenverhältnisse solcher Arbeitsmaschinen aus dem allgemeinen Rechtsgefühl bereits eine Rechtsverletzung darstelle. Das wesentliche Kennzeichen solcher Arbeitsmaschinen liege darin, mechanische Arbeit, also Triebkraft und Bewegung, in der Art ihres Wirkens durch bestimmte zeitliche Vorgänge nach dem Willen des Erfinders umzugestalten und zur Ausübung eines bestimmten Werkes zu verwenden.[58] Deshalb war für Hartig dieser Prozess der Werkerzeugung des als neu vorausgesetzten faktischen Zusammenspiels der Maschinenwerkzeuge mit den Werkstücken selbst der eigentliche Gegenstand des Rechtsschutzes.[59] Diese neue Gesamthandlung stellte für ihn die eigentliche neue Schöpfung dar und war nur an körperliche Dinge wie Werkstücke und

---

54 *Hartig*, Studien in der Praxis des Kaiserlichen Patentamtes, 1890, S. 157.
55 Ebd., S. 157.
56 Ebd., S. 155.
57 Ebd., S. 157.
58 Ebd., S. 158.
59 Ebd., S. 160.

Werkzeuge gebunden. Für Hartig dienten Letztere nur als Substrat, als sichtbarer Träger der vermittelten Handlungen. Würde man nur dieses körperliche Substrat als Gegenstand der Erfindung definieren, so liefe man Gefahr, die Regeln, die für das körperliche Eigentum gelten, auch auf das geistige Eigentum zu übertragen. Dies sei vor allem deshalb verwirrungsstiftend, wenn die Erfindung geteilt würde, die Teile neu kombiniert würden und sodann Patentschutz für die nur äußerlich andersartige, aber erfinderisch wenig bedeutungsvolle Schöpfung ersucht würde.[60] Hartig forderte deshalb, dass der abstrakte Kern der Erfindung in der Patentschrift darzulegen sei und in einem sicher verständlichen Patentanspruch zu formulieren sei, denn es sei nicht Aufgabe der Patentbehörden, diesen Kern des Erfindungseigentums nachträglich zugunsten des Erfinders herauszuarbeiten. Andernfalls würde das vermeintliche Recht in den Nichtigkeits- und Berufungsinstanzen zu einem inhaltlosen Fragment zerbröckeln.[61]

Hartig fasste seine Erkenntnisse bezüglich des Erfindungscharakters von Arbeitsmaschinen wie folgt zusammen:

> „1. Eine Maschine, die aus einem Arbeitsgange durch neue Merkmale definiert werden kann, darf nicht aus dem Leergange (aus nur kinematischen Merkmalen) und noch weniger aus dem Stillstande (aus nur formal-konstruktiven Bestimmungen) definiert werden.
> 2. Eine Maschine, die aus dem Leergange (durch neue kinematische Merkmale) definiert werden kann, darf nicht aus dem Stillstande (aus nur formal-konstruktiven Bestimmungen) definiert werden."[62]

Eine weitere Stütze seiner Ansicht sah er in den gesetzlichen Regelungen zur chemischen Erfindung, denn in §§ 1, 2 PatG waren von der Patentierung solche Stoffe ausgeschlossen, die auf chemischen Weg hergestellt werden, soweit die Erfindung nicht ein bestimmtes Verfahren zur Herstellung der Gegenstände betraf. Hierin sah Hartig einen weiteren Beleg dafür, dass man das Verfahren der Herstellung als ein über der körperlichen Ausprägung stehendes Erfindungsobjekt ansehen müsse.[63]

Ferner belegte er seine Erkenntnisse durch eine historische Überlegung: In der sächsischen Verordnung vom 20.1.1853 sei in § 11 geregelt, „dass der Gegenstand eines Patentes stets als untheilbar anzusehen ist".[64]

60 *Hartig*, Studien in der Praxis des Kaiserlichen Patentamtes, 1890, S. 160.
61 Ebd., S. 161.
62 Ebd., S. 161 f.
63 Ebd., S. 162.
64 Ebd., S. 162.

Für Hartig war somit der Nachweis erbracht, dass der Forderung nach Einheitlichkeit des Erfindungsobjektes dadurch Genüge getan werden konnte, dass der Arbeitsprozess in seiner Anschließung an die körperliche Ausprägung der zu patentierenden Arbeitsmaschine selbst zu einem Patentanspruch erhoben werde.[65] Diese Forderung sei deshalb zu erheben, um zum Beispiel Patentschutz für eine willkürliche Kombination körperlicher Bestandteile der Maschine, deren erfinderische Bedeutung gering war, einzudämmen. Unter dieser Prämisse sei nur noch die Zerlegung des einheitlichen Arbeitsprozesses in Teilprozesse möglich. Bei der Howe'schen Nähmaschine waren hier beispielhaft die Einspießung der Nadel, die Bildung einer Schleife etc. anzuführen. Nach Hartig waren diese Teilprozesse für sich gesehen aber mit großer Wahrscheinlichkeit Entlehnungen aus dem Bereich des schon im Allgemeinbesitz der Technik befindlichen Kenntnisschatzes.[66] Hartig sah in der Forderung nach der Einheitlichkeit des Erfindungsobjekts die Lösung dafür, einer gesonderten Inanspruchnahme derartiger Einzelprozesse neben dem Schutz der ganzen Erfindung vorzubeugen und damit eine unnötige Belastung der Anwendung der Technik zu vermeiden, zugleich aber der Grundidee des Patentschutzes Genüge zu tun.[67]

Er führte weiter aus, dass nicht bloße Ideen patentiert werden sollten, denn Ideen mangele es im Vergleich zu Erfindungen an begrifflich scharfen Umgrenzungen des Gedachten, wie auch an der vollständigen konstruktiven Gestaltung. Eine Zeichnung, durch die belegt werde, dass die neue Erfindung in einer Ausführungsform realisierbar sei, bilde zwar einen unerlässlichen Bestandteil der Patentschrift. Der volle Inhalt des zu patentierenden Objekts werde durch sie aber nicht erschöpft. Erst die Zeichnung mit der zugehörigen Beschreibung bringe die fertige Erfindung hervor.[68]

Hartig schlussfolgerte, dass damit das Patentgesetz für den Patentsucher den indirekten Zwang enthielt, den eigentlichen geistigen Inhalt der Erfindung als eine das rein Formale und rein Körperliche überragende Einheit zum Ausdruck zu bringen, um Patentschutz erwirken zu können:

> „1. Der Inhalt einer wirklichen Erfindung kann immer durch einen neuen verbalen oder substantivistischen Begriff wiedergegeben werden, welcher von den nächst stehenden bekannten Begriffen durch technisch bemerkenswerthe neue Merkmale sich unterscheidet.

65 *Hartig,* Studien in der Praxis des Kaiserlichen Patentamtes, 1890, S. 163.
66 Ebd., S. 163.
67 Ebd., S. 164.
68 Ebd., S. 165.

2. Ist der Begriff, welcher die Erfindung angibt, ein substantivistischer Begriff, so umschließt er logisch und rechtlich alle Gegenstände der in der Zukunft liegenden Wirklichkeit, welche in seinen Umfang fallen, demnach alle Gegenstände, deren logischer Begriff aus jenem durch logische Determination hervorgeht.
3. Ist der Begriff, welcher die Erfindung wiedergibt, ein verbaler Begriff (der Begriff eines Verfahrens), so umschliesst er nicht allein jedes anderweitige Verfahren, dessen Begriff durch logische Determination desselben erhalten werden kann, sondern auch jeden Gegenstand, jedes körperliche Gebilde, das für die technische Verwirklichung des neuen Verfahrens geeignet ist, demselben ‚technisch zugehörig' ist.
4. Der Gegenstand eines auf solche Erfindungen ertheilten Patentes ist als eine technologische (begriffliche) Einheit zu behandeln, dergestalt, dass weder das neue Verfahren noch das neue Körpergebilde in ihre Bestandtheile aufgelöst und dieselben isoliert als Erfindungseigenthum beansprucht werden können. Blosse Merkmale dürfen nicht zu selbständigen Ansprüchen erhoben werden. ‚Es ist nicht genug, dass man die Merkmale eines neuen Begriffs denkt, – man muss sie auch mit dem Gattungsbegriff zusammen denken.'
5. Patenttitel, welche nach ihrer Fassung schon eine Vielheit von logisch koordinierten Begriffen ankündigen (z.B. Neuerungen), sind unzulässig. Ein solcher Titel lässt nur eine der beiden Annahmen zu, dass entweder wirklich mehrere Erfindungen vereinigt werden sollen – was gesetzeswidrig wäre, – oder dass der vorhandene technologische Kern nicht dargelegt ist; dann wäre die Patentschrift unvollständig und zwar würde das Wichtigste fehlen. Dagegen ist die Aufführung von technisch zusammengehörigen Begriffen (z.B. ‚Verfahren und Apparate', ‚Arbeitsprozess und Maschine') in Titel und Anspruch korrekt und dem Gesetz entsprechend.
6. Patentansprüche, welche die Bezeichnung ‚Kombination' (konstruktiver Gebilde oder elementarer Aktionen) enthalten, sind thunlichst zu vermeiden, weil sie als ein blosser Notbehelf für die wünschenswerthe technologisch genaue Anführung des Gattungsbegriffes sich darstellen und keine Gewähr leisten, dass sie überhaupt einen Sinn, einen technischen und begrifflichen Inhalt haben, also eine logisch bestimmte Umgrenzung des zu schützenden Gegenstandes nicht liefern. Auch ein wirrer Haufen von Maschinentheilen ist eine ‚Kombination'. Ebenso sind anderweitige Ausdrücke, deren logischer Inhalt unsicher und deren Begriffsumfang unbegrenzt ist, wie System, Prinzip, Idee, Erfindungsgedanke selbstverständlich in den Patentansprüchen zu vermeiden. Eine blosse Idee ist keine Erfindung, obwohl ihre Verwirklichung zu einer solchen führen, auch für deren begriffliche Feststellung die erforderlichen Bestimmungsmerkmale zu dem geeigneten Gattungsbegriff liefern kann, der selbst aber unter allen Umstanden nicht fehlen darf. Wenn es also wohl richtig ist, dass Ideen an sich nicht patentfähig sind, so steht es doch ebenso fest, dass aus deren Zusammentreffen mit einem Gattungsbegriff der verwaltungstechnisch brauchbare sprachliche Ausdruck für eine patentfähige Erfindung hervorgeht."[69]

69 *Hartig*, Studien in der Praxis des Kaiserlichen Patentamtes, 1890, S. 166 ff.

Aus diesen sechs Thesen ergeben sich Schlussfolgerungen für das deutsche Patentwesen. Die zuverlässige Umgrenzung des Rechtsgebietes, deren Gegenstand durch die außergewöhnliche schöpferische Betätigung hervorgerufen werde, war nach Hartig ohne Bildung logischer Begriffe und damit ohne Definitionen nicht möglich. Nur durch Definitionen könne die Schöpfung mit Sicherheit erkannt werden, von den Ergebnissen des gewöhnlichen Tuns unterschieden und ihre Erkenntnisse zugleich für alle Interessenten, für Richter und Parteien unzweifelhaft und gleichmäßig gewährleistet werden.[70] Materielle Güter könnten gezählt werden, immaterielle Güter müssten definiert werden. Hierfür müssten der angestrebte Zweck, die vermittelte Wirkungsweise, die herangezogenen körperlichen Hilfsmittel, diejenigen Bestimmungen herausgehoben und zusammengedacht werden, welche erforderlich und ausreichend zugleich seien, um letztendlich den richtigen Begriff für die neue Schöpfung zu finden.[71] Dabei sei die Schwierigkeit, Begriffe richtig zu definieren, umso geringer, je größer der Wert der Erfindung sei.[72] Für Hartig ergab sich aus diesen Erkenntnissen die Verpflichtung der rechtsuchenden Erfinder, diese Grundsätze bei der Patentanmeldung zu berücksichtigen – wer dies unterlasse, müsse sich auf ähnliche Folgen gefasst machen wie ein Geschäftsmann, der darauf bestehen wolle, im Verkehr andere selbst erfundene, von den allgemein anerkannten abweichende Zahlensysteme und Rechnungsmethoden anzuwenden.[73]

Für Hartig sollte durch die Titelbezeichnung und den Patentanspruch der Gegenstand der Anmeldung in möglichst kurzer Formulierung so festgestellt werden, dass derselbe von den bereits bekannten Gegenständen ähnlicher Art mit Sicherheit unterschieden werden kann und dass die Antwort auf die Frage möglich ist, ob ein anderer Erfindungsgegenstand dasjenige Recht verletzte, welches das Patent gewähren soll. Um dies zu bewerkstelligen, sollte in der Titelbezeichnung der nächsthöhere Allgemeinbegriff des Erfindungsgegenstandes, der Gattungsbegriff desselben, stehen, woran die als wesentlich zu erachtenden Merkmale der Erfindung in einer grammatisch geschlossenen Form anzuführen seien. Nach Hartig war der Patentanspruch also eine unzweideutige Definition des Gegenstandes der Erfindung, deren Gattungsbegriff im Patenttitel angekündigt werde.[74]

---

70 *Hartig*, Studien in der Praxis des Kaiserlichen Patentamtes, 1890, S. 171.
71 Ebd., S. 171.
72 Ebd., S. 173.
73 Ebd., S. 169.
74 Ebd., S. 241.

3. Richard Wirths Schriften

Gegen Hartigs „Studien" bezog Richard Wirth Stellung. In der Schrift „Der Patentanspruch" von 1912, die er zusammen mit Hermann Isay veröffentlichte, verfasste er hierzu zwei grundlegende Beiträge mit den Titeln: „Hartigs Studien in der Praxis des Kaiserlichen Patentamtes", und „Die begriffliche Auffassung der Maschine".

In „Hartigs Studien in der Praxis des Kaiserlichen Patentamtes" stellte sich Richard Wirth die Aufgabe, die Fehlerhaftigkeit der Auffassung von Hartig aufzuzeigen.[75] Wirth wendete sich vor allem gegen die von Hartig etablierte Formulierung des Patentanspruches, nach der, so schlussfolgerte Wirth, derjenige das Meiste erlangen soll, der am wenigsten verlangte.[76] Wirth zog zur Verdeutlichung das bereits von Hartig gewählte Bild des Generalschlüssels heran, der für alle Schlösser geeignet sei, aber weniger detailhaft sei als die Einzelschlüssel.[77] Wirth sah als Hauptfehler Hartigs an, dass dieser fordere, dass die wissenschaftliche Erkenntnis einer Erfindung am Tag der Anmeldung bereits weit genug fortgeschritten sein müsse, um damit eine begriffliche Darstellung in Form einer Definition möglich zu machen.[78] Als Ideal einer solchen Definition nannte Wirth beispielhaft die Atommechanik, die sodann ein neues Gesetz ergeben müsse, denn nur durch die Erkenntnis des inneren Zusammenhanges zwischen einem Mittel und dem durch dasselbe erreichten Resultat sei es möglich, statt des einen bestimmten Mittels den Begriff desselben zu setzen.[79] Nach Wirth musste man aber klar differenzieren zwischen der Erfindung der Maschine und der Förderung der technologischen Wissenschaft, denn das Erste sei Schaffen, das Andere ein bloßes Erkennen.[80] Das Erste bereite nach Wirth oft den Weg für das Zweite; so sei beispielsweise der schlichte Hebel lange von allen verwendet worden, bevor Archimedes das Gesetz der Hebelwirkung erkannte.[81]

---

75 *Wirth,* Hartigs „Studien in der Praxis des Kaiserlichen Patentamts", in: Isay/Wirth, Der Patentanspruch, 1912, S. 19.

76 *Wirth,* Das Reichgericht und die Prüfungskompetenz des Patentamtes, MittDPatAnw 1910, S. 59.

77 *Wirth,* Hartigs „Studien in der Praxis des Kaiserlichen Patentamts", in: Isay/Wirth, Der Patentanspruch, 1912, S. 22.

78 Ebd., S. 27.

79 Ebd., S. 27.

80 Ebd., S. 29.

81 Ebd., S. 29.

Nach Richard Wirth mussten der Versuch und die Forderung Hartigs scheitern, eine Definition für eine Maschine aufzustellen. Alle Definitionsversuche liefen auf das Erstellen einer Formel hinaus; allerdings könne man mit Formeln die Dinge höchstens aus *einem* Gesichtspunkt erfassen.[82] So sei ein Pferd ein Einhufer, eine Ware, ein Haustier und ein Motor und könne dementsprechend auch durch vier unterschiedliche Definitionen verstanden werden. Man müsse aber alle Aspekte des Pferdes aufzeigen und sodann prüfen, welche sprachliche Form dem Pferd am besten gerecht werde. Eine Definition könne man zudem nur aufstellen, wenn man zwischen wesentlichen und unwesentlichen Punkten unterscheidet. Das, was für den einen unwesentlich sei, könne aber für den anderen den wesentlichen Aspekt der Erfindung bedeuten. Man dürfe nur solche Merkmale weglassen, die nach allen einzunehmenden Standpunkten als unwesentlich gelten müssen – eine derartige Einschätzung vorzunehmen, sei aber praktisch unmöglich. Auch gebe es keine Grenzscheide, die zwischen wesentlichen und unwesentlichen Merkmalen differenziere.[83]

Richard Wirth betonte, dass der einzige Gesichtspunkt, nach dem der Praktiker die Wesentlichkeit beurteile, die der Wesentlichkeit für den wirtschaftlichen Endzweck sei.[84] Zur Verdeutlichung zog Wirth das Beispiel der Pfeffermühle der Firma Les fils de Peugeot frères, geschützt durch das Reichspatent 30084 vom 24. Mai 1884, heran:

> „Eine Pfeffermühle, bei welcher die Drehung des Reibkegels durch den Vorratsbehälter selbst eingeleitet wird, so dass die Drehachse nicht durch diesen Behälter hindurchzugehen braucht."[85]

Hartig hob die Formulierung dieses Patentanspruches als logisch fehlerfrei hervor.[86] Wirth hingegen betonte, dass der „logisch fehlerfreie" Anspruch wirtschaftlich fehlerhaft sei und nur ein Spezialsachverständiger entscheiden könne, ob etwaige andere Vorteile für den Bau und den Betrieb der Pfeffermühle durch diesen Patentanspruch gedeckt, unwichtig oder ebenso wesentlich seien.[87] Er

---

82 *Wirth,* Die begriffliche Auffassung der Maschine, in: Isay/Wirth, Der Patentanspruch, 1912, S. 42.

83 Ebd., S. 43.

84 Ebd., S. 43.

85 Ebd., S. 77; *Hartig,* Studien in der Praxis des Kaiserlichen Patentamtes, 1890, S. 140.

86 *Hartig,* Studien in der Praxis des Kaiserlichen Patentamtes, 1890, S. 140; *Wirth,* Die begriffliche Auffassung der Maschine, in: Isay/Wirth, Der Patentanspruch, 1912, S. 77.

87 *Wirth,* Die begriffliche Auffassung der Maschine, in: Isay/Wirth, Der Patentanspruch, 1912, S. 87 ff.

warf erläuternd die Frage auf, welche Vorteile der Wegfall der Achse im Inneren des Vorratsbehälters haben könne und was folglich von dem Anspruch nicht betroffen sein sollte.[88] Durch den Wegfall der Achse und der damit einhergehenden Neugestaltung der Pfeffermühle konnte fortan der Vorratsbehälter gedreht werden, nicht mehr der Deckel, und der Reibkegel war mittels eines Querstücks an diesem Vorratsbehälter befestigt. Wirth arbeitete unter anderem die nachfolgenden Vorteile dieser Neugestaltung exemplarisch heraus: Durch diese Neugestaltung der Bau- und Betriebsweise könnten sich hier die Pfefferkörner nicht mehr verkeilen, der Raum für die Pfefferkörner im Inneren sei vergrößert, das Mahlwerk verschiebe sich nicht mehr beim Nachfüllen, da der Reibkegel am Vorratsbehälter unverändert befestigt bleibe und die Grifffläche größer sei als bei der Drehung nur des Deckels.[89]

Richard Wirth hob hervor, dass das Patent zwar alle Pfeffermühlen betreffe, bei denen die Drehung des Reibkegels durch den Vorratsbehälter selbst eingeleitet wird, eine neue Erfindung also hinsichtlich der Betriebsweise sei. Es könnten aber auch z.B. der bessere Griff, die vergrößerte Aufbewahrungsmöglichkeit, eine neue Bauweise etc. durch Patentansprüche gedeckt sein, die er, angelehnt an den ursprünglich formulierten Patentanspruch, wie folgt formulierte:

> „1. Eine Pfeffermühle, bei welcher Oberteil (Deckel) und äußere Wand des Vorratsbehälters fest miteinander verbunden sind, so daß die anfassenden Hand einen besseren *Griff* als bei dem Erfassen des Deckels allein hat.
> 2. Eine Pfeffermühle, bei welcher der Reibkegel *unten* an dem drehbaren Vorratsbehälter befestigt ist, so daß die *Herstellung* (Bauarbeit) einer besonderen Drehachse zur Befestigung oben erspart bleibt.
> 3. Eine Pfeffermühle, bei welcher der Reibkegel unten an dem drehbaren Vorratsbehälter befestigt ist, so daß nachteilige Einwirkungen der Drehachse auf die *Aufbewahrung* des Pfeffers (Betriebsarbeit) in Wegfall kommen."[90]

Richard Wirth schlussfolgerte, dass diese Vorteile nicht automatisch durch den ursprünglich formulierten Patentanspruch gedeckt seien. Ob diese Vorteile und welche davon wesentlich oder unwesentlich seien im Vergleich zum ursprünglich formulierten Anspruch, könne nur ein Sachverständiger in Fragen zu Pfeffermühlen klären.[91] Selbst ein derart einfacher Apparat wie eine

88 *Wirth,* Die begriffliche Auffassung der Maschine, in: Isay/Wirth, Der Patentanspruch, 1912, S. 79 ff.
89 Ebd., S. 80 ff.
90 Ebd., S. 83.
91 Ebd., S. 83.

Pfeffermühle war also für Richard Wirth nicht in einem einzigen Patentanspruch nach dem Schema der Definition in einem zusammenhängenden Satz darzustellen. Zur Verdeutlichung verwies er nochmals auf das von ihm gewählte Bild des Pferdes: Wolle man hier Oberbegriffe formulieren, könnten dies zum Beispiel Haustier, Motor, Einhufer sein. Selbst bei den einfachsten technischen Dingen gebe es eine Vielzahl von technischen Einzelaspekten und Beziehungen dieser Einzelaspekte zueinander, die jeder schematischen Ordnung widerstrebten.[92]

Den sechs Thesen Hartigs stellte Richard Wirth als Resultat seiner Auffassung daher die nachfolgenden Thesen entgegen:

> „1. Der Inhalt einer wirklichen Erfindung kann und darf nur dann in nur einem einheitlichen, neuen verbalen oder substantivistischen Begriff gefunden werden, wenn die einzelnen Merkmale des Begriffs alt sind, eine unanfechtbare Theorie des Erfindungsgegenstandes gegeben werden kann und diese mit Sicherheit die angegebene Wirkungsweise von einer Verkörperung der Erfindung, welche nur die Merkmale des Begriffs in ihrer technischen Zusammengehörigkeit behaupten lässt.
> 2. Es liegt im Interesse des Erfinders und ist kein Eingriff in die Rechte der Allgemeinheit, wenn gesonderte Ansprüche auf die einzelnen Merkmale einer Erfindung gestattet werden, sofern sich diese selbst wieder als Erfindungen charakterisieren. Das Verlangen der Verbegrifflichung von Erfindungen ist oft unerfüllbar, unpraktisch, zwecklos und erfordert oft eine ungesetzliche Abänderung des Schutzgesuchs des Anmelders.
> 3. Die Vielheit in der Titelbezeichnung von Patenten ist deshalb statthaft, weil immer und überall die Einheit der Erfindung in der Einheit des gewerblichen Resultats derselben gefunden wird, dieses aber nicht die Einheitlichkeit der geistigen Tätigkeit, deren Resultate geschützt werden sollen, bedingt.“[93]

Hiermit wandte sich Richard Wirth eindeutig gegen die von Hartig bezogene Position, dass bereits im Patenterteilungsverfahren vor dem Patentamt möglichst alle Fragen im Voraus beantwortet werden sollten. Das gewählte Mittel der begrifflichen Methode der Formulierung der Patentansprüche und der Einheitlichkeit des Erfindungsbegriffs lehnte er daher ab. Streitfragen gehörten für ihn, ebenso wie für Hermann Isay, in den Aufgabenbereich der Gerichte.[94]

---

92 *Wirth*, Die begriffliche Auffassung der Maschine, in: Isay/Wirth, Der Patentanspruch, 1912, S. 93.

93 *Wirth*, Hartigs „Studien in der Praxis des Kaiserlichen Patentamts“, in: Isay/Wirth, Der Patentanspruch, 1912, S. 38 f.

94 *Wirth*, Das Reichgericht und die Prüfungskompetenz des Patentamtes, MittDPatAnw 1910, S. 59.

III. Die zweite Phase der Geschichte der Patentauslegung: Hermann Isays Zweiteilungslehre

Das Reichsgericht führte, entsprechend den Ausführungen Hartigs, in der Entscheidung vom 15. Dezember 1890 aus: „Im Patentverletzungsprozess ist das Patent in demjenigen Umfang zur Geltung zu bringen, in welchem dasselbe nach dem erkennbaren Willen des Patentamts erteilt worden ist. Zu ermitteln ist dieser Willen nach den allgemeinen für die Auslegung von Urkunden geltenden Rechtsgrundsätzen und den Patentansprüchen im Zusammenhang mit der Patentbeschreibung."[95] Der Patentanspruch wurde als Willenserklärung des Patentamtes gesehen, durch den der Umfang des Gegenstandes der Erfindung gegenüber den nicht in seinen Schutzbereich fallenden Erfindungen abgegrenzt war. Die Grenzen dieses Schutzes wurden durch Auslegung dieser Willenserklärung ermittelt. Dies stellte auch Isay noch in seinem Kommentar zum Patentgesetz in der ersten Auflage von 1903 detailliert dar.[96]

Sieht man in diesem Erteilungsbeschluss, beziehungsweise der Patentschrift, die Willenserklärung des Patentamtes darüber, was es als Erfindung anerkannte und damit patentieren wollte, so wurden die daraus erwachsenden Probleme der Patentauslegung schnell ersichtlich: Sobald die Anmeldung und der Patentanspruch nicht perfekt oder umfassend genug formuliert waren, bestand die große Gefahr, dass der Erteilungsbeschluss mangels ausreichender Vorlage unzulänglich war. Da die Formulierung der Erfindungsmerkmale in Worten, Zeichnungen und Modellen oder des Erfindungsgedankens im Patentanspruch von ausschlaggebender Bedeutung für die Bemessung des Schutzumfangs war, war der weniger wortgewandte Erfinder, dem vielleicht kein Experte in der Formulierung von Patentanspruches zur Seite stand, im Nachteil. Ferner konnte der Fall eintreten, dass die Tragweite einer Erfindung erst nach der Anmeldung im Laufe der Benutzung des technisch Neuen hervortrat und deshalb in dem Patentanspruch noch nicht formuliert war.

Nach Heinz Winkler war auch die Konstruktion über den vermuteten Willen von Anmelder und Patentamt, alles nach dem Stand der Technik Schützbare schützen zu wollen, ebenso unhaltbar, da bei einer derartigen Auslegung oft keinerlei Anhaltspunkte für den vermuteten Willen der Beteiligten auffindbar

95 Abgedruckt bei: *Isay/Wirth,* Die Entwicklung der Patentauslegung, in: Isay/Wirth, Der Patentanspruch, 1912, S. 5.

96 *Isay,* PatG 1903, § 4 Anm, 105 ff.; *ders.,* Wesen und Auslegung des Patentanspruchs, MittDPatAnw 1909, S. 138.

waren.[97] Die Patentauslegung auf der Grundlage der Doppelvermutung konnte nicht überzeugen, es wurde vielmehr das Gefühl der Rechtsunsicherheit erregt.[98] Dies war die Grundlage für Hermann Isays Thesen und läutete damit spätestens mit Erlass des grundlegenden Koks-Löschrinnen-Urteils vom 9.2.1910 auch die zweite große Phase der Patentauslegung ein.

Zudem war nach der Lehre Hartigs ein Schutz von Erfindungsteilen nicht möglich. Er tat die teilweise Nachbildung sogar als bedeutungslos ab:

> „Die theilweise Nachbildung, die spätere Reparatur einer einzelnen, schon einmal verwirklichten Ausführungsform der Erfindung und dergleichen ist offenbar praktisch bedeutungslos gegen eine unerlaubte fabrikative Nachgestaltung der ganzen Erfindung durch Anwendung der landläufigen Gestaltungsregeln; um diese wirksam zu hindern, kann die Patentverwaltung nicht zugleich mit jener sich befassen.“[99]

Diese Ansicht widersprach den Bedürfnissen von Industrie und Wirtschaft.[100] Hartig ließ außer Acht, dass es sich um den Schutz von Teilen mit Erfindungshöhe handelte.[101] Das Reichsgericht folge hier dem Patentamt nicht und es begann insofern eine Zeit der Zwietracht zwischen dem Reichsgericht und dem Patentamt.[102] Das Reichsgericht führte in seiner Entscheidung vom 18. Januar 1890 aus:

> „Hat der Erfinder eine neue Maschine dargestellt, welche zwar durch das zweckmäßige Zusammenwirken einer Zahl einzelner Teile den erstrebten Gesamterfolg herbeiführt, aber an diesen einzelnen Teilen zeigen sich gegenüber den bis dahin bekannten Konstruktionsteilen erhebliche Verbesserungen, so darf ihm der Patentschutz für den einzelnen Teil nicht um deswillen entzogen werden, weil sich der Erfinder nicht auf diese Verbesserung des einzelnen Teils eingeschränkt hat. Man darf auch nicht fordern, daß der Erfinder bei der Patentnachsuchung dies zum Ausdruck zu bringen habe, daß und welche einzelnen Teile er neben der Gesamtkonstruktion für sich patentieren wolle. Bei zusammengesetzten Maschinen würden solche Forderungen zu den monströsesten Patentansprüchen führen. Es ist vielmehr davon auszugehen, daß das Patent der

---

97 *Winkler,* Der Schutzumfang der Patente in Vergangenheit, Gegenwart und Zukunft, GRUR 1977, S. 395.

98 *v. Heppe,* Patentverletzungen, S. 271.

99 *Hartig,* Studien in der Praxis des Kaiserlichen Patentamtes, 1890, S. 145.

100 *Kirchhoff,* Patentauslegung und Rechtssicherheit, GRUR 1956, S. 457.

101 Dazu ausführlich: *v. Heppe,* Patentverletzungen, 2007, S. 252.

102 *Isay/Wirth,* Die Entwicklung der Patentauslegung, in: Isay/Wirth, Der Patentanspruch, 1912, S. 7.

Gesamtkonstruktion auch die einzelnen Teile deckt, soweit dieselben für sich als neue Erfindungen anzuerkennen sind."[103]

Durch diese deutliche Diskrepanz zwischen der Auffassung des Patentamtes und des Reichsgerichts war der Boden für Isays neue Lehre bereitet. Er führte aus:

„Dieser Widerspruch zwischen der Auffassung des Patentamts und der Auffassung des Reichsgerichts, wie er immer deutlicher zutage trat, muß nunmehr endlich beseitigt werden, wenn anders eine gedeihliche Entwicklung des deutschen Patentwesens, nämlich ein Hand-in-Hand-Arbeiten von Patentamt und Gerichten, nicht unmöglich sein soll."[104]

Dieses Spannungsfeld versuchte Isay zu vermeiden, indem er die Auffassung vertrat, dass zwischen dem Gegenstand der Erfindung, wie er der Beurteilung des Patentamtes im Erteilungsverfahren zu entnehmen war, und dem Umfang des Patentschutzes, wie er von den Gerichten in den Patentverletzungsprozessen festzustellen war, zu unterscheiden sei. Isay lehnte die Auffassung ab, dass der Schutzumfang des Patents bereits im Erteilungsverfahren vor dem Patentamt festgestellt werde – er wies diese Aufgabe den Gerichten in den Verletzungsstreitigkeiten zu, und zwar auf der Basis des objektiven Standes der Technik und unabhängig von der Formulierung des Patentanspruchs. Die Unterscheidung zwischen dem Gegenstand der Erfindung und dem Schutzumfang fasste Isay jedoch nicht als Gegensatz im Sinne eines gegenseitigen Ausschließens auf. Der Umfang des Schutzes umfasse ihm zufolge vielmehr auch den Gegenstand der Erfindung, wie er vom Patentamt festgestellt werde, sodass der Schutzumfang niemals kleiner sein könne als der Gegenstand der Erfindung.[105]

1. Das Wesen des Patentanspruchs

Bereits 1909 verfasste Isay den viel beachteten Aufsatz „Wesen und Auslegung des Patentanspruchs". Hierin warf er erstens die zentrale Frage auf, ob eine einheitliche Bestimmung des Gegenstands der Erfindung und zugleich des Schutzumfangs überhaupt möglich sei und man sie damit einheitlich dem Patentanspruch zuweisen könne. Sofern der Patentanspruch nur einer Aufgabe gerecht werden

103 Abgedruckt bei *Isay/Wirth*, Die Entwicklung der Patentauslegung, in: Isay/Wirth, Der Patentanspruch, 1912, S. 7 f.

104 *Isay/Wirth*, Die Entwicklung der Patentauslegung, in: Isay/Wirth, Der Patentanspruch, 1912, S. 9.

105 Ebd., S. 9 f.

konnte, stellte sich Isay zweitens die Folgefrage, für welche dieser Aufgaben der Patentanspruch am besten geeignet war, und erörterte sodann drittens, welche Konsequenzen dies für die Auslegung der Patente hatte. Im Folgenden sind seine Antworten auf diese drei Fragen zu erörtern.

Der Patentanspruch hatte nach § 20 PatG dasjenige anzugeben, was als patentfähig unter Schutz gestellt werden sollte. Isay unterschied im Gegensatz zur hergebrachten einheitlichen Auffassung den Gegenstand der Erfindung vom Schutzumfang in Bezug auf seine Bedeutung für den Patenanspruch.[106] Der Patentanspruch konnte für Isay allein die Aufgabe erfüllen, den Gegenstand der Erfindung zu kennzeichnen, nicht aber den Schutzumfang zu bestimmen.[107]

Isay verdeutlichte dies mit dem Beispiel des Anspruchs des Patents Nr. 164 180, das den Fouché'schen Brenner für die autogene Schweißung schützte; er war wie folgt formuliert:[108]

> „Lötrohr, welches mit Sauerstoff und irgendeinem Gase (Acetylen und dergl.) gespeist wird, dadurch gekennzeichnet, daß der Sauerstoff durch eine mittlere Düse einer Mischkammer unter Druck zuströmt und hierbei das brennbare unter keinem oder nur sehr geringem Druck stehende Gas aus einem viele Windungen besitzenden, schrauben- oder zickzackförmigen Rohre von erheblicher Länge mitreißt.“[109]

Nach Isay wurde der Gegenstand der Erfindung (Brenner mit gewundenem Rohr von erheblicher Länge), also das, wofür Patentschutz beantragt wurde, hier klar umgrenzt. Fraglich sei, ob damit auch der Schutzumfang des Patents beschrieben sein sollte. Er warf die Frage auf, ob hierdurch auch eine Konstruktion geschützt werde, bei welcher das Gas durch ein gerades, statt eines viele Windungen besitzenden, schrauben- oder zickzackförmigen Rohr entströmte, oder welches kurz statt von erheblicher Länge war.[110] Er folgerte, dass dann, wenn der Patentanspruch auch die Grenzen des Schutzes angeben sollte, die beiden genannten Abänderungen wohl nicht unter das Patent fielen. Das sei nicht sinnvoll. Der Umfang des Schutzes müsse daher weiter sein als das, was im Patentanspruch als Gegenstand der Erfindung offenbart wurde.[111]

---

106 *Isay,* Wesen und Auslegung des Patentanspruchs, MittDPatAnw 1909, S. 138.

107 Ebd., S. 139.

108 *Isay,* Wesen und Auslegung des Patentanspruchs, in: Isay/Wirth, Der Patentanspruch, 1912, S. 104; *ders.,* Wesen und Auslegung des Patentanspruchs, MittDPatAnw 1909, S. 138.

109 *Isay,* Wesen und Auslegung des Patentanspruchs, in: Isay/Wirth, Der Patentanspruch, 1912, S. 104.

110 Ebd., S. 104.

111 *Isay,* Wesen und Auslegung des Patentanspruchs, MittDPatAnw 1909, S. 138.

Für Isay hatte der Patentanspruch allein die Funktion, den Gegenstand der Erfindung festzulegen, nicht aber den Schutzbereich des Patentes.[112] Beides war für ihn ein Gegensatz, der sich in der Betrachtungsweise der Erfindung und in daraus resultierenden unterschiedlichen Anforderungen an die Formulierung des Patentanspruchs äußerte:[113] Arbeite man allein den Gegenstand der Erfindung heraus, reflektiere man rückblickend die Erfindung und setze sie in Vergleich zu dem bisherigen Stand der Technik, den bisherigen vorhandenen technischen Ausführungsformen, wodurch man eine Abgrenzung zu den schon bekannten Erfindungen treffen könne.[114] Wolle man dagegen den Schutzbereich des Patents erfassen, müsse man vorausschauend auf zukünftige, technisch ähnliche oder vergleichbare Gedanken und Ausführungsformen blicken, um den Schutzbereich möglichst weit ziehen zu können. Man müsse, so Isay, sich hierfür die Frage stellen, auf welchem anderen Wege der gleichen Richtung man dasselbe Ziel erreichen könne.[115]

Entsprechend diesen beiden unterschiedlichen Herangehensweisen bei der Festlegung des Gegenstands der Erfindung und deren Schutzumfang sei die Aufgabenstellung bei der Formulierung des Patentanspruchs. Wolle man den Gegenstand der Erfindung herausarbeiten, so müsse man diesen möglichst präzise und klar darstellen, wobei man nicht mit Worten und Merkmalen sparen dürfe. Hierfür sei es besser, eine Angabe oder ein Merkmal mehr aufzunehmen, sofern dadurch die technisch zugrunde liegende Idee deutlicher hervortrete. Nicht zu berücksichtigen sei an dieser Stelle, ob durch eine derartig genaue Bestimmung der Schutzbereich eingeengt werde.[116]

Wer dagegen die Grenzen des Schutzbereichs bestimmen wolle, sei bestrebt, diese so weit wie möglich zu ziehen, weshalb er möglichst wenige Merkmale in den Anspruch aufnehmen und lediglich Begriffe verwenden dürfe, die möglichst weit gefasst seien, also möglichst wenig Inhalt, wenig bestimmende Merkmale hätten. Nur so könne der Schutzbereich nicht unnötig verengt werden. Für Isay war es aus diesem Blickwinkel gleichgültig, ob sich aus einem nach diesen

112 *Isay*, Wesen und Auslegung des Patentanspruchs, MittDPatAnw 1909, S. 139.

113 *Isay*, Wesen und Auslegung des Patentanspruchs, in: Isay/Wirth, Der Patentanspruch, 1912, S. 107.

114 Ebd., S. 107.

115 Ebd., S. 107.

116 Ebd., S. 108.

Grundsätzen formulierten Patentanspruch noch der Gegenstand der Erfindung selbst erkennen lasse.[117]

Als Schlussfolgerung aus seinen Überlegungen ergab sich für Hermann Isay, dass von dem Patentanspruch nicht erwartet werden könne, dass er sowohl den Schutzumfang als auch den Gegenstand der Erfindung festlegte. Beides sei nicht miteinander vereinbar, denn ein Patentanspruch, der den Schutzbereich perfekt beschreibe, sei ungenügend für die Bestimmung des Gegenstands der Erfindung. Versuche man dagegen den Patentanspruch so zu formulieren, dass er beiden Aufgaben gerecht wurde, so laufe man Gefahr, entweder einen weiten Anspruch zu bilden, der Nichtigkeitsklagen fürchten müsse, oder aber wegen der Vollständigkeit der Merkmale den Anspruch so klar zu definieren, dass er von den Gerichten nur einen geringen Schutzumfang zugebilligt bekomme.[118] Isay resümierte, dass es folglich unmöglich sei, dem Patentanspruch gleichzeitig die Aufgabe zu stellen, den Gegenstand der Erfindung und den Umfang des Schutzbereichs zu formulieren; vielmehr könne er nur das eine oder das andere zum Ausdruck bringen.[119]

2. Gegenstand der Erfindung vs. Schutzumfang im Patentanspruch

Aus diesem von Isay getroffenen Ausschlussprinzip stellte sich in nächster Konsequenz die Frage, ob der Patentanspruch den Gegenstand der Erfindung bestimmen oder den Umfang des Schutzbereichs festlegen sollte. Dies wurde kontrovers diskutiert.

Regierungsrat Alexander Gleichen forderte, dem Patentanspruch die Aufgabe der Abgrenzung des Erfindungsgutes zuzuweisen und damit den Schutzbereich festzustellen.[120] Er fand, dass die Auslegung des Schutzumfangs, insbesondere infolge mehrerer Reichsgerichtsentscheidungen[121] unter Bezugnahme auf § 20

117 *Isay*, Wesen und Auslegung des Patentanspruchs, in: Isay/Wirth, Der Patentanspruch, 1912, S. 108.

118 Ebd., S. 109.

119 *Isay*, Wesen und Auslegung des Patentanspruchs, in: Isay/Wirth, Der Patentanspruch, 1912, S. 109 f.; *ders.*, Wesen und Auslegung des Patentanspruchs, MittDPatAnw 1909, S. 139.

120 *Gleichen*, Über die Einheit und das Zusatzverhältnis angemeldeter Erfindungen, GRUR 1908, S. 140 ff.

121 *Gleichen*, Die Bestimmung des Patentschutzes aus den Patentansprüchen bei Patentverletzungsprozessen unter Berücksichtigung neuerer Reichsgerichtsentscheidungen, GRUR 1912, S. 223 unter Verweis auf u.a. RG v. 9.2.1910 (I 423/09), abgedruckt

Satz 5 PatG auf eine viel breitere Basis gestellt werde, als dies bis dahin geschehen sei. Er bewertete die Reichsgerichtsentscheidungen dahin, dass der wohlverdiente Erfinderschutz nicht mehr von mehr oder minder glücklich gelungenen Formulierungen des Patentanspruchs abhängen dürfe, sondern nach der Bedeutung der erfinderischen Offenbarung bestimmt werde.[122] Gleichen legte sich also auf die Bestimmung der Reichweite des Patentschutzes bereits aus dem Patentanspruch fest.

Nach Isay war es für die Bestimmung des Schutzbereiches notwendig, das Wesentliche oder Notwendige der Erfindung klar herauszuarbeiten und vom Unwesentlichen oder Unnötigen zu trennen. Diese Differenzierung sei jedoch gerade bei chemisch oder physikalisch komplexen Erfindungen schwierig. Es sei eine Ungerechtigkeit und eine unnötige Belastung des Patentsuchenden, wenn man diese Differenzierung verlange. Je größer die Erfindung sei, desto schwieriger werde für den Erfinder die anfängliche Bestimmung des Schutzumfangs, da er hierfür die ganze Bedeutung der Erfindung von Anfang an überblicken müsse.[123] Es könne von dem Erfinder nicht verlangt werden, dass er sich auch über alle Umgehungsmöglichkeiten seiner Erfindung von vornherein Gedanken mache, was oft auch deshalb nicht möglich sei, weil bestimmte Anwendungsarten seiner Erfindung ihm noch nicht bekannt sind.[124]

Für Isay ergab sich hieraus, dass der Patentanspruch nur die Aufgabe haben konnte, den Gegenstand der Erfindung abzugrenzen. Der Patentanspruch sei eine lediglich auf den Gegenstand der Erfindung gerichtete Willenserklärung und lege nicht den Schutzumfang des Patents fest.[125]

Isay forderte darüber hinaus, dass sich die Art der Formulierung des Patentanspruchs dem Inhalt anzupassen habe. Die Sprachform der begrifflichen Definition sei ungeeignet.[126] Er verwies hier auf die Ausführungen von Richard Wirth, der herausgearbeitet hatte, dass die volle Erkenntnis der Erfindung die

---

in: MittDPatAnw 1910, S. 57–58; RG v. 28.6.1910 (I 195/10), abgedruckt in: Bl.f.PMZ 1911, S. 274; RG v. 9.7.1910, abgedruckt in: Bl.f.PMZ 1911, S. 267–270.

122 *Gleichen,* Die Bestimmung des Patentschutzes aus den Patentansprüchen bei Patentverletzungsprozessen unter Berücksichtigung neuerer Reichsgerichtsentscheidungen, GRUR 1912, S. 223.

123 *Isay,* Wesen und Auslegung des Patentanspruchs, MittDPatAnw 1909, S. 140.

124 Ebd., S. 140 f.

125 Ebd., S. 141.

126 Ebd., S. 146.

Betrachtung ihrer sämtlichen Seiten erfordere, eine Definition aber nur eine Seite der Erfindung ins Auge fassen könne.[127]

Die Verwerfung der Definition als entscheidend habe den Vorteil, dass der Erfinder sich im Erteilungsverfahren nicht mehr entscheiden müsse, welches der unterschiedlichen Merkmale der Erfindung das Wesentliche ist. Ein Irrtum über die Wesentlichkeit eines Merkmales oder das Vergessen eines solche seien dann unschädlich und brächten den Erfinder nicht um die Früchte seiner Arbeit.[128]

3. Auslegung des Patentanspruchs

Aus der Auffassung, dass der Patentanspruch allein den Gegenstand der Erfindung festlegte, folgerte Isay, dass die Bestimmung des Schutzumfangs des Patents nach den folgenden zwei Grundsätzen zu erfolgen habe:

(1) Als Erstes müsse der Erfindungsgedanke, der den Gegenstand des Patentes bilde, herausgearbeitet werden. Entscheidende Bedeutung hierfür habe der Wille des Anmelders und des Patentamtes. Zu dessen Ermittlung seien auch die Erteilungsakten heranzuziehen. In den Erteilungsakten fänden sich vor allem Hinweise darauf, ob der Anmelder Verzichte erklärt habe oder Beschränkungen des Patentamtes enthalten seien.[129]

(2) Die Bestimmung des Schutzumfangs des Patents habe hingegen unabhängig von dem Willen des Anmelders und des Patentamtes zu erfolgen (abgesehen von ausdrücklichen Verzichten oder Beschränkungen, die im Patenterteilungsverfahren offenbar werden). Es seien hier allein die Bedeutung der Erfindung nach dem Stand der Technik und die Grundsätze der Äquivalenz und Übertragung maßgebend.[130]

Die hergebrachte Auslegung des Patents basiere auf der Auffassung, dass der Patentanspruch auch den Umfang des Schutzes festlege und eine diesbezügliche Willenserklärung des Staates und des Anmelders darstelle. Dann sei deren wirklicher Wille zu erforschen, im Sinne des § 133 BGB. Man habe sich daher mit der Fiktion behelfen müssen und die Vermutung aufgestellt, dass der Anmelder nichts habe anmelden und das Patentamt nichts habe patentieren wollen, was nach dem Stand der Technik bereits bekannt und damit Allgemeingut sei.[131]

127 *Isay,* Wesen und Auslegung des Patentanspruchs, MittDPatAnw 1909, S. 141.

128 Ebd., S. 141 f.

129 Ebd., S. 147.

130 Ebd., S. 147.

131 Ebd., S. 142.

Insofern war dann strittig, was im Kenntnisbereich des Patentamtes war. Eine Auffassung vertrat, dass das Patentamt alle älteren Druckschriften kannte,[132] die Gegenauffassung forderte den Beweis dieser Kenntnis.[133]

Isay hingegen war nicht der Auffassung, dass der Patentanspruch bereits den Schutzumfang festlegte und daher eine darauf gerichtete Willenserklärung war. Vielmehr handele es sich um eine auf Erteilung des Erfinderrechts gerichtete Willenserklärung. Daher dürfe man bei der Ermittlung des Schutzumfangs eigentlich nicht von „Auslegung" des Patentanspruchs sprechen. Er verwendete diesen Begriff nach dieser Klarstellung dennoch weiter, da er sich etabliert habe und kein besserer zur Verfügung stehe.[134] Die Auslegung des Patents war für ihn damit aber keine Auslegung einer Willenserklärung bezüglich des Schutzumfangs, sondern die selbstständige richterliche Feststellung des Schutzumfangs des Patents, die daher auch nicht den Grundsätzen der Auslegung von Willenserklärungen zu folgen habe.[135]

Folgende Leitlinien seien bei der richterlichen Feststellung des Schutzumfangs zu beachten: Der Umfang des Patentschutzes hänge in erster Linie von der Bedeutung der Erfindung ab. Löse der Erfinder eine Aufgabe zum ersten Mal, so stehe ihm der Patentschutz nicht nur für die in der Patentschrift beschriebene besondere Form zu, sondern auch für alle anderen Lösungen nach Maßgabe des Erfindungsgedankens.[136]

Für die Einordnung der Bedeutung der Erfindung zog Isay dann den Stand der Technik hinzu. Er setzte allerdings den Stand der Technik nicht in Relation zu einer Willenserklärung des Patentamtes oder des Anmelders. Auch sei unerheblich, ob eine Kenntnis von diesem Stand der Technik bestand oder nicht.[137]

Als weiteres Mittel zur Festlegung des Schutzumfangs wandte Isay die Grundsätze der Äquivalenz an. Auch diese seien unter der früheren Lehre herangezogen worden, allerdings unter Zuhilfenahme der Fiktion, dass z.B. auch gleich wirkende Stoffe unter das Patent fallen sollten, selbst wenn diese zum Zeitpunkt der Anmeldung noch unbekannt waren. Nach Isays Auffassung bedurfte es eines Rückgriffes auf eine derartige Fiktion nicht, da der Patentschutz leerlaufen

132 *Isay,* PatG 1903, § 4 Anm. 110; *ders.,* Wesen und Auslegung des Patentanspruchs, MittDPatAnw 1909. S. 142.

133 *Kent,* Das Patentgesetz, 1906, Anm. 288 zu § 4, S. 437 f.; *Seligsohn,* Patentgesetz, 1912, S. 130.

134 *Isay,* Wesen und Auslegung des Patentanspruchs, MittDPatAnw 1909, S. 142.

135 Ebd., S. 142.

136 Ebd., S. 142. f.

137 Ebd., S. 143.

würde, wolle man den Ersatz eines Elements durch ein Äquivalent bereits als Erfindung sehen.[138]

Isay vollzog eine wesentliche Abkehr von der Rechtsprechung bei der Einbeziehung der Erteilungsakten. Nach der Rechtsprechung waren diese seiner Auffassung nach das wichtigste Mittel, um den Schutzumfang zu ermitteln. Die hergebrachte Auffassung berge aber die Gefahr, dass man den Stand der Technik allein nach den Ausführungen in den Erteilungsakten beurteilte. Der Landgerichtsrat Rathenau habe festgestellt, dass die 16. Zivilkammer des Landgerichts I in Berlin in 78,57 % der Patentsachen ohne Sachverständige entschieden hatte.[139] Nach Isay war es aber illusorisch, dass ein Vorprüfer sein ganzes Wissen aktenkundig mache. Nur weil ein Lehrbuch oder eine Patentschrift nicht in den Erteilungsakten erwähnt wurden, könne man nicht den Rückschluss ziehen, dass diese dem Prüfer unbekannt seien.[140]

Als weiteres Argument führte Isay an, dass die Intention des Patentsuchenden im Patenterteilungsprozess zu berücksichtigen sei. Der Patentsuchende wolle so schnell wie möglich den Schutz für seine Erfindung erlangen. Somit seien die Ausführungen des Anmelders darauf gerichtet, das Patent zu erhalten. Die Angaben des Anmelders seien als Reaktionen auf Anfragen des Vorprüfers, als Verteidigung gegen mögliche Einsprucherhebende zu werten, daher werde er je nach Fragestellung das eine oder andere Merkmal seiner Erfindung betonen. Nach Isay folgerte man sodann daraus, dass in der Eingabe die Wirkung eines Elements der Erfindung hervorgehoben wurde, dass dieses Element das Wesentliche sei, und Vorrichtungen, denen dieses Element fehle, nicht unter Patentschutz stehen sollten.[141] Isay hob verdeutlichend hervor:

> „Aus der Hinzusetzung oder Fortlassung eines einzigen Wortes, nämlich so bedeutungsvoller Worte wie ‚beispielsweise' oder ‚vornehmlich' oder ‚besonders' werden von den Gerichten die weitgehendsten Konsequenzen für den Umfang des Patentschutzes gezogen, so dass man jedem Anmelder, solange diese Praxis herrscht, nur raten kann, in seinen Beschreibungen stets eines dieser Worte hineinzusetzen."[142]

---

138 *Isay,* Wesen und Auslegung des Patentanspruchs, MittDPatAnw 1909, S. 143.

139 *Rathenau,* Patent- und Gebrauchsmuster-Prozesse in Preussen im Lichte der Statistik, LZ 1908, Sp. 505; *Isay,* Wesen und Auslegung des Patentanspruchs, MittDPatAnw 1909, S. 143.

140 *Isay,* Wesen und Auslegung des Patentanspruchs, MittDPatAnw 1909, S. 143.

141 Ebd., S. 144.

142 Ebd., S. 144.

Für Isay erlangten die Erteilungsakten alleine Bedeutung, wenn der Patentsucher in der Anmeldung auf etwas explizit verzichtete oder das Patentamt etwas ausschloss, denn die Erteilungsakten enthielten für ihn lediglich Erklärungen, die auf die Erteilung des Patentschutzes gerichtet waren. Diese Willenserklärungen des Anmelders und des Staates beträfen alleine den Gegenstand der Erfindung. Daher könnten die Erteilungsakten helfen, wenn Zweifel über den Gegenstand der Erfindung bestanden und vor allem, wenn bestimmte technische Gedanken von der Schutzwirkung ausgenommen werden sollten. Ein Verzicht oder eine Beschränkung seien nicht zu vermuten, sie müssten unzweideutig bestimmt werden können.

In diesem unterschiedlichen Stellenwert der Erteilungsakten sah Isay den größten Unterschied zur bisherigen Rechtsprechung

> „[...] und zwar einen wesentlichen Fortschritt. Es kann nicht mehr, wie nach der herrschenden Praxis, dem Patentinhaber der Schutz für seine Erfindung lediglich mit Rücksicht auf einzelne Äusserungen im Erteilungsverfahren versagt werden, denen der damalige Anmelder gar keine Bedeutung für den Schutzumfang beigemessen oder deren Tragweite er nicht vorhergesehen hat".[143]

Die Auffassung Isays war nicht unumstritten. So führte der Rechtsanwalt Leander im Jahre 1913 aus, dass die Differenzierung zwischen Gegenstand der Erfindung und Schutzbereich dringend überwunden werden müsse, da für ihn beides begrifflich untrennbar war. Wenn das Patentamt den Gegenstand des Schutzes darstellen solle, so müsse es untersuchen, was neuartig und fortschrittlich bei der Erfindung sei, und auf dieses Mehr im Vergleich zum Bekannten erstrecke sich der Patentschutz. Umgekehrt müsse das Gericht, wenn es über den Schutzumfang des Patents urteile, feststellen, was im Erteilungsverfahren als Neuheit konstatiert worden sei. Er resümierte, dass die Verwirrung, die Hermann Isays Lehre gestiftet habe, als unschädlich anzusehen sei, da die Rechtsprechung in den alten Bahnen geblieben sei. Dies bedeute, dass für die Ermittlung des Schutzumfanges weiterhin die Erteilungsakten heranzuziehen seien und nur im Zweifel der Stand der Technik zum Zeitpunkt der Patenterteilung heranzuziehen sei.[144]

Dagegen stellte Arnold Seligsohn 1922 fest, dass sich das Verhältnis der Gerichte zum Patentamt grundlegend geändert habe, da die Gerichte sich immer mehr Geltung verschafften. Als Beispiel nannte er die Frage nach der Auslegung

143 *Isay*, Wesen und Auslegung des Patentanspruchs, MittDPatAnw 1909, S. 144.
144 *Leander*, Urheberrechtliche Literatur in den letzten Jahren, GRUR 1913, S. 180.

von Patenten. Ursprünglich sei der Wille des Patentamtes bei der Patenterteilung das entscheidende Kriterium für die Gerichte gewesen. Allmählich habe sich das Bild der Gerichte geändert: Von reinen Interpreten des Patentamtes seien sie zu einer selbstständigen Prüfinstanz geworden, die sich eigenständig die Frage stelle, wie der Stand der Technik zur Zeit der Anmeldung des Patents gewesen sei und welche Bereicherung die Erfindung hierzu dargestellt habe.[145]

Nach Rafael von Heppe ist die Herausarbeitung des Unterschieds zwischen dem Gegenstand der Erfindung und dem Schutzumfang als Zweiteilungslehre in die Patentrechtsgeschichte eingegangen.[146] Kurt von Falck hebt hervor, dass damit erstmals dem Erfinderinteresse der Vorrang eingeräumt wurde gegenüber dem Allgemeininteresse an Rechtssicherheit.[147] Er betont, dass die Zweiteilung zwischen Gegenstand der Erfindung und dem Schutzbereich des Patents die Kompetenzabgrenzung zwischen dem Patentamt als Erteilungsbehörde und den Patentverletzungsgerichten handhabbar machte.[148] Auch nach Heinz Winkler war diese zweite Phase der Patentauslegung die erfinderfreundlichste Periode der Rechtsprechung.[149] Winkler resümiert, dass hier zwar dem Verdienst des Erfinders am meisten Rechnung getragen wurde, allerdings im Gegenzug eine große Rechtsunsicherheit herrschte und damit die Interessen der Allgemeinheit beeinträchtigt wurden, da man sich auf das in der Patentschrift Offenbarte nicht mehr verlassen konnte.[150]Auch Kirchhoff hebt hervor, dass die Bestimmung des Schutzumfangs immer dann mit einer großen Rechtsunsicherheit behaftet sein müsse, wenn sie allein auf dem objektiven Stand der Technik basiert: Jede auf dem Stande der Technik herkommende neue Tatsache schaffe nämlich eine neue Auslegungsgrundlage.[151]

IV. Die Koks-Löschrinnen-Entscheidung des Reichsgerichts vom 9.2.1910

Das Reichsgericht nahm in der Koks-Löschrinnen-Entscheidung vom 9.2.1910 zu den Auslegungsgrundsätzen deutlich Stellung.

145 *Seligsohn,* Die Entwicklung des Patentrechts seit dem Jahre 1891, GRUR 1922, S. 8.

146 *v. Heppe,* Patentverletzungen, 2007, S. 228.

147 *v. Falck,* Patentauslegung und Schutzumfang, 1991, S. 549.

148 Ebd., S. 565.

149 *Winkler,* Der Schutzumfang der Patente in Vergangenheit, Gegenwart und Zukunft, GRUR 1977, S. 395.

150 Ebd., S. 395.

151 *Kirchhoff,* Patentauslegung und Rechtssicherheit, GRUR 1956, S. 458.

Gegen die Generallizenzträgerin des Patents Nr. 89774 auf „eine Einrichtung zum selbsttätigen Löschen des Koks beim Austreten aus den Retorten, gekennzeichnet durch eine vor diesen fest angeordnete, zu Anfang wagrechte, später unter einem beliebigen Winkel aufsteigende und in dem wagrechten Teile bewässerte Rinne, in welcher beim Entlangführen der Koks auf dem wagrechten Teile das Wasser mitgenommen wird, um sich an dem Knie der Rinne zu stauen und sich von oben über den Koks zu stürzen",[152] wurde Klage eingereicht. Die Klägerin hatte eine entsprechende Anlage hergestellt, jedoch mit dem Unterschied, dass eine so geringe Steigung verwendet wurde, dass das Wasser zwar gestaut wurde und zurückfloss, sich aber nicht wie ein Wasserfall über den Koks ergoss und ihn dadurch löschte. Die Klägerin sah in dem Stürzen des Wassers ein wesentliches Merkmal und hob hervor, dass das bloße Stauen und der Rückfluss des Wassers bereits durch ein englisches Patent erreicht werden. Die Klägerin begehrte Feststellung, dass ihre Einrichtung das Patent nicht verletzt, Verbot einer Wiederholung dieses Vorwurfes und Zusprechung der Befugnis zur Veröffentlichung des Urteils.[153]

Das Reichsgericht arbeitete als Gegenstand der Erfindung heraus, dass „das in dem wagerechten Teile der Rinne auf verhältnismäßig niedrigem Niveau gehaltene Wasser durch den mittels der Schleppkette transportierte Koks mitgeführt wird und so auf dem aufsteigenden Aste in die Höhe gestaut wird, so daß es infolge des entstehenden Niveauunterschiedes zurückfließt und sich von oben über den Koks ergießt, dadurch dessen Entlöschung in den oberen Teilen vervollständigt."[154] Die vollständige Wirkung ergebe sich nur durch eine gewisse Steigung, und gerade hier weiche die Anlage der Klägerin ab, da die Steigung geringer war. Das Reichsgericht stellte fest, dass die Klägerin den Erfindungsgedanken dennoch benutzte, wenngleich in einer unvollkommenen Form, da sie durch eine geringere Steigung auf die vollständige Wirkung verzichtete.

Eine andere Beurteilung ermögliche nur eine einschränkende Auslegung des Patents, wozu das Reichsgericht ausführte:

> „Damit wird allerdings eine engere Auslegung des Patentes nicht ausgeschlossen, wenn sie nach dem nachträglich festgestellten Stande der Technik zur Zeit der Anmeldung gerechtfertigt erscheint. Der Patentanspruch hat in erster Linie den Zweck, den Gegenstand der Erfindung für den Techniker möglichst genau zu bezeichnen, nicht aber den daraus sich ergebenden Patentschutz nach allen Seiten genau abzugrenzen.

152 RG v. 9.2.1910 (I 423/09), abgedruckt in MittDPatAnw 1910, S. 57–58.
153 Ebd.; dazu ausführlich *v. Heppe*, Patentverletzungen, 2007, S. 226 ff.
154 RG v. 9.2.1910 (I 423/09), abgedruckt in MittDPatAnw 1910, S. 57–58.

In dieser Beziehung muß vielmehr manches der späteren Auslegung vorbehalten bleiben. Besonders ist es regelmäßig untunlich, bei Erfindungen, die durch eine größere Zahl von Merkmalen zu charakterisieren sind, schon im Stadium der Patenterteilung festzustellen, welche Merkmale für den Patentschutz unbedingt erforderlich sind und welche ausscheiden können, bzw. welche einzelnen oder Gruppen von Merkmalen für sich den Patentschutz genießen. Für die Erteilung des Patents genügt es, daß die Erfindung in der Verbindung sämtlicher Merkmale neu und patentwürdig erscheint, und die weitere Untersuchung über die Grenzen des Schutzes würde in der Regel nur zu einer nachteiligen Verzögerung der Patenterteilung führen. Die Rechtsprechung des R.G. befolgt daher schon lange den Grundsatz, daß der Anmelder im Zweifel den Schutz und nur den Schutz beanspruchen kann der ihm nach dem Stande der Technik zur Zeit der Anmeldung gebührt; ohne daß es – abgesehen von unzweideutig erklärten Verzichten und absichtlich verfügten Einschränkungen – wesentlich darauf ankommt, ob ihm selbst oder der patenterteilenden Behörde dieser Stand der Technik vollständig bekannt war. [Vgl. die im gewerblichen Rechtsschutz und Urheberrecht 1908 Seite 341 ff abgedruckten Urteile; ferner Isay, Wesen und Auslegung des Patentanspruches in den Mitteilungen vom Verbande Deutscher Patentanwälte 1909, S. 138 ff.]“[155]

Nach Richard Wirth erfolgte mit diesem Urteil eine Abkehr von dem Grundsatz, dass im Patenterteilungsverfahren bereits alle das Patent betreffende Fragen vorab zu beantworten seien und das Mittel hierzu die begriffliche Definition sei.[156] In der Tat führte das Reichsgericht aus, es habe „der Patentanspruch in erster Linie den Zweck, den Gegenstand der Erfindung für den Techniker möglichst genau zu bezeichnen, nicht aber den daraus sich ergebenden Patentschutz nach allen Seiten genau abzugrenzen“.[157] Das Reichgericht hob in dieser Entscheidung ausdrücklich die von Isay vorgeschlagene Trennung von Gegenstand der Erfindung und Schutzumfang des Patents hervor und verwies dafür auf dessen Aufsatz „Wesen und Auslegung des Patentanspruchs“. Aufgabe des Erteilungsverfahrens sei es nur, den Gegenstand der Erfindung festzulegen; das Patentamt könne nicht die Aufgabe erfüllen, den Schutzumfang zu bestimmen. Hierzu seien die Richter im Verletzungsprozess berufen.

Isay und Wirth wiesen auf die Bedeutung dieser Entscheidung des Reichsgerichts in zahlreichen Aufsätzen hin und bezeichneten sie als „Merkstein in der Entwicklung des deutschen Patentrechts“.[158]

---

155 RG v. 9.2.1910 (I 423/09), abgedruckt in MittDPatAnw 1910, S. 57–58.

156 *Wirth*, Das Reichsgericht und die Prüfungskompetenz des Patentamtes, GRUR 1910, S. 59.

157 RG v. 9.2.1910 (I 423/09), abgedruckt in MittDPatAnw 1910, S. 57–58.

158 So z.B. *Wirth,* Das Reichsgericht und die Prüfungskompetenz des Patentamtes, GRUR 1910, S. 58; *Isay,* Der Patentanspruch in der jüngsten Rechtsprechung des

Obwohl das Reichsgericht in der Koks-Löschrinnen-Entscheidung ausdrücklich Hermann Isays Aufsatz „Wesen und Auslegung des Patentanspruches" zitierte, verwies es zugleich auf seine früheren Entscheidungen.

Hierzu führte Richard Wirth aus:

> „Wenn das Reichsgericht sagt, daß es seine Praxis schon lange verfolge, so ist das ein Vorwurf zunächst für die Herausgeber der ausgewählte Entscheidungen enthaltenden Publikationen und in erster Linie für das Blatt für Patent-, Muster- und Zeichenwesen, daß es die betreffende Entscheidungen nicht veröffentlicht hat [Hier wird in einer Anmerkung Folgendes ausgeführt: Der Verband deutscher Patentanwälte hat sich bisher vergeblich bemüht, die Unterlagen für eine ergänzende Veröffentlichung der Reichsgerichtsentscheidungen zu erhalten], so daß sie erst jüngst gelegentlich einer Kontroverse in die Öffentlichkeit gelangten und von da ab erst der tiefe Zwiespalt zwischen Reichsgericht und Patentamt niemandem mehr verborgen bleiben konnte."[159]

Ferner führte Wirth aus, dass Autoren von Patentgesetz-Kommentaren, wie zum Beispiel Arnold Seligsohn[160], die bisherigen von Hartig geprägten Ansichten weiter darstellten und anscheinend auch den Unterschied zur bisherigen Rechtsprechung nicht erkannten.

In der 5. Auflage seines Kommentars zum Patentgesetz hob Arnold Seligsohn aber bereits auch hervor, dass die Ausführungen Isays zur Patentauslegung das Reichsgericht insoweit beeinflusst hätten, als das Reichsgericht die Differenzierung der Funktionen des Patentamtes und des Reichsgerichts in der Koks-Löschrinnen-Entscheidung übernommen habe.[161]

Richard Wirth betonte, dass der Vortrag von Isay zum Verdienst habe, zum ersten Mal mit völliger begrifflicher Klarheit den Zwiespalt zwischen den Prinzipien der Patenterteilung des Patentamtes und den Prinzipien der Rechtsprechung des Reichsgerichtes dargelegt zu haben.[162] Der Patentanspruch müsse nicht weiter durch eine logische Definition dargestellt werden, sondern durch eine möglichst lückenlose Beschreibung der Erfindung, bei der nichts fehlen solle, was möglicherweise von Bedeutung für den Inhalt der Erfindung sei. Die Notwendigkeit einer solchen Auffassung ergab sich für ihn, ebenso wie für Isay,

---

Reichsgerichts, GRUR 1911, S. 320; *ders.*, Die Auslegung der Patente in Deutschland und Österreich, GRUR 1913, S. 140 f.

159 *Wirth*, Das Reichsgericht und die Prüfungskompetenz des Patentamtes, GRUR 1910, S. 59.

160 *Seligsohn*, Patentgesetz, 1912, S. 296.

161 Ebd., S. 125.

162 *Wirth*, Das Reichsgericht und die Prüfungskompetenz des Patentamtes, GRUR 1910, S. 59.

aus der Forderung nach einem starken Patentschutz, denn es bedürfe eines weiteren Schutzes, als sich bei der Patenterteilung auch durch den kompetentesten Sachverständigen ermitteln lasse.[163]

Hermann Isay selbst arbeitete im Jahre 1934 seinen Beitrag zur Fortentwicklung der Rechtsprechung wie folgt heraus: Die Isay-Wirth'sche Theorie, welche die Lehre vom Auseinanderfallen der Begriffe Gegenstand des Patentes und Umfang des Patentschutzes zum Inhalt habe, habe er erstmals in seinem Vortrag „Wesen und Auslegung des Patentanspruchs“[164] im Jahre 1909 dargestellt. Gleichwohl ordnete er zum Beispiel die Auffassung von Privatdozent M. A. Besso[165] über das Verhältnis dieser Theorie zur deutschen Rechtsprechung als Irrtum ein,[166] denn die Rechtsgrundsätze, die den Schutzumfang des Patents von der Bedeutung der darin offenbarten Erfindung abhängig machen und ihn daher über die im Patentanspruch formulierte Ausführungsform hinaus erstrecken, wenn die Bedeutung der Erfindung darüber hinaus geht, seien von der Rechtsprechung des Reichsgerichts schon in ihren Anfängen, also schon zwei Jahrzehnte früher, entwickelt und seitdem ständig festgehalten worden[167]. Er betonte, dass die Isay-Wirth'sche Theorie lediglich aus diesen Rechtsgrundsätzen abgeleitet worden sei, nicht aber selbst Quelle dieser Grundsätze sei.[168]

Rafael von Heppe stellt in seiner Analyse der Rechtsprechung des Reichsgerichts von 1879 bis 1918 die Koks-Löschrinnen-Entscheidung zu Recht als zentrale Entscheidung heraus, mit der sich das Reichsgericht von der subjektiven Auffassung verabschiedete.[169] Die Rechtsprechung sei bis Ende 1909 nicht zufriedenstellend gewesen, da nicht abzuschätzen gewesen sei, was in Verletzungsprozessen als Wille des Patentamtes insbesondere aus den Erteilungsakten ermittelt wurde.[170] Danach sei es möglich geworden, auch eine einschränkende

---

163 *Wirth,* Das Reichsgericht und die Prüfungskompetenz des Patentamtes, GRUR 1910, S. 60.

164 *Isay,* Wesen und Auslegung des Patentanspruchs, MittDPatAnw 1909, S. 138 ff.

165 *Besso,* Grenzen des Erfindungsschutzes. Das schweizerische Patentwesen und die Isay-Wirth'sche Theorie, 1934, S. 12 f., 15, 29 f.

166 *Isay,* Starker oder schwacher Erfindungsschutz, 1934, S. 31.

167 Ebd., S. 32; *ders.,* Die Auslegung der Schweizerischen Erfindungspatente, 1934, S. 38 Anm. 2 unter Verweis auf z.B. RG v. 6.7.1901 (I 68/01), abgedruckt in: Bl.f.PMZ 1901, S. 277–280; RG v. 30.12.1903 (I 341/03), abgedruckt in: Bl.f.PMZ 1906, S. 37–39; RG v. 27.4.1904 (I 32/04), abgedruckt in: Bl.f.PMZ 1904, S. 329–331, *Zündpille.*

168 *Isay,* Starker oder schwacher Erfindungsschutz, 1934, S. 32.

169 *v. Heppe,* Patentverletzungen, 2007, S. 223.

170 Ebd., S. 223 mit Verweis auf *Isay,* Die geschichtliche Entwicklung der Patentauslegung, MittDPatAnw 1925, S. 57.

Auslegung nach dem Stand der Technik vorzunehmen, der erst nachträglich, also im Verletzungsprozess bestimmt wurde. Rafael von Heppe betont, dass die von Isay vertretene Zweiteilungslehre mit ihrer Unterscheidung zwischen Gegenstand der Erfindung und Schutzbereich in der Entscheidung vom Reichsgericht ausdrücklich anerkannt wurde. In der Entscheidung werde hervorgehoben, dass es dem Zweck des Erteilungsverfahrens nicht gerecht werde, wenn hier zugleich der Schutzbereich bestimmt werden sollte und so nur eine unnötige Verfahrensverzögerung zu befürchten sei.[171] Nunmehr sei es erst im Verletzungsprozess zur Aufgabe des Richters geworden, den Schutzbereich abzugrenzen. Der Verletzungsrichter sei damit zwar an die patentamtliche Bezeichnung des Gegenstands der Erfindung gebunden worden, da das Patentamt insofern eine eigene Aufgabe wahrnahm, aber im Verletzungsprozess eröffnete die Rechtsprechung dem Richter fortan die Möglichkeit, selbst den Schutzbereich zu ermitteln, da sie in dieser Hinsicht nicht mehr gebunden waren.[172] Entscheidend war bei der Auslegung jetzt allein der objektive Stand der Technik zur Zeit der Anmeldung. Damit wurde es bedeutungslos, ob der Anmelder oder das Patentamt Kenntnis davon hatten, und das Reichsgericht musste auch nicht mehr mit der 1889 eingeführten Fiktion der vermuteten Kenntnis arbeiten. Als einzige Ausnahme wurden ausdrücklich erklärte Verzichte und Beschränkungen genannt; hier sollte weiter auf die Kenntnis des Patentamtes abgestellt werden.

Nach von Heppe wurde die Koks-Löschrinnen-Entscheidung vor allem deswegen kritisiert, weil der Hinweis des Reichsgerichts, dass die neuen Grundsätze „im Zweifel“ anzuwenden seien, in der Folgezeit wenig Beachtung fand. Teilweise, so von Heppe, schenkten die Gerichte dem in der Patentschrift Offenbarten immer weniger Beachtung und ermittelten das Neue, das über den Stand der Technik Hinausgehende selbst. Das Reichsgericht setzte sich damit nach von Heppe dem Vorwurf aus, Patente im Verletzungsprozess umzudeuten, unter Missachtung der patentrechtlichen Zuständigkeitsverteilung eine selbstständige Erteilungsprüfung nachzuholen und allgemeine Gedanken unter Patentschutz zu stellen.[173] Ferner sei Kritik laut geworden, dass die Auslegung von Patenten in den Verletzungsprozessen Rechtsunsicherheit hervorrufe, da der Ausgang des Verletzungsverfahrens ungewiss sei.[174] Im Vertrauen auf eine weite Auslegung

---

171 *Isay*, Die geschichtliche Entwicklung der Patentauslegung, MittDPatAnw 1925, S. 227.

172 Ebd., S. 228.

173 Ebd., S. 223 mit Verweis auf *Isay*, Die geschichtliche Entwicklung der Patentauslegung, MittDPatAnw 1925, S. 230.

174 Ebd., S. 230.

des Schutzbereichs der Patente sollen Anmelder, so von Heppe, dazu tendiert haben, Patentansprüche nicht mehr umfassend zu formulieren und eine Art Verschleierungstaktik bei der Offenbarung der Erfindung zu verfolgen, um so Fabrikgeheimnisse behalten zu können.[175]

V. Die dritte Phase der Geschichte der Patentauslegung: Die sogenannte Dreiteilungslehre

Die Zweiteilungslehre gehörte über drei Jahrzehnte zu den Grundlagen der Patentauslegung und wurde erst im Jahre 1944 durch die Dreiteilungslehre abgelöst.[176] Fritz Lindenmaier, Senatspräsident beim Reichsgericht, stellte die für die Bemessung des Schutzumfangs bedeutsamsten Gesichtspunkte in seinem 1944 veröffentlichten Aufsatz „Der Schutzumfang des Patents nach der neueren Rechtsprechung“[177] zusammen und beeinflusste damit die Rechtsprechung maßgeblich.[178] Die Dreiteilungslehre unterschied den „unmittelbaren Gegenstand der Erfindung“, den „Gegenstand der Erfindung“ und den „allgemeinen Erfindungsgedanken“.[179]

Der *unmittelbare Gegenstand der Erfindung* war auf den Wortlaut des Patentanspruchs begrenzt und aus diesem (gegebenenfalls unter Hinzuziehung der Beschreibung und Zeichnung) ohne erweiternde Auslegung herzuleiten.[180] Er kennzeichnete gleichzeitig den engsten Schutzbereich des Patents. Nach Lindenmaier bildete die Gestaltung, die der Erfindungsgedanke im Patentanspruch gefunden hatte, die Grundlage für die Bemessung des Patentschutzes. Da der Wortlaut des Patentanspruchs für die Bewertung des Schutzumfangs zunächst

175 v. Heppe, Patentverletzungen, 2007, S. 223 mit Verweis auf Isay, Die geschichtliche Entwicklung der Patentauslegung, MittDPatAnw 1925, S. 231.

176 *v. Falck,* Patentauslegung und Schutzumfang, 1991, S. 565; *Reimer,* PatG 1958, § 6 Anm. 6; *v. Heppe,* Patentverletzungen, 2007, S. 228, Rn. 296.

177 *Lindenmaier,* Der Schutzumfang des Patents nach der neueren Rechtsprechung, GRUR 1944, S. 49–57.

178 *Kirchhoff,* Patentauslegung und Rechtssicherheit, GRUR 1956, S. 458.

179 *v. Heppe,* Patentverletzungen, 2007, S. 228 Rn. 296; *Roßmanith,* Rechtsgefühl und Entscheidungsfindung, S. 28 f; dazu ausführlich: *Winkler,* Der Schutzumfang der Patente in Vergangenheit, Gegenwart und Zukunft, GRUR 1977, S. 395; *Reimer,* PatG 1958, § 6 Anm. 6–15 mit einer ausführlichen Gegenüberstellung der von ihm benannten alten und neuen Lehre.

180 Dazu ausführlich: *Reimer,* PatG 1958, § 6 Anm. 6 ff.; *v. Falck,* Patentauslegung und Schutzumfang, 1991, S. 565.

in Betracht komme, ergebe sich hieraus bereits die Wichtigkeit der Formulierung des Patentanspruchs – es sollte weniger eine konstruktive Einzellösung beschrieben sein als ein das Lösungsprinzip herausstellender Lösungsweg, um einen möglichst umfassenden Schutz zu erlangen.[181] Maßgebend sei aber nicht der reine Wortlaut, sondern die Schlussfolgerungen, die sich aufgrund des Fachwissens eines Durchschnittsfachmannes aus dieser Beschreibung ergeben.

Lindenmaier bezeichnete diejenigen technischen Vorstellungen, die sich der Durchschnittsfachmann vom Inhalt der Erfindung aus der Beschreibung, den Abbildungen und seinem Fachwissen ohne weiteren erläuterten oder ergänzten Inhalt ergab, als Gegenstand der Erfindung. Er betonte, dass diese Bezeichnung auf die etablierte frühere Zweiteilungslehre zurückzuführen sei (also die Trennung zwischen dem Gegenstand der Erfindung und dem Schutzbereich); alleinige Aufgabe des Patentanspruchs sei nur die Kennzeichnung der Erfindung als Objekt im Rechtsverkehr, nicht aber die Grenzziehung des Schutzumfangs. Er verwende die Bezeichnung aber nicht inhaltsgleich.[182] Unter dem neuen *Gegenstand der Erfindung* verstand Lindemaier all das, was sich als technische Vorstellung des Durchschnittsfachmanns vom Inhalt der Erfindung aus dem aus der Beschreibung, den Abbildungen und dessen Fachwissen ohne weiteren erläuterten oder ergänzenden Inhalt des Anspruchs ergäbe.[183] Der (neue) Gegenstand der Erfindung konnte unter Einbeziehung weiterer Auslegungsmittel gefunden werden, wie zum Beispiel der Patentbeschreibung, von Abbildungen, des allgemeinen Fachwissens, der unwiderlegbaren Vermutung der Kenntnis des Fachmannes vom Stande der Technik. Es kamen also zum Wortlaut des Patentanspruchs die „glatten technischen und patentrechtlichen Äquivalente" hinzu.[184]

---

181 *Lindenmaier*, Der Schutzumfang des Patents nach der neueren Rechtsprechung, GRUR 1944, S. 49.

182 Ebd., S. 51.

183 Ebd., S. 51.

184 *Reimer*, PatG 1958, § 6 Anm. 6, Dazu ausführlich *ders.*, Für Professor Dr. jur. Dr.-Ing. e.h. Fritz Lindenmaier zum 75. Geburtstag, GRUR 1956, S. 391 f.: Reimer verstand unter glatten technischen Äquivalenten „Mittel, die bei Berücksichtigung des zum Vergleich stehenden Mittels dem Durchschnittsfachmann aufgrund seines Fachwissens ‚ohne weiteres', ‚ohne besondere Überlegung' zur Verfügung stehen". Unter glatten patentrechtlichen Äquivalenten verstand er das „Nächstliegende", also „Mittel, die dem Durchschnittsfachmann auf Grund seines Fachwissens im vorliegenden Einzelfall, d.h. zur Lösung der in Betracht kommenden Aufgabe, ohne weiteres, ohne besondere Überlegung anstelle des zum Vergleich stehenden Mittels zur Verfügung sind". Dem stellte er die nicht glatten patentrechtlichen Äquivalente gegenüber, das noch Naheliegende, „zu deren Auffindung der Blick zwar über das technisch

Für die Erzielung eines ausreichenden Patentschutzes war aber nach Lindenmaier der Patentschutz auf einen der Erfindung als Kern innewohnenden grundsätzlichen, umfassenderen, allgemeinen Erfindungsgedanken zu erstrecken, als er normalerweise im Gegenstand der Erfindung zu finden war. Dies sei nötig, um den Umgehungsversuchen des Wettbewerbs entgegenwirken zu können, und es sei dem Umstand geschuldet, dass viele Erfinder geneigt seien, in der Patentbeschreibung oft nicht über die konkrete Gestaltung hinaus die grundsätzliche Bedeutung der Erfindung ausreichend darzustellen.[185] Der weiteste Schutzbereich werde daher durch den *allgemeinen Erfindungsgedanken* festgelegt. Dieser werde durch das Können und Wissen des Durchschnittsfachmanns am Tage der Anmeldung festgelegt, ohne am Wortlaut des Patentanspruchs zu haften und ohne den Blick nur auf das Naheliegende zu richten, aber auch ohne erfinderische Eigenleistung.[186] Dieser durch Abstraktion aus der Patentschrift zu ermittelnde Kern der Erfindung musste nicht im Anspruchswortlaut fixiert, aber aus diesem herleitbar und in der Beschreibung ausreichend offenbart sein.[187] Lindenmaier betonte, dass der Schutz eines allgemeinen Erfindungsgedankens nur dann gewährt werden könne, wenn ihn auch das Reichpatentamt im Erteilungsverfahren hätte gewähren können. Die Erfordernisse der Patentierbarkeit müssten also stets vorliegen: ausreichende Offenbarung, Neuheit gegenüber den Stand der Technik am Anmeldetage, technischer Fortschritt, Erfindungshöhe, Ausführbarkeit, Leistungsfähigkeit und gewerbliche Verwendbarkeit.[188] Um einer unbegrenzten Ausdehnung des Patentschutzes begegnen zu können, dürfe insbesondere das Kriterium der Offenbarung nicht bejaht werden, wenn die Notwendigkeit erfinderischer Leistung nicht vorlag.[189] Der Schutzumfang des Patents müsse aus dem Patentanspruch herleitbar sein, zur Erläuterung des technischen Gedankens seien die Beschreibungen und Zeichnungen heranzuziehen. Allerdings war hier nicht die Ansicht des Erfinders, sondern die Vorstellung

---

Nächstliegende hinaus zu richten, aber noch kein eigenes Erfinderisches Zutun (des Anmelders, des Patentverletzers) erforderlich ist“.

185 *Lindenmaier*, Der Schutzumfang des Patents nach der neueren Rechtsprechung, GRUR 1944, S. 54 f.

186 *Reimer*, PatG 1958, § 6 Anm. 6; *v. Falck*, Patentauslegung und Schutzumfang, 1991, S. 565.

187 *Kirchhoff*, Patentauslegung und Rechtssicherheit, GRUR 1956, S. 459.

188 *Lindenmaier*, Der Schutzumfang des Patents nach der neueren Rechtsprechung, GRUR 1944, S. 57.

189 Ebd., S. 57.

des Durchschnittsfachmannes vom Inhalt der Erfindung am Anmeldungstage entscheidend.[190]

Die in den letzten Jahren des Reichsgerichts begründete Dreiteilungslehre wurde sodann zunächst vom Obersten Gerichtshof der britischen Zone[191] und dann auch vom BGH übernommen.[192]

VI. Zusammenfassung

1. Die Rechtsprechung in Patentverletzungsprozessen vollzog im Laufe der Zeit einen Wandel, zu dem auch Hermann Isay beitrug. Seit Beginn der Patentrechtsprechung bestand die zentrale Frage darin, was genau das erteilte Patent schützen sollte; die Antwort darauf bestimmte den wirtschaftlichen Wert des Patents. Zu Lebzeiten Hermann Isays lassen sich zwei Phasen erkennen, in denen Patente nach unterschiedlichen Grundsätzen ausgelegt wurden.
2. Patente entstanden durch Erteilung des Patentamts. Hierfür musste der Patentsuchende die Erfindung genau beschreiben. In den Anfangsjahren befasste sich das Reichsgericht mit der Auslegung unter einem einheitlichen Gesichtspunkt. Das Reichsgericht sah in der Patenterteilung eine Willenserklärung des Patentamtes. Nach dem Inkrafttreten des Patentgesetzes von 1877 wurde also den vom Anmelder und Patentamt abgegebenen Willenserklärungen bei der Patenterteilung die entscheidende Bedeutung beigemessen, sodass bei einem Patentverletzungsprozess diese Erklärungen im Patentanspruch und in den Erteilungsakten wie privatrechtliche Willenserklärungen nach allgemeinen Grundsätzen auszulegen waren. Ergänzend konnten Zeichnungen, Modelle und Vorgänge im Patenterteilungsverfahren Bedeutung erlangen. Der Richter im Verletzungsprozess war hieran gebunden.
   Nach Auffassung Ernst Hartigs war ein Schutz einzelner Teile von zusammengesetzten Erfindungen ohne eigenen Patentanspruch nicht möglich – dies erschwerte es vor allem bei komplexeren Erfindungen, einen umfassenden Schutz zu erlangen.

---

190 *Kirchhoff*, Patentauslegung und Rechtssicherheit, GRUR 1956, S. 458.

191 *Reimer*, Für Professor Dr. jur. Dr.-Ing. e.h. Fritz Lindenmaier zum 75. Geburtstag, GRUR 1956, S. 394.

192 *v. Falck*, Patentauslegung und Schutzumfang, 1991, S. 565; *Reimer*, PatG 1958, § 6 Anm. 6; *v. Heppe*, Patentverletzungen, 2007, S. 228, Rn. 296.

3. Der wirtschaftliche Wert einer Erfindung ergab sich aus der Anwendung des neuen technischen Gedankens, der in der Patentschrift offenbart worden war. Es zeigte sich aber, dass das Wesentliche der Erfindung im Zeitpunkt der Anmeldung oft nicht vollumständlich darstellbar war. Oft wurde etwas anderes als geschützt beansprucht als das, was im Patentanspruch Ausdruck gefunden hatte. Hierüber half sich die Rechtsprechung zunächst im Zuge einer Fortentwicklung der ersten Auslegungsgrundsätze unter Zuhilfenahme folgender Fiktionen hinweg: Es wurde vermutet, dass das Patentamt nichts schützen wolle, was nach dem objektiven Stand der Technik bekannt war, und andererseits habe der Patentanmelder alles anmelden wollen, was er nach dem objektiven Stand der Technik anmelden konnte. So wurde der Stand der Technik als Auslegungsmittel eingeführt.
4. Der Schutz sollte nach Herman Isay so weit reichen, wie die Erfindung selbst. Es war als Isays Verdienst anzusehen, dass er erstmalig mit begrifflicher Klarheit den Gegenstand der Erfindung und den Schutzumfang gegenüberstellte. Er etablierte das Auseinanderfallen der beiden Begriffe. Der Schutzumfang konnte mit dem Gegenstand der Erfindung gleichlaufend zu beurteilen sein, dies musste aber nicht für alle Fälle gelten. Der Schutzumfang war für Hermann Isay unabhängig vom Willen des Patentamtes im Wege der Auslegung zu ermitteln. Seine Auffassung ergibt sich aus folgenden Thesen:
   a) Der Patentanspruch formuliere nicht den Schutzumfang, sondern lediglich den Gegenstand der Erfindung.
   b) Die Art der Formulierung des Patentanspruches müsse sich dem Gegenstand anpassen. Die Sprachform der begrifflichen Definition sei als ungeeignet zu verwerfen. Dies entsprach auch den Ausführungen von Richard Wirth.
   c) Für die Auslegung der Patente, d.h. die Ermittlung des Schutzumfanges, empfahl Isay die nachfolgende Vorgehensweise:
      aa) Als Erstes sei der Erfindungsgedanke klarzustellen, wofür der Wille des Anmelders und des Patentamtes entscheidend war. Hierfür waren die Erteilungsakten heranzuziehen – insbesondere sofern darin Verzichte und Einschränkungen festgehalten wurden.
      bb) Für den Umfang des Schutzes blieben die Willenserklärungen des Anmelders und des Patentamtes unbeachtlich. Allein entscheidend waren die Bedeutung der Erfindung nach dem Stande der Technik und die Grundsätze über Äquivalenz und Übertragung. Die Auslegung des Patents solle so erfolgen, dass die Erfindung ihrer wahren Bedeutung nach geschützt werde. Eben diese Bedeutung der

Erfindung habe das Gericht selbstständig zu prüfen, und es habe keinen fiktiven Willen des Patentamtes zu ermitteln.

5. In der grundlegenden Koks-Löschrinnen-Entscheidung vom 9. Februar 1910 hob auch das Reichsgericht, unter Verweis auf Hermann Isays Vortrag „Wesen und Auslegung des Patentanspruchs“ von 1909 hervor, dass der Patentanspruch in erster Linie den Zweck habe, den Gegenstand der Erfindung für den Techniker möglichst genau zu bezeichnen, nicht aber den sich daraus ergebenden Patentschutz vollumfänglich abzugrenzen – dies war Aufgabe der späteren Auslegung. Nunmehr löste man sich von den Vorstellungen des Anmelders und des Patentamtes bei der Beurteilung des Schutzumfangs und maß der Bereicherung des Standes der Technik zum Zeitpunkt der Anmeldung die entscheidende Bedeutung bei. Unter Berufung auf Hermann Isay erkannte das Reichsgericht in dieser Entscheidung auch an, dass der Schutzbereich über den Gegenstand der Erfindung hinausgehen konnte. Es stellte fest, dass die Aufgabe des Erteilungsverfahrens und Zweck des Patentanspruchs lediglich seien, den Gegenstand der Erfindung möglichst genau zu bezeichnen. Mehr konnte und sollte das Patentamt nicht erfüllen, auch um das Patenterteilungsverfahren nicht unnötig zu verzögern.
6. Die zweite Phase der Patentrechtsprechung gilt als erfinderfreundlichste Periode, allerdings erweckte sie gleichzeitig ein Gefühl der Rechtsunsicherheit. Die Zweiteilungslehre gehörte über drei Jahrzehnte zu den Grundlagen der Patentauslegung und wurde erst im Jahre 1944 durch die Dreiteilungslehre abgelöst. Die von Lindenmaier geprägte Dreiteilungslehre unterschied dann den „unmittelbaren Gegenstand der Erfindung“, den „Gegenstand der Erfindung“ und den „allgemeinen Erfindungsgedanken“.

Kapitel 4: Patentagenten und Patentanwälte

Hermann Isay widmete einen Teil seines umfassenden Werkes zum Patentrecht den Interessenvertretern der Erfinder und Unternehmer: den Patentanwälten. Damit nahm er an der zu seinen Lebzeiten kontrovers geführten Diskussion über das angespannte Verhältnis zwischen Patentanwälten und Patentagenten teil. Zu fragen ist insbesondere nach Isays Auffassung zum neuen Berufsstand der Patentanwälte, des Näheren nach dessen Stellung, Aufgabe und Funktion in Hinblick auf den Erfinder- und Erfindungsschutz. Das zentrale Werk Isays zu dieser Thematik ist die 1931 veröffentlichte Monographie „Der Kampf um die wissenschaftlichen Grundlagen der Patentanwaltschaft", mit der er Partei zugunsten akademisch ausgebildeter Patentanwälte ergriff und sich eindeutig gegen Patentagenten wandte.

Als Hintergrund für die Parteinahme zugunsten der Patentanwälte ist Isays Verständnis von der Wechselwirkung von Wirtschaft und Recht zu betrachten: Die Leistungsfähigkeit der Wirtschaft hängt, so die Auffassung Isays, in rohstoffarmen Ländern wie Deutschland von technisch-innovativen Kräften, vor allem also von Erfindern ab. Dies galt umso mehr in den wirtschaftlich instabilen Zeiten der Weimarer Republik, die unter anderem durch die Kriegswirtschaft, die Inflation und die Weltwirtschaftskrise geprägt wurden.

Hermann Isay sah als einzige Möglichkeit, um die krisengeschüttelte Volkswirtschaft der Weimarer Republik wieder aufbauen zu können, die Rückeroberung des Absatzes im Ausland an.[1] Wichtigstes und am besten für den Export ins Ausland geeignetes deutsches Wirtschaftsgut seien die Ergebnisse deutschen technischen Schaffens.[2] Folglich versuchte er, die rechtlichen Grundlagen dafür zu verbessern, um die Ressource Innovation nicht nur zu fördern, sondern auch um sie optimal nutzen zu können. Hierzu war aber nach Auffassung Isays nicht nur ein starker Patentschutz nötig, sondern es bedurfte auch fachlich und moralisch kompetenter Personen, um diesen Schutz überhaupt erreichen zu können.

Der neue Beruf des Patentanwalts, der zum einen den Interessen der Erfinder und Industrie, zum anderen dem Allgemeininteresse gerecht werden sollte, bildete sich zu Lebzeiten Isays erst heraus. Dementsprechend waren zahlreiche

---

1 *Isay,* Wirtschaftskrise und gewerblicher Rechtsschutz, S. 21 f.

2 Ebd., S. 21.

Grundfragen noch ungeklärt oder gar umstritten, angefangen bei den fachlichen und moralischen Qualifikationen über Stellung und Funktion bis hin zu dem Verhältnis zu den Konkurrenten, nämlich den Patentagenten. Ein Hauptanliegen Isays bestand darin, Aufgaben und Funktionen des neuen Berufs der Patentanwälte in Hinblick auf den von ihm geforderten starken Erfinderschutzes herauszuarbeiten.

Nach Eduard Reimer verband Isay mit der Patentanwaltschaft, einem der Rechtsanwaltschaft nahem Berufszweig, eine gewisse Freundschaft, sodass er deren Interessen mit besonderer Freude wahrgenommen habe.[3] Auch der Patentanwalt Armand Mestern beschrieb Isays Verhältnis zur Patentanwaltschaft. Er widmete seine Schrift „Der Patentanwalt" Hermann Isay und in seinem Vorwort findet sich folgende Passage:

> „Ganz besonderen Dank schuldet die Patentanwaltschaft ihrem unermüdlichen Vorkämpfer und Förderer, Herrn Professor Dr. Hermann Isay, der erst kürzlich in seiner Schrift ‚Der Kampf um die wissenschaftlichen Grundlagen der Patentanwaltschaft' aufs wärmste für sie eingetreten ist."[4]

Hermann Isay selbst betonte stets, dass Rechtsanwaltschaft und Patentanwaltschaft ein und derselben Wurzel entsprängen, dass ihre Aufgabe und ihre Stellung im Staats- und Rechtsleben dieselbe seien.[5]

An den Beruf der Patentanwälte insgesamt und an jeden einzelnen Patentanwalt stellten Isay und viele andere hohe fachliche und moralische Anforderungen. Die zu bewältigenden Aufgaben waren komplex und die Erwartungen gegenüber dem Beruf waren groß. Wurden diese Erwartungen nicht erfüllt, waren wirtschaftliche und ideelle Verluste sowohl des einzelnen Erfinders als auch der Allgemeinheit die Folge. Dass sich die Patentanwälte den Anforderungen ihres Berufes bewusst waren, zeigt ein Zitat aus einer Fachzeitschrift:

> „Kein Beruf erfordert mehr Gewandtheit und Gewissenhaftigkeit, mehr Fachkenntnis und Erfahrung als der des Patentanwalts. Außer, daß man unbedingte Zuverlässigkeit von ihm verlangt, müßte er eigentlich gleichzeitig Jurist, Naturforscher, Chemiker, Ingenieur, Electriker und vieles Andere sein, was wir hier nicht aufzählen können. Sein Beruf verlangt in der Tat mehr Wissen als einem Menschen gegeben ist zu besitzen, so daß der Patentanwalt, welcher seinem Klienten gerecht werden will, neben anderen Eigenschaften auch ein gesundes Urtheil haben und fähig sein muß, die Kenntnisse Anderer mit Vortheil zu benützen, welche vielleicht in besonderen Zweigen der Gewebe

---

3 *Reimer*, Hermann Isay, GRUR 1948, S. 59.

4 *Mestern*, Der Patentanwalt, 1932, S. V.

5 *Isay*, Rechtsanwaltschaft und Patentanwaltschaft, MittDPatAnw 1907, S. 35.

mehr Erfahrung haben als er selbst. Wenn es ihm mißlingt, das eigentliche Wesen einer Erfindung zu erfassen oder sie wirkungsvoll in einer Specification darzulegen, so kann dem Erfinder daraus ein unberechenbarer Verlust erwachsen, ebenso wie durch Nachlässigkeit oder Unredlichkeit. Das sind sehr wichtige Erwägungen, wenn man daran denkt, daß die Interessen, welche jährlich von Erfindern und Anderen den Patentanwalten anvertraut werden, eine enorme Summe repräsentieren.“[6]

Hermann Isays hohe Meinung über den Stand der Patentanwälte war jedoch nicht unumstritten. Es bestand auch die Auffassung, dem Beruf des Patentanwalts die Notwendigkeit und somit die Existenzberechtigung abzusprechen.[7]

Im Folgenden ist zunächst auf den Begriff des Patentanwalts einzugehen, um eine Abgrenzung zwischen Patentagenten und Patentanwälten zu ermöglichen (I.). Sodann werden die Entstehungsgeschichte des Gesetzes betreffend die Patentanwälte von 1900[8] und die von den Zeitgenossen wahrgenommenen Missstände innerhalb des neuen Berufes untersucht (II.). Im Anschluss daran sind die wirtschaftlichen und gesetzgeberischen Grundlagen der Entstehung des Berufes und Hermann Isays Beitrag dazu zu erörtern. Vor allem ist auf die Frage einzugehen, ob der Patentanwalt als Organ der Rechtspflege angesehen wurde (III.), ob das Erfordernis einer wissenschaftlichen Ausbildung von Patentanwälten geboten war (IV.), und schließlich, ob die Gewerbeordnung auf die Verhältnisse der Patentanwälte anwendbar war (V.).

I. Der Begriff des Patentanwalts

Der Begriff *Patentanwalt* war vor 1900 zwar gebräuchlich, aber nicht geschützt.[9] Es waren an ihn keinerlei inhaltlich allgemein geltende Voraussetzungen geknüpft. Das Spektrum an Bezeichnungen für Personen, die berufsmäßig die Interessen von Erfindern und Verwertern wahrten, reichte von Patentanwälten über Patentagenten, Patentsachwalter und Patentingenieure bis hin zu Patentberatern, Zivilagenten und Patentbüros. Insbesondere der Begriff Patentanwalt wurde gerne verwendet. Damit konnte man sich die Assoziation des rechtsuchenden Publikums nutzbar machen, das geneigt war, mit dem Wortbestandteil

6 *Anonym,* Patent-Anwalte, Der Patent-Anwalt 1886, S. 1458 f.

7 Vgl. *Anonym,* Erste Lesung im Plenum des Reichstages, hier: Ausführungen des Abgeordneter Stadthagen, in: Das Reichsgesetz betreffend die Patentanwälte, 1900, S. 65 f.; Beratung und Vertretung auf dem Gebiete des gewerblichen Rechtsschutzes, 1925, S. 28 f.

8 Vgl. Gesetz, betreffend die Patentanwälte. Vom 21. Mai 1900, RGBl. S. 233 ff.

9 *Rücker,* Rechtsberatung, 2007, S. 78.

„Anwalt" eine gewisse Legitimation dieser Tätigkeit von Gesetzes wegen zu erwarten.[10] Die Verwendung des Bestandteils „Anwalt" suggerierte insbesondere uninformierten Kreisen das Vorhandensein einer gewissen fachlichen Kompetenz ähnlich der des Rechtsanwalts.

Die Unsicherheit bezüglich der verwendeten Berufsbezeichnungen sollte mit dem Gesetz betreffend die Patentanwälte vom 21.5.1900[11] beseitigt werden. Nunmehr gab es innerhalb der an Vorbildung und Berufsauffassung inhomogenen Gruppe der gewerblichen Rechtsberater einen gesetzlich legitimierten Beruf des Patentanwalts. Die Bezeichnung „Patentanwalt" durfte fortan nur noch derjenige tragen, der in die Liste der Patentanwälte eingetragen war, die hierzu erforderlichen technischen und rechtlichen Kenntnisse nachweisen konnte (vgl. §§ 1–4 PatAnwG 1900) und einen gewissen moralischen Standard erfüllte (vgl. § 5 PatAnwG 1900). Wird im Folgenden die Bezeichnung *Patentanwalt* gebraucht, so sind darunter nur diejenigen Patentsachwalter zu verstehen, die den Anforderungen der §§ 1–5 PatAnwG 1900 genügten. Für die übrigen Patentsachwalter bestand angesichts deren Inhomogenität kein einheitlicher Begriff.

Neben den Patentanwälten gab es also weiterhin andere gewerbliche Rechtsberater in Patentsachen. Ein Vertretungsmonopol zugunsten der Patentanwälte bestand zunächst nicht. Nach Josef Kohler waren Patentanwälte im weitesten Sinne Personen, welche die Vertretung anderer bei dem Patentamt zu ihrem Beruf machten. Patentanwälte im gesetzlichen Sinne seien aber nur solche Personen, die sich die Vertretung von Erfindern, und zwar die Vertretung vor dem Patentamt, rechtmäßig zu ihrem Berufe machten.[12] Unter die erste Definition ließen sich also auch Patentagenten subsumieren, allein die Patentanwälte genügten aber der zweiten Definition.

Wann der Begriff *Patentanwalt* das erste Mal benutzt wurde, soll mit Rücksicht auf die Zielsetzung dieser Arbeit nicht im Einzelnen erörtert werden. Üblich war der Begriff offensichtlich bereits 1879, da ab diesem Jahre die von Franz Wirth herausgegebene Zeitschrift *Der Patentanwalt* erschien. Wirth & Co., die ihre Kanzlei bereits 1856 gegründet hatten,[13] bezeichneten sich selbst in dieser Zeitschrift als die ältesten „Patentanwalte" im Deutschen Reich.[14] Allerdings soll

10 *Calé*, Rechtsanwaltschaft und Patentanwaltschaft, MittDPatAnw 1930, S. 208.

11 Gesetz, betreffend die Patentanwälte. Vom 21. Mai 1900, RGBl. S. 233 ff.

12 *Kohler*, Handbuch des Deutschen Patentrechts, S. 690.

13 *Mestern*, Zum 30-jährigen Bestehen des Patentanwaltsgesetzes, S. 211.

14 Ebd., S. 211; *Anonym*, Die Patentanwalte und ihre Aufgabe, Der Patent-Anwalt 1891, S. 2575.

Julius Heinrich Ferdinand Prillwitz, der in Berlin bereits am 1. Oktober 1844 ein Patentbüro gegründet hatte, in den Akten des Patentamtes eine Notiz hinterlassen haben, dass sein Büro das viertälteste Patentbüro der Welt sei.[15]

II. Der Weg zum Patentanwaltsgesetz von 1900

Will man Isays Forderung nach einem der Rechtsanwaltschaft nachgebildeten und somit an Vorbildung und Standesehre entsprechenden Stand von Patentanwälten verstehen, so sind der rechtsgeschichtliche Kontext, der legislative Hintergrund, die Rechtsprechung und die zeitgenössische Literatur zu berücksichtigen.

1. Wachsende Nachfrage an Rechtsberatern in Patentsachen

Der wichtigste Faktor für die Entstehung des neuen Berufs der Patentanwälte war, mit der steigenden Nachfrage des patentsuchenden Publikums, die fortschreitende gesetzgeberische Tätigkeit auf dem Gebiet des gewerblichen Rechtsschutzes, sowohl auf nationaler als auch auf internationaler Ebene. Nachdem in anderen Ländern wie Großbritannien und den USA die Gesetzgebung zu geistigem Eigentum bereits früher eingesetzt hatte, begann im Deutschen Reich die Gesetzgebungstätigkeit in diesem Bereich im Jahr 1871.

Hervorzuheben sind die Verabschiedung des Markenschutzgesetzes von 1874, des Geschmacksmustergesetzes von 1876 und die Ablösung der einzelstaatlichen patentrechtlichen Regelungen durch das Patentgesetz von 1877. Infolgedessen wurde das Reichspatentamt im Mai 1877 als technische Prüfbehörde gegründet. Das Gesetz zum Schutz von Gebrauchsmustern wurde am 1. Juni 1891 erlassen, gefolgt vom Gesetz zum Schutz der Warenbezeichnungen vom 12. Mai 1894.

Die Gesetzgebung wurde bedingt und gefördert durch den technischen und innovativen Aufschwung, die fortschreitende Industrialisierung und das daran anknüpfende wirtschaftliche Potential. Hieraus erwuchs gleichzeitig das Bedürfnis von Erfindern und Verwertern, ihre ideellen und wirtschaftlichen Interessen sachgerecht zu wahren.[16] Dementsprechend stieg die Nachfrage an Interessenvertretern in Patentsachen. Infolge der zunehmenden Technisierung aller Lebensbereiche wuchsen das Interesse und die Begeisterung an Technik und Naturwissenschaft und folglich auch die Zahl der in allen Bevölkerungsschichten gemachten Erfindungen, angefangen bei dem kleinen Tüftler bis hin zur Großindustrie. Die Möglichkeiten, die das Patentgesetz bot, wollte man

---

15 *Mestern,* Zum 30-jährigen Bestehen des Patentanwaltsgesetzes, S. 211.

16 *Calé,* Rechtsanwaltschaft und Patentanwaltschaft, MittDPatAnw 1930, S. 207.

möglichst ausnutzen, und hierfür benötigte man einen Sachwalter. Somit waren nach den Ausführungen des Reichsministeriums des Inneren günstige Existenzbedingungen sowohl für Patentsachwalter im Allgemeinen als auch für Patentagenten ohne jede Vorbildung gegeben.[17]

Aufgrund der veränderten Rahmenbedingungen benötigten Erfinder und Verwerter gleichermaßen kompetente Personen, die sich sowohl mit juristischen Fragen – wie zum Beispiel der Patentanmeldung und -verwertung im In- und Ausland – befassten, als auch mit wirtschaftlichen, technischen und naturwissenschaftlichen Problemen umgehen konnten. Hierzu standen neben den Rechtsanwälten auch sonstige gewerbliche Rechtsberater zur Verfügung, die, wie bereits dargestellt, unterschiedliche Berufsbezeichnungen wählten.

Aufgrund der Nachfrage auf dem neuen, rapide anwachsenden Markt für Erfinder, die den Schutz ihrer Interessen suchten, entstand folglich der neue Beruf des Rechtsberaters in Patentsachen, dessen Besonderheit darin bestand, als Schnittstelle zwischen Technik und Naturwissenschaften einerseits und Recht andererseits zu fungieren. In dieser Schnittstellenfunktion bestand der Unterschied zu Rechtsanwälten, die nicht über einen technischen beziehungsweise naturwissenschaftlichen Hintergrund verfügen mussten.

Die folgende Statistik, die das Reichsministerium des Inneren im Jahre 1913 veröffentlichte, zeigt die wachsende Zahl der gewerblicher Rechtsberater in Patentsachen, wobei zwischen Patentanwälten und Patentagenten unterschieden wird. Im Jahre 1899 waren insgesamt 255 Patentsachwalter tätig. Eine Differenzierung zwischen Patentagenten und Patentanwälten war zu diesem Zeitpunkt aufgrund der fehlenden gesetzlichen Reglementierung dieses Berufes noch nicht möglich. Seit 1901, also ein Jahr nach Erlass des Patentanwaltsgesetzes, differenziert die Statistik zwischen Patentanwälten und Patentagenten. Die Zahl der Patentanwälte verdoppelte sich von 1901 bis 1912 nahezu. Diese Zunahme ist aber weitaus geringer als die Zunahme der Zahl der tätigen Patentagenten. Sie stieg von 169 im Jahre 1901 auf 600 im Jahre 1912 an, also auf mehr als das Dreifache.

Das Reichsministerium des Inneren veröffentlichte folgende Übersicht über die Zunahme der Patentanwälte und der Patentagenten in den Jahren 1899 bis 1912:[18]

---

17 Denkschrift über die Auswüchse des Patentagententums, 1913, S. 4 f.

18 Die Statistik ist folgender Publikation entnommen: Denkschrift über die Auswüchse des Patentagententums, 1913, S. 22. *Carl Wiegand* veröffentlichte 1927 in seiner Schrift „Die Entwicklung der deutschen Patentanwaltschaft“, MittDPatAnw 1927, SNr. S. 32, folgende Statistik über die Zunahme der Patentanwälte:

Jahr	Patentanwälte insgesamt	Patentagenten in Deutschland	Patentagenten in Groß-Berlin
1899	Insgesamt 255 Patentvertreter		83
1901	145	169	50
1902	228	161	41
1903	235	152	31
1904	238	138	37
1905	237	182	63
1906	237	237	64
1907	243	269	65
1908	252	247	52
1909	256	282	73
1910	269	411	127
1911	270	502	130
1912	288	600	130

2. Die Entstehung des Patentanwaltsgesetzes

Zunächst handelte es sich bei gewerblichen Rechtsberatern in Patentsachen um eine inhomogene Gruppe. Personen mit ganz unterschiedlichen Bildungswegen, Fähigkeiten und Motiven konnten diesen Beruf ergreifen. Dies führte zu Problemen zum einen hinsichtlich der Qualität der Leistungen, zum anderen hinsichtlich der Integrität der Interessenvertreter. Berufszugangsvoraussetzungen und Kontrollen waren kaum vorhanden, denn spezifische gesetzliche Regelung hinsichtlich der Rechtsberater in Patentsachen gab es bis zur Schaffung des Patentanwaltsgesetzes nicht. Sie wurden als Gewerbetreibende behandelt und für sie galt § 35 der Gewerbeordnung vom 21. Juli 1869. Nach § 35 GewO unterlag

Jahr	Patentanwälte
1902	228
1903	256
1909	269
1913	288
1926	276

Die von Carl Wiegand veröffentlichten Zahlen weichen nur unwesentlich von den vom Reichsministerium des Inneren veröffentlichten Zahlen ab, sodass angenommen werden kann, dass die tatsächliche Zahl der Patentvertreter in dieser Größenskala anzusiedeln ist.

der Gewerbebetrieb dem Anmeldezwang und konnte im Falle nachgewiesener Unzuverlässigkeit durch die zuständige Behörden untersagt werden.[19]

Die gewerbsmäßige Besorgung fremder Rechtsangelegenheiten war der landespolizeilichen Aufsicht unterstellt. Die dadurch gegebene Kontrollmöglichkeit wurde jedoch als unzureichend empfunden.[20] Auch war eine Umgehung möglich, indem man beispielsweise das Gewerbe freiwillig aufgab, um es in einer anderen Stadt oder unter anderem Namen erneut zu betreiben.[21] Des Weiteren fand die Regelung aufgrund ihrer Ultima-Ratio-Wirkung nur selten Anwendung. Seligsohn kritisierte dies scharf und forderte einen abgestuften Sanktionskatalog für berufliche Vergehen von Patentanwälten, unter anderem durch Einführung eines Verweises, einer Geldstrafe, der zeitweiligen Suspension bis hin zur Ausschließung aus der Patentanwaltschaft.[22]

Ein gleichmäßiger Standard der Leistungserbringung der gewerblichen Rechtsberater auf dem Gebiet des Patentrechts konnte daher, wie man meinte, allein mit den Mitteln, die die Gewerbeordnung zur Verfügung stellte, nicht gewährleistet werden.[23] Zudem fürchtete man angesichts der Gefahr, dass auch nicht qualifizierte Personen das Gewerbe ausübten, um die Reputation der Patentagenten.[24]

---

19 Gewerbeordnung für das Deutsche Reich (vgl. Gesetz vom 30. Juni 1900; RGBl. S. 321): „§ 35 GewO

[I.] Die Erteilung von Tanz-, Turn- und Schwimmunterricht als Gewerbe, sowie den Betrieb von Badeanstalten ist zu untersagen, wenn Thatsachen vorliegen, welche die Unzuverlässigkeit des Gewerbetreibenden in Bezug auf diesen Gewerbebetrieb darthun. […]

[III.] Dasselbe gilt von der gewerbsmässigen Besorgung fremder Rechtsangelegenheiten und bei Behörden wahrzunehmender Geschäfte, insbesondere der Abfassung der darauf bezüglichen schriftlichen Aufsätze, von der gewerbsmäßigen Auskunfterteilung über Vermögensverhältnisse oder persönliche Angelegenheiten […].

[VI.] Personen, welche die in diesem Paragraph bezeichneten Gewerbe beginnen, haben bei Eröffnung ihres Gewerbebetriebes der zuständigen Behörde hiervon Anzeige zu machen."

20 So z.B. Denkschrift über die Auswüchse des Patentagententums, 1913, S. 17.

21 Denkschrift über die Auswüchse des Patentagententums, 1913, S. 17.

22 *Seligsohn,* Die Rechtsstellung der Patentanwälte, GRUR 1897, S. 122.

23 So z.B. *Mestern,* Der Patentanwalt, 1932, S. 8; Denkschrift über die Auswüchse des Patentagententums, 1913, S. 17.

24 *Bayer,* Der Patentanwalt, 2002, S. 6.

1879 wurde, unter anderem um diesen Missständen entgegenzutreten, der *Verein deutscher Patentanwalte* gegründet.[25] Dieser beabsichtigte insbesondere, das „Patentwesen zu fördern, den Stand der Patentanwälte zu heben, dem Publikum Garantien für die Qualifikation seiner Vertreter, die korrekte Wahrnehmung seiner Patentinteressen zu bieten".[26]

Am 3. Mai 1881 reichte der Verein eine Petition an den Reichstag ein, mit der Forderung der Nichtanwendbarkeit des § 35 GewO auf Patentanwälte, nach Regelung des Standes der Patentanwälte durch eine Patentanwaltsordnung und nach Einführung eines „Ehrenrathes".[27] Bekräftigt wurden diese Forderungen durch die Einreichung eines Entwurfes einer Patentanwaltsordnung, die an die Reichsrechtsanwaltsordnung angelehnt war.[28] Der Entwurf sah unter anderem vor, dass eine vom Patentamt gestellte Prüfung bestanden, eine praktische Ausbildung von fünf Jahren absolviert und ein Amtseid auf die gewissenhafte Erfüllung der Pflichten geleistet werden mussten.[29] Zu Beginn zählte der Verein lediglich etwa 20 Mitglieder.[30] Dann wuchs das Interesse der Patentanwälte an diesem Verein, jedenfalls stieg die Nachfrage nach einer gemeinschaftlichen Organisation, als bekannt wurde, dass die Reichsregierung den Erlass eines Patentanwaltsgesetzes anstrebte. Am 10. Mai 1899 wurde deshalb der Verband Deutscher Patentanwälte gegründet, in dem der Verein Deutscher Patentanwälte aufging.[31] Neben zahlreichen anderen Tätigkeiten richtete der Verband

---

25 *Bayer,* Der Patentanwalt, 2002, S. 6, Bayer geht von der Gründung des Vereins im Jahr 1879 aus, siehe *Bayer,* Der Patentanwalt, 2002, S. 6 Fn 25: „Dies belegt eine Anzeige von C. Kessler, in der er sich als Mitglied des Vereins deutscher Patentanwalte bezeichnet, in Patent-Anwalt 1879, S. 100"; Nach der Ansicht von Armand Mestern allerdings war die Gründung erst im Jahre 1880: siehe *Mestern,* Der Patentanwalt, 1932, S. 9; *Mestern,* Zum 30-jährigen Bestehen des Patentanwaltsgesetzes, MittDPatAnw 1930, S. 212.

26 *Damme,* Das Reichsgesetz betreffend die Patentanwälte, 1900, S. 16.

27 *Bayer,* Der Patentanwalt, 2002, S. 7; *Mestern,* Zum 30-jährigen Bestehen des Patentanwaltsgesetzes, MittDPatAnw 1930, S. 212; *Wiegand,* Die Entwicklung der deutschen Patentanwaltschaft, MittDPatAnw 1927, SNr. S. 27; *Anonym,* Zur Stellung der Patentanwälte, Der Patent-Anwalt 1881, S. 567 ff; *Anonym,* Patent-Anwalt-Ordnung, Der Patent-Anwalt 1882, S. 813

28 *Bayer,* Der Patentanwalt, 2002, S. 7 f.; *Anonym,* Patent-Anwalt-Ordnung, Der Patent-Anwalt 1882, S. 813 f.

29 *Bayer,* Der Patenanwalt, 2002, S. 8; *Anonym,* Patent-Anwalt-Ordnung, Der Patent-Anwalt 1882, S. 813.

30 *Mestern,* Zum 30-jährigen Bestehen des Patentanwaltsgesetzes, MittDPatAnw 1930, S. 212.

31 *Anonym,* Allgemeines, Verband Deutscher Patentanwälte, Bl.f.PMZ 1899, S. 235.

Deutscher Patentanwälte eine unentgeltliche Auskunftsstelle für Ratsuchende in einem vom Patentamt zur Verfügung gestellten Dienstgebäude ein.[32]

Als weitere, wenn auch zahlenmäßig kleinere Organisation ist die Wirtschaftliche Vereinigung Reichsdeutscher Patentanwälte zu nennen, die sich von dem Verband Deutscher Patentanwälte im Wesentlichen dadurch unterschied, dass sie für die Zulässigkeit von Reklame für Patentanwälte eintrat.[33] Ferner schlossen sich im Jahre 1905 die Patentagenten zum Verband Deutscher Patentbüros zusammen, mit dem Ziel, sich von nicht ausreichend qualifizierten Patentagenten abzugrenzen, und um die Gleichstellung mit den Patentanwälten zu erreichen. Im Jahre 1924 wurde der Verband Deutscher Patentbüros in den Verband Beratender Patentingenieure umbenannt.[34]

Das Patentgesetz von 1877 stellte keine besonderen Anforderungen an die Personen, die Erfinder vertraten. Ein einheitlicher Beruf konnte sich zunächst nicht bilden. Es wurde zwar nicht verkannt, dass unqualifizierte Vertreter nicht nur den Erfinder schädigen konnten. Ein Schaden würde durch diese auch der Allgemeinheit insgesamt zugefügt, denn sobald sich in der Gesellschaft Misstrauen gegen diesen Berufszweig ausgebildet habe, bestehe die Gefahr, dass Erfindungen nicht mehr der Öffentlichkeit durch Hinterlegung beim Patentamt zugänglich gemacht, sondern unter den Schutz des Fabrikgeheimnisses gestellt würden.[35] Einer der wichtigsten Gründe für die Regelung des Patentgesetzes, nämlich die Förderung des Fortschritts der Wirtschaft durch Offenlegung der Erfindungen, werde so ad absurdum geführt.

Bei der Mitte der achtziger Jahre des 19. Jahrhunderts. eingeleiteten Revision des Patentgesetzes[36] wurde erneut diskutiert, ob es einer Organisation der Sachwalter der Erfinder und Unternehmer beim patentamtlichen Anmelde- und Erteilungsverfahren bedürfe, sei es im Gesetz oder in einer Ausführungsverordnung geregelt.[37] Der Vorschlag stieß auf Zustimmung, da die Notwendigkeit eines gleichwertigen Gegenspielers zum Patentamt anerkannt wurde. Das Fehlen von Qualifikationsvoraussetzungen berge zudem die Gefahr, dass unqualifizierte Vertreter den Beruf ergreifen würden. Die Anwendung der Gewerbeordnung

---

32 *Wiegand,* Die Entwicklung der deutschen Patentanwaltschaft, MittDPatAnw 1927, SNR. S. 34.

33 Ebd., S. 32.

34 *Rücker,* Rechtsberatung, 2007, S. 80.

35 *Damme,* Das Reichsgesetz betreffend die Patentanwälte, 1900, S. 20.

36 Das Reichsgesetz betreffend die Patentanwälte, 1900, S. 15.

37 Ebd., S. 15.

jedenfalls stelle kein geeignetes Mittel dar, um eine schnelle und sachgerechte Abhilfe von Missständen zu erreichen.[38] Jedoch hoffte man auf eine allmähliche Hebung des Standes aus eigener Kraft und sah daher zunächst von einer gesetzlichen Regelung ab.[39] Ähnlich war das Ergebnis des Berichts der Patent-Enquete-Kommission von 1886 zusammenzufassen, welche die Organisation des Patentanwaltsstandes zwar als wünschenswert bewertete, aber darüber, wie dies zu erfolgen habe, keine Aussagen machte.[40]

Ein in den ersten Entwürfen zur Patentgesetznovelle vom 7. April 1891 enthaltener Vorschlag, der das Patentamt mit der Befugnis versehen wollte, nicht geeignete Vertreter vom Verkehr mit der Behörde auszuschließen, wurde jedoch verworfen.[41]

3. Das Patentanwaltsgesetz vom 21. Mai 1900

Nachdem bereits unter anderem in den USA, in Großbritannien, Österreich, Ungarn und in der Schweiz eine Regelung des Patentanwaltswesens erfolgt war, war ein legislatorischer Akt im Deutschen Reich absehbar.[42] Dementsprechend wurde dem Bundesrat am 17. Februar 1899 ein Gesetzesentwurf vorgelegt.[43] Der Entwurf stieß jedoch auf Widerstand, da er auf jeglichen Befähigungsnachweis für die in die Liste der Patentanwälte einzutragenden Personen verzichtete.[44] Zudem wurde die Prüfung der Qualifikationen erst für notwendig angesehen, wenn entsprechende Mängel gerügt wurden und ein Berufsausschlussverfahren eröffnet wurde.[45] Die Enttäuschung der Patentanwälte über diesen Entwurf brachte der Verband Deutscher Patentanwälte deutlich zum Ausdruck:

> „Dieser Entwurf eines Patentanwaltsgesetzes [...] wollte eine Organisation von Patentanwälten schaffen, welche zurückgeblieben wäre hinter allen Ständen, welche akademische und praktische Vorbildung und Prüfung verlangen, und die namentlich sich nicht neben die Rechtsanwälte hätten stellen dürfen.“[46]

38 Das Reichsgesetz betreffend die Patentanwälte, 1900, S. 15 f.

39 Ebd., S. 17.

40 *Seligsohn,* Die Rechtsstellung der Patentanwälte, GRUR 1897, S. 120.

41 *Bayer,* Der Patentanwalt, 2002, S. 9 f.

42 *Damme,* Das Reichsgesetz betreffend die Patentanwälte, 1900, S. 22–25.

43 Ebd., S. 26.

44 *Mestern,* Der Patentanwalt, S. 11; *Mintz,* Der Entwurf eines Gesetzes betreffend die Patentanwälte, GRUR 1899, S. 98.

45 *Wiegand,* Die Entwicklung der deutschen Patentanwaltschaft, MittDPatAnw 1927, SNr. S. 28.

46 Zitiert nach: *Mestern,* Der Patentanwalt, 1932, S. 11.

Ein Arbeitsausschuss wurde eingesetzt. Am 29. Dezember 1899 konnte dem Reichstag ein revidierter Gesetzesentwurf vorgelegt werden, in dem unter anderem ein technischer und rechtlicher Befähigungsnachweis für die Zulassung zum Beruf des Patentanwalts vorgesehen war.[47] Das Gesetz betreffend die Patentanwälte wurde am 21. Mai 1900 von Kaiser Wilhelm II. vollzogen und trat am 1. Oktober 1900 in Kraft.[48]

Die Notwendigkeit für eine gesetzliche Regelung des Berufs des Patentanwalts wurde bis zum Erlass des Patentanwaltsgesetzes kontrovers diskutiert. Zum Teil sah man kein Bedürfnis für eine solche Regelung, da entweder die Erfinder und Ingenieure selbst den Verstand besäßen, ihre Interessen zu vertreten, oder das Patentamt selbst den Erfindern, insbesondere bedürftigen Erfindern, den gewünschten Rat erteilen konnte. Nach Auffassung des Abgeordneten Stadthagen in der ersten Lesung im Reichstag am 16. Januar 1900 würde ein Gesetz betreffend die Patentanwälte nur einen neuen Stand privilegierter Wohlhabender schaffen.[49] Erstens könnten diesen Berufszweig nur wohlhabende Personen ergreifen, da arme Studierende den vom Gesetz vorgesehenen langen Ausbildungsweg finanziell nicht bestreiten könnten. Zweitens diene der sowieso schon privilegierte neue Stand der Ausbeutung armer Erfinder, die sich nicht selbst vertreten könnten. Da der Schutzzweck des beabsichtigten Gesetzes der Schutz von Erfindern sei, müsse dies statt der Einschaltung eines Mittelsmannes besser dadurch erfolgen, dass direkt beim Patentamt eine Behörde eingerichtet werde, die unentgeltlich oder gegen geringe Gebühr adäquat Auskunft erteile.[50]

Mehrheitlich bejahte man jedoch die Frage nach dem *Ob* einer solchen Regelung, was aber die Frage nach dem *Wie* nach sich zog. So wurde insbesondere das Erfordernis der wissenschaftlichen Ausbildung zu einer Frage, an der sich die Geister schieden. Exemplarisch ist auf den Verband Beratender Patentingenieure zu verweisen, dessen Vorstand im Jahre 1925 in seiner Denkschrift „Beratung und Vertretung auf dem Gebiete des gewerblichen Rechtsschutzes“ seine Vorstellungen bezüglich einer notwendigen Neugestaltung der Verhältnisse auf dem Gebiet der Patentberatung darstellte, die in Form der Herabsetzung der geforderten Zulassungsvoraussetzungen erfolgen sollte.

Festzuhalten bleibt, dass durch das Gesetz betreffend die Patentanwälte vom 21. Mai 1900 erstmals eine durch den Gesetzeswortlaut festgelegte

---

47 *Mestern,* Der Patentanwalt, 1932, S. 11.

48 Gesetz, betreffend die Patentanwälte. Vom 21. Mai 1900, RGBl. S. 233 ff.

49 Das Reichsgesetz betreffend die Patentanwälte, 1900, S. 65.

50 Ebd., S. 66.

Differenzierung von Patenanwälten und Patenagenten vorgenommen wurde. Das Gesetz reglementierte unter anderem den Erwerb und den Schutz der Bezeichnung „Patentanwalt", denn Patentanwalt war ab diesem Zeitpunkt nur, wer in die entsprechende Liste beim Patentamt eingetragen war und die hierfür im Gesetz vorgesehenen Voraussetzungen erfüllte. Hierzu gehörten unter anderem die technisch-wissenschaftliche und die juristische Ausbildung. Den Beruf des Patenagenten hingegen konnte jeder ergreifen, der sich dazu, aus welchen Motiven auch immer, berufen fühlte.

Der vorrangige Zweck des Gesetzes betreffend die Patentanwälte vom 21. Mai 1900 war aber nicht die Schaffung einer Standesordnung, die derjenigen der Rechtsanwälte entsprach. Insoweit lässt sich der Begründung des Entwurfs Folgendes entnehmen:

> „Für die Nächstbeteiligten [die Patentanwälte] mag hierbei die irrige Annahme mitbestimmend gewesen sein, als ob eine Art Standesordnung geschaffen werden solle; [...] Erwägungen dieser Art können nun zwar nicht den Ausschlag geben. Denn es handelt sich allein darum, dem Publikum, welches bei der Nachsuchung des gewerblichen Rechtsschutzes auf die Hülfe berufsmäßiger Vertreter angewiesen ist, die Möglichkeit zu bieten, die Auswahl auf Personen zu lenken, welche auf technisch gewerblichem und auf juristischem Gebiete das zur zweckentsprechenden Wahrnehmung fremder Interessen vor dem Patentamt erforderliche Maß von Kenntnissen und Erfahrungen besitzen."[51]

Inhaltlich lehnte sich das Gesetz an die Reichsrechtsanwaltsordnung von 1878 an. Nach Felix Damme handelte es sich bei dem Gesetz nicht um die endgültige Ordnung eines bisher ungeordneten Rechtsstoffes, sondern um eine vorläufige Maßnahme, deren Durchführung eine bessere Regelung vorbereiten sollte.[52] Das Gesetz versuche, durch staatliche Reglementierung den bestehenden Verhältnissen bestmöglich gerecht zu werden[53], mit dem Wissen, dass es eine Übergangszeit benötigte, in der sich der Patentanwaltsstand festigen konnte, sodass im Anschluss daran die Selbstverwaltung durch eine Patentanwaltskammer, entsprechend der der Rechtsanwälte, erfolgen könnte.

Obwohl der damalige Präsident des Reichspatentamtes, Friedrich von Specht, bereits im Jahre 1924 anlässlich des 25-jährigen Bestehens des Verbandes Deutscher Patentanwälte verdeutlichte, dass dem nunmehr innerlich gefestigten, freien Berufsstand wissenschaftlichen Charakters die Selbstverwaltung und der Charakter der öffentlich-rechtlichen juristischen Person nicht mehr länger

---

51 Das Reichsgesetz betreffend die Patentanwälte, 1900, S. 21.

52 *Damme*, Das Reichsgesetz betreffend die Patentanwälte, 1900, S. IV.

53 *Alexander-Katz*, Rechtsanwaltschaft und Patentanwaltschaft, 1902, S. 20.

vorenthalten werden könne,[54] erfolgte erst 1933 der nächste Schritt des Gesetzgebers: Es wurde die Patentanwaltskammer als Selbstverwaltungsorgan aller Patentanwälte gegründet.[55]

4. Missstände

Auch nach Inkrafttreten des Patentanwaltsgesetzes von 1900 konnten Patentagenten weiterhin ihren Beruf als freies Gewerbe ausüben. Ein Vertretungsmonopol für Patentanwälte gab es zunächst nicht. Patentagenten mussten ihr Gewerbe nur nach §§ 14, 15 GewO bei der zuständigen Behörde anmelden und konnten danach das gleiche Tätigkeitsfeld bedienen wie Patentanwälte. Darüber hinaus benötigten sie keinerlei Befähigungsnachweise.

Sowohl für Patentanwälte als auch für Patentagenten herrschten günstige Wettbewerbsbedingungen und gute Berufsaussichten. Technisierung, Industrialisierung und die gesetzgeberische Tätigkeit auf dem Gebiet des gewerblichen Rechtsschutzes steigerten den Bedarf an Personen, die Patentanmeldungs- und Patenterteilungsverfahren begleiteten. Die große Nachfrage hatte zur Folge, dass die Aussichten auf ein solides Einkommen gesichert schienen. Otto Wiesner meinte dementsprechend 1903, dass jeder, der als Ingenieur oder Techniker keine Anstellung fand, sich einfach nur „Patentanwalt" nennen musste und sein Einkommen sodann gesichert war.[56]

Weitere Umstände sorgten dafür, dass auch unqualifizierte und nicht im Interesse ihrer Mandanten handelnde Patentagenten genügend Klienten erhielten, was von den Zeitgenossen als Missstand angesehen wurde. Mancher Erfindung, die den von einer patentwürdigen Erfindung zu erfüllenden Voraussetzungen nicht entsprach oder keinerlei Aussicht auf eine gewinnbringende Verwertung hatte, werde aus Unkenntnis oder aus falscher Erfinderehre durch den stolzen Erfinder eine übermäßige Wertschätzung entgegengebracht. Dies werde von unlauteren Patentagenten für ihre Zwecke gewinnbringend ausgenutzt, ohne Rücksicht auf den Schaden für den vermeintlichen Erfinder.[57]

Bei der Suche nach einem geeigneten Interessenvertreter gerieten viele Erfinder an Patentagenten, die ihren Beruf in Konkurrenz mit Patentanwälten betrieben. Der Unterschied zwischen beiden Berufsgruppen sei, so Wiesner, vielen

54 *Ullrich,* Die Patentanwaltschaft, 1936, S. 70.

55 Siehe § 14 PatAnwG – 1933. Im Detail hierzu *Bayer,* Der Patentanwalt, 2002, S. 22.

56 *Wiesner,* Patentanwalt und Patentbureau, 1903, S. 31.

57 Denkschrift über die Auswüchse des Patentagententums, 1913, S. 5.

Erfindern nicht geläufig und das Gesetz betreffend die Patentanwälte von 1900 und dessen Schutzzweck seien weiten Kreisen unbekannt.[58]

Die Patentagenten seien zudem stets bemüht, unter einer möglichst beeindruckenden Firma zu handeln, zum Beispiel durch die Erwähnung einer Aktiengesellschaft oder die Angabe einer internationalen Verflechtung, um so möglichst viele Mandanten anzuziehen.[59]

Daher wandten sich zahlreiche zeitgenössische Autoren gegen den Beruf des Patentagenten. Mit dem Begriff „Patentagent" war eine Vielzahl von gewerblichen Rechtsberatern in Patentsachen gemeint (Patentsachwalter, Patentberater, Zivilberater etc.), im Unterschied zu der Berufsgruppe der Patentanwälte, die den Anforderungen des PatAnwG 1900 genügen mussten.

In der Denkschrift über die Auswüchse des Patentagententums, die das Reichsministerium des Inneren im Jahre 1913 veröffentlichte, wurde ebenso wie in weiteren Schriften Kritik an den Patentagenten geübt. Nach Auffassung des Reichsministeriums des Inneren erfüllte die Mehrheit der Patentagenten die berechtigten Erwartungen des Schutz suchenden Publikums nicht, da sie unqualifiziert oder lediglich gewinnorientiert seien.[60]

Das unterschiedliche Verhalten von Patentanwälten und Patentagenten zeigte sich nach den Ausführungen des Reichsministeriums des Inneren u.a. in der Einstellung zu Werbung. Während Patentanwälte aufgrund ihres Standesbewusstseins entweder keine Werbung betrieben oder aber darin Zurückhaltung übten, benutzten viele Patentagenten Reklame in marktschreierischer Art und Weise, um neue Mandanten zu erhalten. Dies erfolge entweder über Werbung in der Tagespresse oder über eine Einzelofferte in Form eines Verwertungsangebots an Erfinder, deren Schutzrechte im Deutschen Reichsanzeiger veröffentlicht wurden.[61] Durch derartige Werbung ließen sich dann vor allem unerfahrene Erfinder leicht beeinflussen und gerieten in die Fänge skrupelloser Patentagenten.[62] Auch versuchten diese, damit zu werben, dass sie ihre Dienste günstiger als Patentanwälte anbieten könnten, da sie an keine Gebührenordnung gebunden seien.[63] Ein weiterer angeblicher Vorteil der Patentagenten sei, dass sie sich nicht nur, wie die Patentanwälte, mit dem Erwerb von Schutzrechten

58 *Wiesner,* Patentanwalt und Patentbureau, 1903, S. 31.

59 Denkschrift über die Auswüchse des Patentagententums, 1913, S. 5 f.

60 Ebd., S. 5.

61 Denkschrift über die Auswüchse des Patentagententums, 1913, S. 6 f.

62 Ebd., S. 4.

63 *Ephraim,* Patentanwalt oder Patentsachwalter, 1927, S. 3.

befassten, sondern auch mit der möglichst gewinnbringenden Verwertung der Erfindung.[64]

Die Übergangsregelung des § 20 II PatAnwG 1900 wurde sowohl von Patentagenten als auch von Patentanwälten als eine der Ursachen für bestehende Missstände angeführt. § 20 II PatAnwG 1900 bestimmte, dass all diejenigen, die zur Zeit des Inkrafttretens des Gesetzes betreffend die Patentanwälte das Vertretungsgeschäft für eigene Rechnung seit dem 1. Januar 1899 berufsmäßig betrieben, sofern ihre Geschäftsführung und ihr Verhalten in Ausübung des Berufes sowie außerhalb desselben zu erheblichen Anständen keinen Anlass gegeben hatten, auf Antrag in die Liste der Patentanwälte einzutragen waren, auch wenn die in den §§ 3 und 4 PatAnwG 1900 bezeichneten Voraussetzungen nicht erfüllt wurden. Der Nachweis der technischen und juristischen Befähigung musste somit nicht geführt werden. Der Antrag war jedoch spätestens bis zum 1. April 1901 zu stellen. Durch diese Übergangsbestimmung sollte die Härte gemildert werden, die dadurch entstanden sei, dass die bisherigen berufsmäßigen Vertreter die Anforderungen des Gesetzes nicht hatten vorhersehen können, und es sollte ihnen der Übertritt in den durch das Gesetz reglementierten Berufsstand erleichtert bzw. überhaupt erst ermöglicht werden.[65]

Diese Regelung wurde in der Werbung mancher Patentagenten ausgenutzt, indem hervorgehoben wurde, dass der Titel „Patentanwalt“ aufgrund der eingetragenen Übergangspatentanwälte keine Gewähr für eine sachgemäße Vertretung darstelle und man deshalb genauso gut einen Patentagenten aufsuchen könne.[66] Otto Wiesner meinte aber, dass zwar durch die Übergangsregelung nicht ausgeschlossen sei, dass es unqualifizierte Patentanwälte gab; es sei aber anzunehmen, dass im Laufe der Zeit der Unterschied zwischen qualifizierten und unqualifizierten Patentanwälten deutlich werde. Bei der Wahl eines Patentanwalts jedenfalls habe man mit größerer Wahrscheinlichkeit einen qualifizierten Vertreter engagiert.[67]

Die Patentanwälte ihrerseits hingegen sahen gerade in der Möglichkeit der einfachen Eintragung in die Liste der Patentanwälte über den von § 20 PatAnwG 1900 eröffneten Weg die Bestätigung darin, dass diejenigen Patentagenten, die keine Eintragung in die Liste begehrten, dem geforderten fachlichen und

---

64 Denkschrift über die Auswüchse des Patentagententums, 1913, S. 8.

65 *Damme,* Das Reichsgesetz betreffend die Patentanwälte, 1900, S. 146 f.

66 Vgl. die Beispiele bei *Wiesner,* Patentanwalt und Patentbureau, 1903, S. 34; Denkschrift über die Auswüchse des Patentagententums, 1913, S. 8.

67 *Wiesner,* Patentanwalt und Patentbureau, 1903, S. 35.

persönlichen Mindeststandard nicht genügten oder nicht genügen wollten. Die qualifizierten Vertreter unter den Patentagenten ließen sich als Patentanwälte eintragen. Der zurückbleibende Rest an Patentagenten erfülle folglich den zu Recht geforderten Standard nicht.[68]

5. Unzureichende Kontroll- und Disziplinarmöglichkeiten

Mit dem Patentanwaltsgesetz von 1900 sollte auch eine Qualitätsverbesserung des Berufes erreicht werden, und zwar sowohl in fachlicher als auch persönlicher Hinsicht. Die Erwartung des Gesetzgebers sei aber verfehlt worden.[69] Auch der Gesetzgeber von 1933 resümierte, dass das Patentanwaltsgesetz von 1900 seinem erklärten nächsten Ziel, dem Schutz des rechtssuchenden Publikums vor ungeeigneten Patentvertretern, nicht gerecht geworden war.[70]

Ein Grund für dieses Scheitern war in den unzureichenden Kontroll- und Disziplinarmöglichkeiten zu sehen. Als mögliche Maßnahmen gegen unqualifizierte und/oder unlauter handelnde Patentagenten gab es zwar mehrere im Gesetz vorgesehene Möglichkeiten. So konnte auf dem Verwaltungsweg § 17 PatAnwG[71] oder § 35 GewO[72] angewandt werden (dazu unten (a)). Ein nachhaltiger Erfolg blieb aber zumeist aus oder kam zu spät. Daneben konnte man Zivilklage einreichen (b) oder Strafanzeige (c) erstatten. Auch dies bewirkte aber nur in seltenen Fällen die Wiedergutmachung des Schadens des Erfinders.

Langfristig konnte auf diesen Wegen eine Qualitätssteigerung der Arbeit der Patentagenten nicht erreicht werden. Angesichts von Missständen innerhalb des Patentagententums schien die schnelle und umfassende Verhinderung und Entfernung fachlich oder moralisch unqualifizierter Vertreter auf den vorhandenen gesetzlichen Wegen unerreichbar.

a) § 17 PatAnwG 1900 und § 35 GewO

Nach § 17 PatAnwG war der Präsident des Patentamtes befugt, Personen, die, ohne in die Liste der Patentanwälte eingetragen zu sein, die Vertretung von

---

68 Denkschrift über die Auswüchse des Patentagententums, 1913, S. 4.

69 Ebd., S. 3 f.

70 Begründung zum Gesetz vom 28.9.1933, in: Bl.f.PMZ 1933, S. 254.

71 § 17 PatAnwG: „Der Präsident des Patentamts ist befugt, Personen, welche, ohne in die Liste eingetragen zu sein, die Vertretung vor dem Patentamte berufsmäßig betreiben, von dem Vertretungsgeschäft auszuschließen. Auf Rechtsanwälte findet diese Vorschrift keine Anwendung."

72 Siehe oben Fn. 19 dieses Kapitels.

Erfindern beim Patentamt berufsmäßig betrieben, von dem Vertretungsgeschäft auszuschließen.

Die Wirkung des § 17 lief jedoch weitgehend ins Leere, denn sein Anwendungsbereich erstreckte sich nur auf die Vertretung unmittelbar vor dem Patentamt. Weitere Tätigkeiten der Patentagenten wurden nicht erfasst. So war es selbst nicht eingetragenen Patentagenten möglich, weiter ihre Dienste in Patentsachen anzubieten. Für eine Umgehung der Zielsetzung des Gesetzes boten sich insbesondere zwei Wege an: Zum einen konnten sich die ausgeschlossenen Patentagenten eines scheinbar fachlich kompetent wirkenden Strohmannes bedienen,[73] zum Beispiel eines Rechtsanwalts, der die erforderlichen Dokumente ohne jegliche inhaltliche Mitwirkung lediglich unterzeichnete.[74] Zum anderen wurden unerfahrene Erfinder selbst benutzt, indem sie die von den Patentagenten ausgearbeiteten Dokumente und Anträge unterzeichneten und gegenüber dem Patentamt einreichten, ohne die inhaltliche Richtigkeit oder Erforderlichkeit einschätzen zu können. Trotz dieser offensichtlichen Möglichkeit der Gesetzesumgehung war das Patentamt hier machtlos.[75]

Unerfahrenen Erfindern wurde diese Tätigkeit von Patentagenten im Hintergrund im Gegensatz zu der Arbeit eines Patentanwalts sogar als Vorteil angepriesen. Der Nachteil des Ausschlusses wurde also durch geschickte Werbung ins Gegenteil verkehrt:[76] So warben einige der Patentagenten damit, dass jedermann zwar grundsätzlich die Patentanmeldung auch ohne Hilfe vornehmen könne, die Kontaktaufnahme zu einem Sachverständigen aber sinnvoll sei. Hierbei sei aber zwischen der von einem Patentagenten und einem Patentanwalt angebotenen Hilfe zu unterscheiden. Es sei nicht zwingend nötig, einem Patentanwalt eine Vollmacht zu erteilen, sodass dieser die entsprechenden Anträge beim Patentamt einreichen könne. Vielmehr sei es nützlicher, die Unterlagen von einem Fachmann wie einem Patentagenten fertigstellen zu lassen, dann selbst zu unterzeichnen und dem Patentamt zuzustellen. Auf diese Weise sei der Erfinder stets als Erster über alle Vorgänge informiert, da er selbst die Originalbescheide erhalte und so stets die Kontrolle über seine Anmeldung und über die Arbeit seines Patentagenten ausübe.[77] Von einem Patentanwalt erfahre man hingegen nur das, was dieser einem mitteilen wolle.[78]

73 *Isay*, Rechtsanwaltschaft und Patentanwaltschaft, JW 1925, S. 1362.
74 Denkschrift über die Auswüchse des Patentagententums, 1913, S. 17.
75 Ebd., S. 16.
76 Ebd., S. 16.
77 Vgl. die Ausführungen von *Wiesner*, Patentanwalt und Patentbureau, 1903, S. 33 f.
78 Denkschrift über die Auswüchse des Patentagententums, 1913, S. 16.

§ 35 der Gewerbeordnung ermöglichte zwar grundsätzlich, unzuverlässigen Patentsachwalter die Ausübung des Gewerbes zu versagen. Dies wurde aber aus folgenden Gründen als nicht ausreichend empfunden: Zum einen wurde die Umständlichkeit des Verfahrens bemängelt, zum anderen die Scheu der Verwaltungsbehörde, die Untersagung des Gewerbebetriebs wirklich auszusprechen – erst dann nämlich, wenn eine Bestrafung aufgrund eines in Ausübung seines Berufs begangenen Verbrechens oder Vergehens vorlag.[79] Auch sei eine Umgehung leicht möglich, indem ein Patentsachwalter sein Gewerbe freiwillig aufgibt und unter einem anderen Namen (z.B. dem der Ehefrau) oder in einer anderen Stadt unter eigenem Namen wieder eröffnet.[80]

b) Zivilklage

Die Einreichung einer Zivilklage gegen den Patentagenten war häufig aussichtslos. Die Erfinder mussten in der Mehrzahl der Fälle die Position des Klägers einnehmen, da viele Patentagenten auf Vorauskasse bestanden. Selbst bei einem obsiegenden Urteil war eine Zwangsvollstreckung dann meist nicht möglich, da pfändbares Vermögen nicht auffindbar war. Oftmals waren Einwendungen gegen die Gültigkeit des Vertrages nicht erfolgreich, da er formal einwandfrei war.[81] Der Vertrag wurde auch nur in seltenen Fällen von den Gerichten als sittenwidrig gemäß § 138 BGB eingestuft.[82] Die Anfechtung des Vertrages wegen arglistiger Täuschung wurde von den Gerichten ebenso selten anerkannt, allenfalls dann, wenn die Erfindung ohne sachgemäße Prüfung als neu und wertvoll bezeichnet worden war.[83]

c) Strafprozess

Des Weiteren konnten falsch beratene Erfinder eine Strafanzeige wegen Betruges (§ 263 StGB) oder Wuchers (§ 302 ff. StGB) erstatten. Diese Verfahren wurden zumeist wegen Mangel an Beweisen eingestellt.[84] Vor allem bei Betrug wurde der Kausalzusammenhang zwischen Täuschungshandlung und Vermögensverfügung regelmäßig als nicht gegeben angesehen. Der Nachweis, dass die

79 Denkschrift über die Auswüchse des Patentagententums, 1913, S. 17.
80 Ebd., S. 17.
81 Ebd., S. 18.
82 Ebd., S. 18.
83 Ebd., S. 18.
84 Ebd., S. 18.

Äußerungen des Patentagenten über die Qualität der Erfindung oder deren leichte Verwertbarkeit den Erfinder zur Anmeldung bewegt hätten und er selbst dies nicht ohnehin getan hätte, konnte regelmäßig nicht erbracht werden. Ferner hätte die Absicht des Patentagenten nachgewiesen werden müssen, dass es ihm nur um die Erlangung der Gebühren ging. Auch das war in der Mehrheit der Fälle unmöglich.[85]

Nach den Ausführungen des Reichsministeriums des Inneren legten viele Gerichte ihren Entscheidungen lediglich den Umstand zugrunde, dass die erteilten Aufträge von den Patentagenten tatsächlich ausgeführt und zum Beispiel Auslandspatente erwirkt wurden. Stattdessen hätte, so das Ministerium, bei der Prüfung des Schadens des Erfinders berücksichtigt werden müssen, dass Patente, die nicht patentfähige Erfindungen betrafen und nur in Ermangelung eines Vorprüfverfahrens erteilt wurden, bloße Scheinrechte ohne jeden Wert waren. In die Urteilsfindung hätte demnach nicht nur einfließen dürfen, dass die Patentagenten tätig wurden, da diese Tätigkeit den gewünschten Erfolg nicht haben konnte. Für die Frage der Täuschung sei ferner unerheblich, ob die Bestimmung des Artikels 4 des Unionsvertrages [Pariser Übereinkunft zum Schutz des gewerblichen Eigentums] richtig dargestellt wurde, da den Erfinder nur die Vorspiegelung der dann sicheren Verwertung zu den Auslandsanmeldungen bestimmt habe, hier eine Verwertungsmöglichkeit aber nie gegeben war.[86]

Bemerkenswert und aussagekräftig für das Bestehen von Missständen sei, dass es Entscheidungen gab, die den Patentagenten, die ohne jede Vorbildung tätig waren, das Bewusstsein der Rechtswidrigkeit mit Rücksicht auf ihre mangelnden Vorkenntnisse absprachen.[87]

III. Die Funktionen des Patentanwalts

Wie aus der Darstellung des Gesetzgebungsprozesses des Patentanwaltsgesetzes hervorgeht, war zunächst das *Ob* einer gesetzlichen Regelung des Vertretergeschäfts in Patentangelegenheiten umstritten. Sobald diese Frage positiv beantwortet worden war, eröffnete man die Folgediskussion über die Frage nach dem *Wie*, also der Ausgestaltung und Umsetzung eines solchen Gesetzes. Die Diskussion darüber, wie man das Vertreterwesen in Patentsachen regeln sollte, um den Interessen der Erfinder, der Verwerter und der Allgemeinheit am besten

85 Denkschrift über die Auswüchse des Patentagententums, 1913, S. 18.
86 Ebd., S. 19.
87 Ebd., S. 19.

gerecht zu werden,[88] ging auch nach Erlass des Patentanwaltsgesetzes von 1900 weiter. Wie bereits gezeigt, war das PatAnwG lediglich ein erster Versuch der Reglementierung der bestehenden Verhältnisse, mit der Absicht, Missstände zu beseitigen. Nach Patentanwalt Armand Mestern sollte das Gesetz noch keine abschließende Regelung darstellen.[89] Wie oben bereits festgestellt, konnte das Ziel des Gesetzes, das Bewirken einer Hebung des Standes der Patentanwälte, in fachlicher und moralischer Hinsicht nicht erreicht werden. Sowohl für die Patentanwälte als auch für die Patentagenten, vor allem aber für die Erfinder und die Allgemeinheit war auch der durch das Gesetz geschaffene Zustand nicht befriedigend.

Die Diskussion, wie der Beruf der Patentsachwalter zu reglementieren sei, wurde daher lebhaft weitergeführt.[90] Hierzu leistete auch Hermann Isay mit mehreren Aufsätzen und insbesondere mit seiner Monographie „Der Kampf um die wissenschaftlichen Grundlagen der Patentanwaltschaft" einen wichtigen Beitrag. Er bezog eindeutig Stellung zugunsten eines strukturierten, organisierten und disziplinierten neuen Berufs des Patentanwalts. Dieser sollte dem Beruf des Rechtsanwalts, geprägt von seiner innerhalb der Rechtsordnung wahrzunehmenden Funktion und von wissenschaftlicher Vorbildung, fachlicher Kompetenz und Berufsehre, entsprechen. Für die Gleichsetzung mit Rechtsanwälten setzte Isay einen hohen fachlichen und auch persönlichen Standard des Patentanwalts voraus.

Diesen Ansprüchen konnten die Konkurrenten der Patentanwälte nicht genügen – die Patentagenten. Isays ablehnende Haltung gegenüber dieser inhomogenen Gruppe wird besonders evident, wenn man den mephistophelischen Rat betrachtet, den er seiner Schrift „Der Kampf um die wissenschaftlichen Grundlagen der Patentanwaltschaft" voranstellte: „Verachte nur Vernunft und Wissenschaft …".[91] Dies sah er als kennzeichnend für die Berufsgruppe der Patentagenten, die sich statt gesetzlich reglementierter Zulassungsvoraussetzungen das Motto „Freie Bahn dem Tüchtigen" auf die Fahnen schrieb und eine in welcher Form auch immer gestaltete Ausbildung für überflüssig erachtete.

---

88 So z.B. Ausführungen bei *Stort,* Vorschläge zur Patentanwaltsordnung, GRUR 1900, S. 13.

89 *Mestern*, Der Patentanwalt, 1932, S. 13.

90 So z.B. *Damme,* Die Ausschließung der nicht in die Patentanwaltsliste eingetragenen Personen von der Vertretung vor dem Patentamte, GRUR 1901, S. 1 ff; *Calé,* Rechtsanwaltschaft und Patentanwaltschaft, MittDPatAnw 1930, S. 207 ff; *Mestern,* Der Patentanwalt, 1932; *Ephraim,* Patentanwalt oder Patentsachwalter, 1927.

91 *Isay,* Der Kampf um die wissenschaftlichen Grundlagen der Patentanwaltschaft, S. 3.

Für Isay war deshalb die Grundlage jeder weiteren Diskussion über Patentsachwalter die Notwendigkeit einer Gleichstellung von Patentanwälten und Rechtsanwälten und somit auch die Einordnung der Patentanwälte als Organ der Rechtspflege. Isays Auffassung ist im Folgenden im Einzelnen darzustellen.

Zunächst ist kurz auf die entsprechende Diskussion um die Berufsbildbestimmung der Rechtsanwälte zu verweisen. Auch hier schaffte die Rechtsanwaltsordnung von 1878 erstmals mit der Bezeichnung „Rechtsanwalt" eine einheitliche, gesetzlich festgelegte Berufsbezeichnung für Rechtsanwälte.[92] In den Motiven zum Entwurf der Rechtsanwaltsordnung von 1878 wurde die Rechtsanwaltschaft zunächst nur für den Anwaltsprozess als Organ der Rechtspflege bezeichnet.[93] Nach Verabschiedung der Rechtsanwaltsordnung wurde die Einordnung als Organ der Rechtspflege unter anderem vom Reichsgericht vorgenommen, um Pflichten der Rechtsanwälte zu begründen.[94] So hob das Reichsgericht in einem Beschluss vom 2. November 1926 für den Verteidiger ausdrücklich hervor, dass dieser neben dem Gericht und der Staatsanwaltschaft ein gleichberechtigtes Organ der Rechtspflege sei.[95] Das Reichsgericht stellte heraus, dass diese Einordnung notwendig dazu führen müsse, an die Tätigkeit des Verteidigers einen strengeren Maßstab anzulegen, als wenn man ihn lediglich als einen Helfer des Angeklagten sehen würde.[96] Dies löste weitere rege Diskussionen aus.[97] Wie die Formel „Organ der Rechtspflege" verstanden und verwendet wurde, hat Martina Kunze in ihrer Dissertation „Der Rechtsanwalt als unabhängiges Organ der Rechtspflege – eine rechtshistorische und rechtsdogmatische Untersuchung" ausführlich dargelegt.[98]

Wie die Rechtsanwaltsordnung von 1878[99] enthielt das PatAnwG keine Bestimmung, dass der Patentanwalt ein Organ der Rechtspflege sein sollte, und ebenso wenig enthielt es Vorschriften, die Schlüsse auf ein Berufsbild ziehen ließen. Es stellte sich also auch beim PatAnwG die Frage, ob die Patentanwälte schichte Dienstleister waren oder eine darüber hinausgehende Funktion hatten.

---

92 *Kunze,* Der Rechtsanwalt als unabhängiges Organ der Rechtspflege, 2018, S. 199.

93 Ebd., S. 199.

94 Ebd., S. 199.

95 RGSt, Beschluss des 4. Senats vom 2.11.1926, abgedruckt in: JW 1926, S. 2756 f.

96 Ebd., S. 2757.

97 Siehe hierzu *Kunze,* Der Rechtsanwalt als unabhängiges Organ der Rechtspflege, 2018, S. 40 f.

98 Hierzu ausführlich: Ebd., S. 93–175.

99 Ebd., S. 5.

Bei der Diskussion waren mehrere Überlegungen zu berücksichtigen. Allein die Einordnung der Patentanwälte als Organ der Rechtspflege zog die Gleichstellung mit den bereits bestehenden Organen der Rechtspflege nach sich. Dies war, unabhängig von der bis dahin erbrachten, zu erbringenden und erwarteten Leistung der Patentsachwalter als Ausdruck eines gewissen dieser Berufsgruppe entgegengebrachten Grundvertrauens zu sehen. Man hätte sich fortan auf die Integrität und fachliche Kompetenz der Patentsachwalter verlassen können. Allerdings musste berufswürdiges und gesetzeskonformes Handeln in Ausübung des Berufs kontrollierbar gemacht werden. Eine Disziplinierung der Patentsachwalter war daher erforderlich geworden. Außerdem war ein berufliches Selbstverständnis in der Art zu fordern, dass jeder Patentanwalt Verantwortung nicht nur für die Verwirklichung der Rechte seines Mandanten Sorge zu tragen hatte, sondern, entsprechend den Rechtsanwälten, auch dem Rechtsstaat verpflichtet war.

Angesichts der bereits dargestellten Missstände, die sowohl auf fachlicher als auch moralischer Ebene zu Isays Lebzeiten innerhalb der inhomogenen Berufsgruppe der Patentsachwalter festgestellt wurden, war es unumgänglich, die Frage aufzuwerfen, ob dem Beruf des Patentanwalts ein derartiges Grundvertrauen entgegengebracht werden sollte, und vor allem, ob die Vertreter dieses Berufes diesen Erwartungen in der täglichen Praxis gerecht werden konnten.

Im folgenden Abschnitt ist deshalb die Frage zu erörtern, ob die Patentanwälte als Organ der Rechtspflege anzusehen waren, wie von Isay gefordert, oder ob sie wie die übrigen Patentsachwalter vielmehr als schlichte Dienstleister zu betrachten waren. Hierzu muss geklärt werden, welche Funktionen Patentanwälte sowohl gegenüber der Rechtspflege und somit der Allgemeinheit als auch gegenüber dem einzelnen Mandanten wahrzunehmen hatten.

1. Organ der Rechtspflege

Für Hermann Isay hatten Rechtsanwaltschaft und Patentanwaltschaft nicht nur den gleichen Namensbestandteil „Anwaltschaft“. Auch wenn der Unterschied zwischen beiden in einer anderen Schwerpunktsetzung lag, was eine Kompetenzabgrenzung ermöglichte, lasse der Begriff „Anwaltschaft“ einen Rückschluss auf die Funktion der Patentanwälte und auf die Stellung zu, die sie innerhalb der Rechtspflege bekleiden sollten:

„Einen Gegensatz zwischen Rechtsanwaltschaft und Patentanwaltschaft aber kann es nie geben. Für jede von ihnen ist der Platz an der Seite der anderen, in Erfüllung ihrer gemeinsamen hohen Aufgabe: Anwalt des Volkes zu sein im Kampfe um sein Recht.“[100]

Für Isay und andere waren Patentanwälte wie Rechtsanwälte ein Organ der Rechtspflege.[101] Er folgerte dies aus der den Anwälten und somit auch den Patentanwälten zugewiesenen Funktion. Die wichtigste Aufgabe der Patentanwälte bestand für Hermann Isay darin, dass sie zur Rechtsgestaltung und somit zur Rechtsfindung beitragen sollten. Alle Rechte und Pflichten der Patentanwälte seien Ausfluss der Aufgabe, „Anwalt des Volkes […] im Kampfe um sein Recht“[102] zu sein.

Isay sah die Patentanwaltschaft als parallelen Beruf zur Rechtsanwaltschaft, die daher zum Vergleich herangezogen werden konnte und woraus Lehren für die Patentanwaltschaft gezogen werden konnten und mussten.[103] Ähnlich sah Richard Alexander-Katz die Patentanwaltschaft als „jüngere Schwester der Rechtsanwaltschaft“ an[104]. Im Wesentlichen stellte Isay drei Parallelen zwischen dem Stand der Rechtsanwälte und dem der Patentanwälte fest.

Erstens sei die Hauptaufgabe der gesamten Anwaltschaft die Vertretung des Einzelnen in seinen Rechtsansprüchen gegenüber dem Staat, denn es sei zu beachten, dass das Wesen der Anwaltschaft nicht allein vom Recht her, sondern vom Staate her begriffen werden müsse.[105] Kennzeichnend für die Anwaltschaft sei der Schutz der Individualsphäre gegenüber der Staatsgewalt. Diese Parteinahme für Individualinteressen habe allerdings unter der Maßgabe zu erfolgen, dass die Anwaltschaft zugleich der Rechtspflege verpflichtet sei und bei der Findung sachgerechter Entscheidungen mitzuwirken habe.[106] Isay folgerte:

„Hier sehen wir sofort mit völliger Klarheit, daß Rechtsanwaltschaft und Patentanwaltschaft einer und derselben Wurzel entspringen, daß ihre Aufgabe und ihre Stellung

100 *Isay,* Rechtsanwaltschaft und Patenanwaltschaft, MittDPatAnw 1907, S. 37.

101 *Mintz,* Die Pflichten und Rechte des Patentanwalts, GRUR 1901, S. 341; *Ullrich,* Die Patentanwaltschaft, 1936, S. 74; *Wohlgemuth,* Die deutschen Patentanwälte und die Industrie, GRUR 1915, S. 227.

102 *Isay,* Rechtsanwaltschaft und Patenanwaltschaft, MittDPatAnw 1907, S. 37; ebenso: *Eylau,* Die Reform des Patentgesetzes und die Patentanwaltschaft, MittDPatAnw 1928, S. 154.

103 *Isay,* Der Kampf um die wissenschaftlichen Grundlagen der Patentanwaltschaft, S. 7.

104 *Alexander-Katz,* Rechtsanwaltschaft und Patentanwaltschaft, 1902, S. 8.

105 Ebd., S. 7; siehe hierzu auch: *Isay,* Rechtsnorm und Entscheidung, S. 367–374.

106 *Isay,* Rechtsnorm und Entscheidung, S. 368 f.

im Staats- und Rechtsleben eine und dieselbe ist, daß sie eines Fleisches, eines Blutes sind."[107]

Er sah damit die wichtigste Aufgabe der Patentanwaltschaft darin, bei der Rechtsfindung und der Fortentwicklung des Rechts mitzuwirken. Einen Unterschied zur Rechtsanwaltschaft machte er hier nicht. Er sah beide Stände auf derselben Ebene gleichberechtigt nebeneinanderstehen.

Um die Erfüllung dieser Aufgabe zu gewährleisten, ergab sich für ihn die *zweite* Forderung nach der materiellen Unabhängigkeit vom Staat sowie *drittens* das Bedürfnis nach einer Standesehre.[108] Standesehre und Standesbewusstsein mussten für Isay kontrolliert werden. Durch die Aufgabe als Organ der Rechtspflege seien auch die Interessen des Staates betroffen. Damit könne die materielle Unabhängigkeit nicht ohne Grenzen, das heißt ohne Kontrollmöglichkeit gelten. Möglich sei eine Kontrolle durch den Staat selbst oder durch Organe der Selbstverwaltung, die dann der staatlichen Aufsicht unterlägen. Daraus ergab sich eine gebundene Freiheit der Anwaltschaft als ein staatlich gebundener Beruf.[109]

Zusammenfassend bestand somit für Hermann Isay die Aufgabe der Patentanwälte darin, zur Rechtsfindung und Fortentwicklung des Rechts beizutragen. Patentanwälte seien der Allgemeinheit und dem einzelnen Mandanten in gleichem Maße verpflichtet. Um dieser Funktion gerecht werden zu können, bedürfe es der materiellen Unabhängigkeit vom Staat, denn diesem gegenüber müsse der Patentanwalt die Vertretung der Rechte des Einzelnen vornehmen. Der Beruf der Anwaltschaft sei, um seinem Wesen gerecht werden zu können, als freier Beruf, das heißt materiell unabhängig vom Staat, auszuüben.[110] Die Einhaltung bestimmter grundlegender berufsethischer Grundsätze sei zu verlangen.

Damit waren die Grundvoraussetzungen für die Einordnung als Organ der Rechtspflege und damit für eine Gleichstellung mit den übrigen Organen der Rechtspflege erfüllt, sodass Isay zu dem Schluss kam, die Patentanwaltschaft sei als Organ der Rechtspflege einzuordnen.

2. Dienstleister

Nach dem Verband Beratender Patentingenieure erfasste das PatAnwG das Wesen der Beratung und Vertretung in Patentsachen nicht. Es verkenne die

107 *Isay*, Rechtsanwaltschaft und Patentanwaltschaft, MittDPatAnw 1907, S. 35.
108 Ebd., S. 36.
109 *Isay*, Der Kampf um die wissenschaftlichen Grundlagen der Rechtsanwaltschaft, S. 9.
110 Ebd., S. 8.

Notwendigkeit der erfinderischen Mitarbeit und der praktischen und wirtschaftlichen Erfahrung des Patentsachwalters.[111] Zu den Aufgaben des Patentsachwalters gehöre die Patentanmeldung. Hierzu müsse man das Wesen der Erfindung erfassen und die Erfindung auf Neuheit prüfen. Es sei Aufgabe des Patentsachwalters, insbesondere im Fall der Kleinerfinder, den Erfindungsgedanken herauszuarbeiten und bei seiner Fertigstellung mitzuarbeiten. Ungeachtet dessen sei der Schwerpunkt der Patentberatung jedoch immer die Frage nach der nutzbringenden Verwertbarkeit, was die Entscheidung über eine Anmeldung im Ausland nach sich ziehe. In diesem Sinne müsse der Patentsachwalter die Vertretung der Erfindung vor der Patentbehörde übernehmen, um schließlich bei der Verwertung der Erfindung Hilfe leisten zu können.[112]

Der Verband ging so weit, dem Gesetzgeber zu unterstellen, dass dieser sich der Eigenart der Patentberatung nicht bewusst gewesen sei. Dies lasse sich daraus folgern, dass die Tätigkeit des Patentberaters mit der des Rechtsanwalts verglichen werde. Es stimme aber keinesfalls, dass die Hauptaufgabe eines Patentberaters eine prozessuale sei, denn dem Anmelder gehe es nur um die Ausbeutung der Erfindung. Sofern eine Erfindung wirtschaftliche wertlos sei, müsse der Patentsachwalter auch dies dem Erfinder klar darlegen.[113] Das sei insbesondere für kleine und mittlere Unternehmen maßgeblich.[114] Das Patentanwaltsgesetz berücksichtige lediglich die Vertretung vor dem Patentamt.[115] Diese stelle aber nur den letzten Schritt nach vorhergehender Beratung dar.[116]

Der Verband sprach sich somit sowohl gegen eine Gleichstellung von Rechtsanwälten und Patentanwälten als auch gegen eine Einstufung der Patentanwälte als Organ der Rechtspflege aus. Demnach hatten Patentagenten vielmehr die Verwerter der Erfindung zu sein. Das rückte den Beruf des Patentagenten näher an den des schlichten Dienstleisters, weil sich zwar manche Aufgaben aufgrund des Vermarktungsproduktes „Erfindung“ mit denjenigen eines Rechtsanwalts deckten, in dem wichtigsten Kernbereich – dem der kaufmännischen Vermarktung des Produkts der Erfindung – aber unterschiedlich waren. Die Nähe mancher

---

111 Beratung und Vertretung auf dem Gebiete des gewerblichen Rechtsschutzes, 1925, S. 17.

112 Ebd., 16 f.

113 Ebd., S. 17.

114 Ebd., S. 19.

115 Ebd., S. 18.

116 Ebd., S. 19.

Aufgaben zu denen eines Rechtsanwalts sollte demzufolge nicht zu einer Verwechslung, geschweige denn zu einer Gleichsetzung mit diesem führen.

Ähnlich äußerte sich auch der Juraprofessor Heinrich Triepel. Für ihn war ein Patentanwalt lediglich eine Person, „die, ohne Beamter zu sein, dem Staate kraft öffentlichen Rechts für die Ausübung ihres Berufs in besonderer Weise verantwortlich ist".[117] Er schloss eine Analogie zur Rechtsanwaltschaft aus, da die Rechtsanwaltschaft in ganz anderer Weise in die Organisation der Rechtspflege eingebunden sei als die Patentanwaltschaft. Dies äußere sich zum Beispiel in dem fehlenden Anwaltszwang zugunsten der Patentanwälte, ferner in dem Fehlen einer genossenschaftlichen Organisation in Form einer Selbstverwaltungskörperschaft.[118]

3. Diskussion

Wie soeben aufgezeigt, gingen die Auffassungen darüber auseinander, wie nun der neue Beruf der Patentanwälte einzuordnen war, welche Funktionen er wahrzunehmen hatte und wie er dementsprechend zu behandeln und zu reglementieren war. Der Auffassung des Abgeordneten Stadthagen, dass ein Stand der Patentanwälte überflüssig und kontraproduktiv sei und vielmehr besser direkt beim Patentamt eine entsprechend neu einzurichtende Behörde den Erfindern den gewünschten Rechtsrat zu erteilen habe, wurde noch während der ersten Lesung des PatAnwG widersprochen. Staatssekretär des Inneren Graf von Posadowsky-Wehner führte aus, dass der Vorschlag Stadthagens gleichzusetzen sei mit der Idee, bei Gericht den ganzen Stand der Rechtsanwälte abzuschaffen und stattdessen dem Gericht selbst die Aufgabe zuzuweisen, den Beteiligten Rat zu erteilen.[119] Dann käme man in die missliche Lage, dass eine staatliche Stelle über den Patentanspruch entscheiden und zugleich dem Antragsteller anwaltlichen Rat erteilen müsste, was in Widerspruch zueinander stehe.[120]

---

117 *Triepel,* Staatsdienst und staatlich gebundener Beruf, 1911, S. 35.

118 Ebd., S. 33 f.; im Ergebnis ähnlich: *Mestern,* Der Patentanwalt, 1932, S. 32: Mestern verneint auch die amtsähnliche Stellung der Patentanwälte im Vergleich zu den Rechtsanwälten, da kein Anwaltszwang existiere, dennoch bejaht er die Stellung als Organ der Rechtspflege.

119 Das Reichsgesetz betreffend die Patentanwälte, 1900, S. 69.

120 So schon vor dem PatAnwG Klostermann: „Aber das Patentamt, welches in der Sache entscheiden soll, ist nicht der richtige Anwalt", in: *Klostermann*, Die Patentfrage auf der Hauptversammlung des Vereins deutscher Ingenieure. Der Patent-Anwalt 1880, S. 343.

Auch die Auffassung des Verbands Beratender Patentingenieure, dass die Hauptaufgabe der Patentsachwalter in der Verwertungstätigkeit zu sehen sei, wurde nicht kritiklos hingenommen. Patentanwalt Julius Ephraim warnte beispielsweise davor, allein in der Verwertungstätigkeit die Hauptaufgabe der Patentsachwalter zu sehen. Erörterungen über die wirtschaftliche Absetzbarkeit neuer Erfindungen seien in den meisten Fällen reine Spekulation, wenn nicht sogar bewusste Täuschung des Erfinders. Allein ein Unternehmer könne unter Umständen in Kenntnis seiner Produktions- und Kostenfaktoren eine derartige Prognose aufstellen. Der außerhalb des Betriebes stehende Patentsachwalter, der über ein solches Wissen nicht verfüge, sei hierfür nicht geeignet.[121]

Isay hob hervor, dass, wenn man dem Stand der Patentanwälte die Einordnung als Organ der Rechtspflege absprechen würde, vor allem verkannt werde, dass es die Pflicht der Patentanwaltschaft sei, dem Recht per se und damit der Rechtspflege zu dienen.[122] Die Wahrnehmung dieser Aufgabe äußere sich zum einen in der täglichen Arbeit der Patentanwälte mit dem Patentamt (Aufstellung der Patentgesuche, Führen der Verhandlungen vor dem Patentamt etc.) und damit in jeder einzelnen Entscheidung, welche immer als Ergebnis der geführten Diskussionen und Eingaben der Patentanwaltschaft und des Patentamtes zu sehen sei.[123] Rechtsanwaltschaft und Patentanwaltschaft müssten daher gleichberechtigt nebeneinanderstehen. Zum anderen sei die Bedeutung jeder einzelnen wissenschaftlichen Abhandlung, wie z.B. den zahlreichen Aufsätzen, der Patentanwälte nicht zu unterschätzen.[124] In diesen beiden geistigen Leistungen sei ein enormer Beitrag zur Fortentwicklung des Patentrechts zu sehen.[125]

Die darin liegende Weiterentwicklung des Patentrechts sei notwendig, damit Patente, so Isay, ihre wichtigste Aufgabe, nämlich die der Förderung der Wirtschaft, erfüllen können: Isays Streben richtete sich danach, einen Weg für den Aufschwung der Wirtschaft mit den Mitteln des geltenden Rechts zu finden. In seinen Augen war das größte Potential für den wirtschaftlichen Aufschwung in den Leistungen der deutschen Technik zu sehen. Diese seien vor allem auf den Werdegang des deutschen Technikers zurückzuführen, der eine Ausbildung auf wissenschaftlicher Grundlage genieße, die zugleich eng mit der technischen

---

121 *Ephraim,* Patentanwalt oder Patentsachwalter, 1927, S. 2 f.

122 *Isay,* Der Kampf um die wissenschaftlichen Grundlagen der Patentanwaltschaft, S. 12; so auch *Mestern,* Der Patentanwalt, 1932, S. 32.

123 *Isay,* Der Kampf um die wissenschaftlichen Grundlagen der Patentanwaltschaft, S. 14.

124 Ebd., S. 14.

125 Ebd., S. 14 f.

Praxis verbunden sei.[126] Dessen Leistungen bedürften deshalb im besonderen Maße Schutz. Mit der Schaffung des Patentgesetzes sei ein solcher Schutz für Erfinder geschaffen worden. Dieser müsse durch geeignete Interessenvertreter für die Patentsuchenden ergänzt werden.

Den gleichen Gedanken verfolgte der Patentanwalt Carl Wiegand, der ihn folgendermaßen in Worte fasste:

> „Noch wichtiger als dies, ist aber das Weitergreifen der Erkenntnis bei den maßgebenden Behörden und der Volksvertretung, daß eine gedeihliche Entwicklung des Patentwesens in Deutschland und damit ein wichtiger Faktor für die Konkurrenzfähigkeit unserer Industrie dem Auslande gegenüber ohne einen kräftigen Patentanwaltsstand gefährdet ist. Die ‚Industrie' umfasst Große und Kleine, und die Fortschritte der Industrie sind durchaus nicht immer von den Großen, sondern sehr häufig von den Kleinen hervorgerufen, die ganz besonders eines Patentanwalts bedürfen."[127]

Carl Wiegand griff hier einen Aspekt auf, den auch Isay in den Mittelpunkt der Betrachtung rücken wollte – den für den Aufschwung der Wirtschaft notwendigen Mittelstandsschutz. Großkonzerne und Trusts verfügten häufig über eigene Patentsachverständige oder profitierten von einer langjährigen und somit bewährten Zusammenarbeit mit einem Patentbüro.[128] Demzufolge seien diese Unternehmen zumeist mit dem Prozess von der Entwicklung einer Erfindung über deren Patentanmeldung bis hin zur gewinnbringenden Verwertung vertraut.[129] Die kleinen bis mittleren Unternehmen könnten auf dieses Repertoire an Geld und Wissen oft nicht zurückgreifen und benötigten folglich die Hilfe kompetenter Patentsachwalter.[130] Wollten sie dann jedoch die Hilfe eines solchen in Anspruch nehmen, lag die Gefahr nahe, dass sie der intensiven Werbung unlauterer Patentagenten folgten, mit negativen Folgen für ihre Erfindung und ihre wirtschaftliche Existenz.

Dass insbesondere unerfahrene Erfinder der Mittelschicht eher ungeeigneten Patentsachwalter vertrauten als Großkonzerne, beruhte nach Felix Damme darauf, dass es einer gewissen Kenntnis der Materie bedürfe, um die Qualität der Arbeit eines Patentsachwalters beurteilen zu können. Fehle es an jeglicher

---

126 *Isay,* Der Kampf um die wissenschaftlichen Grundlagen der Patentanwaltschaft, S. 5.

127 *Wiegand,* Die Entwicklung der deutschen Patentanwaltschaft, MittDPatAnw 1927, SNr. S. 38.

128 Ebd., S. 35.

129 Denkschrift über die Auswüchse des Patentagententums, 1913, S. 4.

130 Beratung und Vertretung auf dem Gebiete des gewerblichen Rechtsschutzes, 1925, S. 19 f.

Kenntnis, werde die Einsicht, schlecht vertreten zu werden, zu spät – im schlechtesten Fall gar nicht – eintreten.[131]

Es bestand also, so zahlreiche Autoren, besonders für „kleine Erfinder" oder für Erfinder in kleinen und mittleren Unternehmen die Gefahr, an unqualifizierte oder betrügerische Patentsachwalter zu geraten. Schrieb man aber wie Isay gerade dieser Gruppe an Erfindern das größte Potential für die deutsche Wirtschaft zu, musste man vor allem dieser Gruppe Schutz angedeihen lassen. Isay sah deswegen die Gleichstellung der Patenanwälte mit den Rechtsanwälten und somit die Einordnung als Organ der Rechtspflege als notwendigen Schritt auf dem noch zu überwindenden Weg von der inhomogenen Gruppe der Patentsachwalter hin zu einem gefestigten Stand der Patentanwälte.

Obwohl der Verband Beratender Patentingenieure, indem er Patentsachwalter hauptsächlich als Verwerter der Erfindung sah und nicht als Organe der Rechtspflege, zu einem anderen Ergebnis gelangte, trieb ihn die gleiche Motivation an wie Hermann Isay. Der Verband beschritt zwar einen anderen Weg, um Erfindern und somit der deutschen Wirtschaft den dringend erforderlichen Schutz zukommen zu lassen, dennoch hatte er das gleiche Ziel wie Hermann Isay vor Augen.

Für beide waren Erfindungen das effektivste Mittel zur Förderung der deutschen Wirtschaft und deshalb galt es, diese mit den Mitteln des geltenden Rechts bestmöglich zu schützen. Der Verband Beratender Patentingenieure formulierte diese Zielsetzung wie folgt:

> „Der gesicherte Besitz von zweckmäßigen Erfindungen ist die schärfste und angesichts der gegen die Vorkriegszeit veränderten Wettbewerbsverhältnisse vielleicht einzige Waffe der deutschen Wirtschaft und damit eines der wichtigsten volkswirtschaftlichen Güter. Die Erhaltung und Vermehrung dieses Gutes erfordert vor allem sachverständiger Patentberater."[132]

Auch der Verband Beratender Patentingenieure meinte also, dass der schwierigen wirtschaftlichen Situation während der Weimarer Republik durch einen effektiven Schutz der Erfindungen unter Zuhilfenahme geeigneter Patentsachwalter begegnetet werden konnte.

131 *Damme*, Reichsgesetz betreffend die Patentanwälte, 1900, S. 70.

132 Beratung und Vertretung auf dem Gebiete des gewerblichen Rechtsschutzes, 1925, S. 6.

4. Forderungen an den Gesetzgeber

Allein bei dieser Einordnung der Patentanwälte als Organ der Rechtspflege blieb es für Hermann Isay nicht. Isay sah das Tätigkeitsgebiet der Rechtsanwaltschaft als parallele Erscheinung zu dem der Patentanwaltschaft an und entnahm ihm daher das Vergleichsmaterial für die Behandlung der Verhältnisse der Patentanwälte.[133] So meinte Isay, dass beide Berufsgruppen sich vergleichbar starker Konkurrenz ausgesetzt sahen.[134] Die unterschiedlichen Ausgangsbedingungen bestimmten aber einen jeweils anderen Umgang der jeweiligen Berufsgruppe mit dieser Konkurrenz.

Als Konkurrenz zu den Rechtsanwälten traten gewerbliche Rechtsberater auf. Diese wurden als Winkeladvokaten, Winkelkonsulenten, Prozessagenten, Rechtskonsulenten, Rechtsbeistände und Volksbeistände bezeichnet;[135] im Folgenden werden sie unter dem Begriff „Rechtsbeistände" zusammengefasst. Kennzeichnend für diese Gruppe war, dass eine wissenschaftliche Vorbildung nicht gefordert wurde und keine standesrechtliche Organisation oder Selbstkontrolle existierte. Sie berufe sich auf das Schlagwort: „Freie Bahn dem Tüchtigen!".[136] Die Besorgung fremder Rechtsangelegenheiten fiel, wie oben gezeigt, lediglich in den Anwendungsbereich des § 35 GewO;[137] ein Monopolrecht der Rechtsanwaltschaft gab es nicht.

Obwohl die Patentanwaltschaft und die Rechtsanwaltschaft einer ähnlichen Konkurrenz ausgesetzt waren, sah Hermann Isay die Rechtsanwaltschaft gegenüber der Patentanwaltschaft im Vorteil. Er führte vier Argumente an, die sich nachteilig für die Patentanwälte auswirkten.

Erstens sei die Rechtsanwaltschaft ein alteingesessener Stand, an dessen Inanspruchnahme sich das um Rechtsschutz bemühende Publikum bereits gewöhnt habe.[138] Hingegen sei der Unterschied zwischen Patentanwälten und sonstigen Patentsachwaltern vielen unbekannt.[139]

Zweitens bestehe zugunsten der Rechtsanwälte ab der Instanz der Landgerichte ein Vertretungsmonopol, geregelt in § 78 ZPO.[140] Lediglich vor den

---

133 *Isay,* Der Kampf um die wissenschaftlichen Grundlagen der Rechtsanwaltschaft, S. 7.

134 *Isay,* Rechtsanwaltschaft und Patentanwaltschaft, JW 1925, S. 1362.

135 *Isay,* Der Kampf um die wissenschaftlichen Grundlagen der Rechtsanwaltschaft, S. 10; ausführlich dazu *Rücker,* Rechtsberatung, 2007, S. 19 ff. und S. 38 ff.

136 *Isay,* Der Kampf um die wissenschaftlichen Grundlagen der Rechtsanwaltschaft, S. 10.

137 Siehe hierzu ausführlich *Rücker,* Rechtsberatung, 2007, S. 64 ff.

138 *Isay,* Rechtsanwaltschaft und Patentanwaltschaft, JW 1925, S. 1362.

139 Ebd., S. 1362.

140 Ebd., S. 1362.

Amtsgerichten durften auch Rechtsbeistände auftreten. Das Gericht hatte hier einzig nach § 157 ZPO das Recht, diese Rechtsbeistände zurückzuweisen.[141] Ein Vertretungsmonopol für Patentanwälte bestand dagegen nicht. Zwar ermöglichte § 17 PatAnwG dem Präsidenten des Patentamtes, andere Berater als Rechtsanwälte und Patentanwälte von der Vertretung vor dem Patentamt auszuschließen, das übrige Tätigkeitsfeld dieser Berater blieb aber von dem Ausschluss unberührt.

Drittens regele die Gebührenordnung der Rechtsanwälte, dass im Falle des Obsiegens die Prozess- und Anwaltskosten von der Gegenpartei zu tragen seien. Eine entsprechende Regelung fehle für die Patentanwälte.[142]

Viertens sei Patentagenten Werbung für ihre Tätigkeit erlaubt, Patentanwälten aufgrund ihrer Standesehre aber untersagt. Dies sei in zweifacher Hinsicht für die Patentanwälte nachteilig: Zum einen fehle ihnen ein Kommunikationskanal zu ihren potentiellen Mandanten, zum anderen begünstige dies, dass die Mandanten weiterhin keine ausreichende Kenntnis von der neuen Berufsgruppe der Patentanwälte erhielten.[143]

Für Isay ergaben sich daraus zwei Forderungen an den Gesetzgeber: *Erstens* müsse die Frage der Anhörung der Patentanwälte als Beistände vor den ordentlichen Gerichten geregelt werden.[144] Die Praxis der Gerichte werde als unsachgemäß empfunden:[145] Vor den Amtsgerichten war eine Vertretung durch einen Patentanwalt möglich, da insoweit eine Vertretung durch einen Anwalt nicht vorgeschrieben war, also jede Partei mit jeder prozessfähigen Person als Beistand erscheinen konnte (§ 90 ZPO). Anders war dies ab der Instanz der Landgerichte, da hier Anwaltszwang bestand. Das Recht auf Anhörung stand nach § 137 IV ZPO nur der Partei selbst zu, nicht aber einem hinzugezogenen Patentanwalt. Der Vorsitzende konnte sodann nach freiem Ermessen dem als Beistand auftretenden Patentanwalt das Wort erteilen. Damit die Patentanwälte als vollwertiges Organ der Rechtspflege angesehen werden könnten, müsse man ihnen vor

---

141 *Isay*, Rechtsanwaltschaft und Patentanwaltschaft, JW 1925, S. 1362; siehe dazu auch *Rücker*, Rechtsberatung, 2007, S. 31 f.

142 *Isay*, Rechtsanwaltschaft und Patentanwaltschaft, JW 1925, S. 1362.

143 Ebd., S. 1362.

144 Ebd., S. 1362.

145 *Isay*, Rechtsanwaltschaft und Patentanwaltschaft, JW 1925, S. 1362; *Gerdes*, Die Reform des Patentgesetzes und die Patentanwaltschaft, MittDPatAnw 1928, S. 157 f.

Gericht das „Recht zum Wort“ erteilen.[146] Dies sei auch im öffentlichen Interesse und im Interesse der Wirtschaft zu fordern.[147]

Der Landgerichtsrat Bovensiepen forderte darüber hinaus einen dem Anwaltszwang entsprechenden Patentanwaltszwang für alle patentrechtlichen Prozesse.[148] So könnten Patentanwälte direkt, ohne den Umweg über Rechtsanwälte gehen zu müssen, ihre Mandanten vor Gericht vertreten. Die in der Praxis übliche doppelte Vertretung des Erfinders durch einen Rechtsanwalt und einen Patentanwalt führe nur zu einer Steigerung der Kosten der Prozessführung und zu einer Verzögerung der Prozesse. Eine solche Zusammenarbeit sei auch deshalb überflüssig, weil ein Rechtsanwalt auf dem Gebiet des Patentrechts kaum die erforderliche Sach- und Rechtskunde besitze, um die aufgeworfenen Probleme zu erkennen. Patentanwälte seien schon aufgrund ihrer speziellen Ausbildung hierfür geeigneter.[149]

Zweitens müsse man die Frage der Erstattungsfähigkeit der Patentanwaltsgebühren gesetzlich regeln. Für Rechtsanwälte sehe die Gebührenordnung vor, dass im Falle des Obsiegens die Prozess- und Anwaltskosten von der Gegenpartei zu tragen seien.[150] Das Gleiche sei deshalb für Patentanwälte zu fordern. Untragbar sei, dass die Gerichte die Zuziehung des Patentanwalts zwar als notwendig im Sinne von § 91 ZPO einstuften, dann aber nachträglich abschätzen müssten, in welchem Umfang die Arbeit des Patentanwalts notwendig war und dementsprechend die Ersetzung der Gebühren festlegten.[151] Hiergegen spreche, dass eine Würdigung der Notwendigkeit der Zuziehung eines Patentanwalts ex post schwierig bis unmöglich sei. Auch bringe man den Patentanwalt durch die nachträgliche Beurteilung der Notwendigkeit seiner Arbeit in die fragwürdige Stellung, sein Tätigwerden rechtfertigen zu müssen, was der Berufsehre widerspreche.[152]

---

146 *Isay,* Patentreform und Patentanwaltschaft, Zeitschrift für angewandte Chemie 1928, S. 1352; ebenso: *Gerdes,* Die Reform des Patentgesetzes und die Patentanwaltschaft, MittDPatAnw 1928, S. 154.

147 *Gerdes,* Die Reform des Patentgesetzes und die Patentanwaltschaft, MittDPatAnw 1928, S. 154.

148 *Bovensiepen,* Vertretung der Parteien in Patentprozessen durch Patentanwälte, GRUR 1916, S. 143 f.

149 Ebd., S. 143 f.

150 *Isay,* Rechtsanwaltschaft und Patentanwaltschaft, JW 1925, S. 1362.

151 *Eylau,* Die Reform des Patentgesetzes und die Patentanwaltschaft, MittDPatAnw 1928, S. 157.

152 *Isay,* Die Reform des Patentgesetzes und die Patentanwaltschaft, MittDPatAnw 1928, S. 160.

IV. Die Ausbildung der Patentanwälte

Das Patentanwaltsgesetz vom 21. Mai 1900 stellte hohe Anforderungen an den Ausbildungsweg der Patentanwälte. So war nach § 2 PatAnwG 1900 die Eintragung in die Liste der Patentanwälte nur zulässig, wenn die technische Befähigung und der Besitz der erforderlichen Rechtskenntnisse nachgewiesen werden konnten, man im Inland wohnte, das fünfundzwanzigste Lebensjahr vollendet hatte, in der Verfügung über sein Vermögen nicht durch gerichtliche Anordnung beschränkt war und sich keines unwürdigen Verhaltens schuldig gemacht hatte. Gemäß § 3 PatAnwG 1900 galt als technisch befähigt, wer im Inland als ordentlicher Hörer einer Universität, einer Technischen Hochschule oder einer Bergakademie sich dem Studium naturwissenschaftlicher und technischer Fächer gewidmet, alsdann eine staatliche oder akademische Fachprüfung bestanden, außerdem mindestens ein Jahr in praktischer gewerblicher Tätigkeit gearbeitet und hierauf mindestens zwei Jahre eine praktische Tätigkeit auf dem Gebiete des gewerblichen Rechtsschutzes ausgeübt hatte. Nach § 4 PatAnwG 1900 war der Besitz der erforderlichen Rechtskenntnisse durch Ablegung einer Prüfung vor einer Kommission, bestehend aus Mitgliedern des Patentamts und Patentanwälten, berufen durch den Reichskanzler, nachzuweisen. Zu ihr durfte nur zugelassen werden, wer die technische Befähigung (§ 3 PatAnwG) nachgewiesen hatte. Die Prüfung war schriftlich und mündlich abzulegen; sie war insbesondere auch darauf zu richten, ob der Bewerber die Fähigkeit zur praktischen Anwendung der auf dem Gebiete des gewerblichen Rechtsschutzes geltenden Vorschriften besaß. Aus Billigkeitserwägungen konnten nach § 20 II PatAnwG eine Ausnahme zugelassen werden.

1. „Freie Bahn dem Tüchtigen“

Bereits bei der Diskussion des Gesetzesentwurfes im Reichstag kritisierten zahlreiche Abgeordnete die hohen Anforderungen an die Ausbildung eines Patentanwalts. Umstritten war vor allem, ob die geforderte wissenschaftliche Ausbildung den Bedürfnissen der Praxis, der Industrie und der Wirtschaft gerecht wurde.[153] Inhaltlich wich der Entwurf eines Gesetzes betreffend die Patentanwälte vom 29. Dezember 1899 von den hier entscheidenden Regelungen der §§ 2 bis 4 PatAnwG nur unwesentlich in der Formulierung ab, sodass die Ausführungen im Folgenden sich auf das PatAnwG in der endgültigen Fassung beziehen können.

153 Das Reichsgesetz betreffend die Patentanwälte, 1900, S. 8 ff.

In der ersten Lesung im Plenum des Reichstags am 16. Januar 1900 äußerte der Abgeordnete Schrader seine Bedenken wie folgt:

> „Nun vollkommen zugegeben, dass ein Patentanwalt in technischen Dingen erfahren sein muß, so ist mir doch zweifelhaft, einmal ob allein der Besuch der Lehranstalten nun wirklich diejenige technische Befähigung gibt, deren ein Patentanwalt bedarf. Der Patentanwalt bedarf nicht bloß, ja nach meiner Meinung nach nicht einmal hauptsächlich, eines großen wissenschaftlichen Apparats; er bedarf vor allen Dingen einer Kenntnis der Anforderungen der Industrie selbst. Derjenige, der bloß auf Schulen gelernt hat und vielleicht unmittelbar von der Schule in den Beruf eines Patentanwalts übertritt, wird in praktischen Dingen sehr wenig Erfahrung haben; ich fürchte, dass ein solcher Mann nicht besonders geeignet ist, Erfindungen zu vertreten; er wird sich sehr leicht täuschen, denn eine Sache kann theoretisch betrachtet ganz ausgezeichnet erscheinen, während sie praktisch doch an einer Reihe von Dingen sich stößt und darum besser gar nicht verfolgt wäre. Dann aber ist ja zweitens doch zu bedenken, dass man auf Universitäten und Hochschulen einen bestimmten Zweig der Technik studiert, und daß ein Patentanwalt eigentlich in Allem eine gewisse Kenntniß haben soll. Diese Kenntniß erlangt ein Techniker ja dann vielleicht im gewissen Umfange, wenn er in der Praxis arbeitet. Ist er aber darauf angewiesen, nur auf Schulen seine Kenntniß zu holen, so, fürchte ich, wird seine Befähigung für den Beruf in mancher Beziehung mangelhaft sein.[…] Ich meine also, man sollte, wie es ja auch in anderen Ländern geschieht, an die Stelle des Nachweises einer solchen Vorbildung setzen eine eigene Prüfung, eine Prüfung bestimmter Materien. Die genaueren Vorschriften darüber wären dann durch eine allgemeine Verfügung zu treffen und sollen mehr auf das Praktische und das allgemein Technische gerichtet sein und nicht, wie das der Besuch einer Hochschule herbeiführt, eine vollständige Durchbildung in einem bestimmten Zweige verlangen.“[154]

Schrader sah als weiteren Nachteil der beabsichtigten gesetzlichen Regelung an, dass die durch das Gesetz geforderte Ausbildung zu lange dauere und zudem sehr kostspielig sei.[155]

Der Abgeordnete Zwick stimmte zu, dass ausreichendes technisches Wissen und eine praktische Erfahrung in Industrie und Gewerbe unabkömmlich seien. Jedoch müsse man berücksichtigen, dass dieses Wissen auf zwei Wegen erworben werden könne: auf dem, welchen das Gesetz vorschlage, oder aber auf dem Weg des Selbststudiums und der praktischen Tätigkeit. Zwick forderte dementsprechend eine Ausnahmebestimmung für diejenigen, die sich in Ausübung ihres Berufes bewährt hatten.[156]

---

154 Das Reichsgesetz betreffend die Patentanwälte, 1900, S. 48 f.

155 Ebd., S. 49.

156 In: Das Reichsgesetz betreffend die Patentanwälte, 1900, S. 71.

Der Abgeordnete Möller forderte zumindest eine Übergangszeit für bewährte Sachwalter, da erkannt werden müsse, dass es unter Umständen mehr auf praktische und geschäftliche Kenntnisse ankomme als auf theoretisches Wissen und ein Examen nicht maßgeblich sei.[157]

Auch Seligsohn lehnte bereits 1897 eine Verknüpfung der Zulassung als Patentanwalt mit dem Bestehen einer Prüfung ab. Um die gewünschte „sittliche Höhe" der Patentanwaltschaft zu erreichen, die sie für die Erfüllung ihrer Aufgabe im Allgemeininteresse benötige, war für ihn folgender Vorschlag zielführender: Zunächst müsse jeder, der vor dem Patentamt tätig sein wolle, sich in eine beim Patentamt geführte Liste eintragen. Die Eintragung sei zu versagen, wenn zum Beispiel infolge strafrechtlicher Verfolgung die Fähigkeit zur Bekleidung öffentlicher Ämter nicht bestehe oder der Antragsteller aufgrund gerichtlicher Anordnung in der Verfügung über sein Vermögen beschränkt sei. Dann müsse aber auf Antrag ein ehrengerichtliches Verfahren beschritten werden können.[158] Schließlich müssten Verstöße gegen die Pflicht, den Beruf gewissen- und ehrenhaft auszuüben, durch eine ehrengerichtliche Strafe geahndet werden können. Diese Strafe könne als Verweis, Geldstrafe, zeitweilige Suspension oder Ausschließung aus der Patentanwaltschaft ausgestaltet werden. Gegen das Urteil des Ehrengerichts müsse die Berufung an das Reichsgericht zulässig sein.[159]

Seligsohn sah es zudem, anders als Isay, als überflüssig an, den Erfindern, die selbstständig oder in kleinen bis mittleren Unternehmen arbeiteten, durch eine Reform des Standes der Patentanwälte besonderen Schutz durch abgelegte Examina zukommen zu lassen. Er betrachtete dieses Vorhaben als „verlorene Liebesmühe".[160] Seligsohn erklärte dies damit, dass die genannte Gruppe von Erfindern dazu tendiere, ihnen sozial und geistig ebenbürtige Patentanwälte oder Patentagenten um Rat zu fragen, da nach ihrer Auffassung mit diesen vorbehaltloser gesprochen werden könne. Dieser Zweckmäßigkeitsgrund spreche gegen die Einführung von Prüfungen als Zulassungsvoraussetzung zum Patentanwaltsberuf.[161]

Der Verband Beratender Patentingenieure wehrte sich vehement gegen das gesamte Patentanwaltsgesetz von 1900. Insbesondere wandte sich er gegen das Erfordernis einer abgeschlossenen Hochschulbildung.

---

157 In: Das Reichsgesetz betreffend die Patentanwälte, 1900, S. 53.

158 *Seligsohn,* Die Rechtsstellung der Patentanwälte, GRUR 1897, S. 121 f.

159 Ebd., S. 122.

160 Ebd., S. 121.

161 Ebd., S. 121.

Auch nach Erlass des PatAnwG von 1900 wurde die Diskussion unvermindert fortgeführt. Der Verband Beratender Patentingenieure gab im Jahre 1925 eine Denkschrift mit dem Titel „Beratung und Vertretung auf dem Gebiete des gewerblichen Rechtsschutzes. Unterlagen zur Änderung des Patentanwaltsgesetzes" heraus. In dieser kritisierte er die geltende Regelung im PatAnwG und schlug im Hinblick auf die Ausbildungsvoraussetzungen Änderungen vor: Erstens sollte die Gruppe der Patentanwälte durch Aufnahme der Patentingenieure erweitert werden. Falls dies nicht möglich sei, solle eine Liste der Patentingenieure geschaffen werden. Die Voraussetzungen für die Eintragung in diese sollten an die der Patentanwälte angelehnt werden. Zweitens sollte statt der Ablegung eines akademischen Examens die Vollendung des Studiums an einer technischen Mittellehranstalt (oder der Nachweis entsprechender Kenntnisse durch Ablegung einer Prüfung) sowie eine fünfjährige praktische gewerbliche Tätigkeit und eine dreijährige praktische Tätigkeit auf dem Gebiete des gewerblichen Rechtsschutzes genügen. Im Fall nachgewiesener besonderer Befähigung oder besonderer Leistungen könne von einzelnen Erfordernissen abgesehen werden.[162]

Nach Auffassung des Verbandes erfasste das Patentanwaltsgesetz mit seinen Ausbildungsanforderungen das Wesen der Beratung und Vertretung in Patentsachen nicht. Es verkenne die Notwendigkeit der erfinderischen Mitarbeit und der praktischen und wirtschaftlichen Erfahrung des Patentsachwalters.[163] Zu den Aufgaben des Patentsachwalters gehöre erstens die Patentanmeldung. Hierzu müsse man das Wesen der Erfindung erfassen und die Erfindung auf Neuheit prüfen. Es sei Aufgabe des Patentsachwalters, insbesondere gegenüber Kleinerfindern, den Erfindungsgedanken herauszuarbeiten und bei seiner Vervollkommnung mitzuarbeiten. Die Kernfrage sei aber die nach der nutzbringenden Verwertbarkeit, was die Frage der Anmeldung im Ausland nach sich ziehe. Zweitens müsse der Patentsachwalter die Vertretung der Erfindung vor der Patentbehörde übernehmen und schließlich bei der Verwertung der Erfindung Hilfe leisten.[164]

Nach Ansicht des Verbandes konnten Patentanwälte diesen Aufgaben nicht gerecht werden. Die hohen Anforderungen, die das Patentanwaltsgesetz stellte, liefen an der Realität vorbei und seien teilweise kontraproduktiv. Zum einen bilde eine akademische Ausbildung in einem Fach, wie zum Beispiel Physik, zwar für

162 Beratung und Vertretung auf dem Gebiete des gewerblichen Rechtsschutzes, 1925, S. 33 f.

163 Ebd., S. 17.

164 Ebd., S. 16 f.

diese Disziplin eine gewisse Grundlage. Das Beherrschen anderer Fächer könne so aber nicht garantiert werden. Den Besonderheiten einiger Gebiete könnten nur erfahrene Praktiker gerecht werden, die sich damit in der Industrie jahrelang befasst hatten. Zum anderen berge das wissenschaftliche Arbeiten infolge seines abstrakten Charakters die Gefahr einer gewissen Entfremdung des Akademikers vom gewerblichen Leben.[165]

Ein weiterer Kritikpunkt war, dass der einseitig gebildete Patentanwalt den Anforderungen seines umfangreichen Berufes nur durch die Hinzuziehung von auf anderen Gebieten gebildeten Mitarbeitern gerecht werden könne.[166] Diese Mitarbeiter müssten durch das von ihnen beigesteuerte Fachwissen die Wissenslücken des Patentanwalts ausgleichen. Der Patentingenieur hingegen könne in der Regel seine Aufgaben selbst bearbeiten und beschäftige nur zu seiner Unterstützung weitere Mitarbeiter. Die Einseitigkeit des Patentanwalts wirke sich in zweierlei Hinsicht nachteilig für den Stand der Patentanwälte aus und werde letztlich zu einem Problem für die Allgemeinheit: Erstens werde die Abhängigkeit vom Personal zu einem Mangel an Patentanwälten führen, weil das Wissen, trotz hoher Zulassungsvoraussetzungen die spätere Arbeit nicht – geschweige denn gewinnbringend – erfüllen zu können, eine große psychologische Schranke für die Ergreifung dieses Berufes darstelle.[167] Zweitens führe die Angewiesenheit auf Hilfskräfte dazu, dass sich der Beruf des Patentanwalts zu einem geschäftlichen Unternehmen entwickele, mit der Konsequenz der Übernahme eines unternehmerischen Risikos.[168] Weite Landesteile verfügten so über keine ausreichende Zahl an Patentanwälten, was zu einem immensen Schaden für die Wirtschaft führe.[169] Die größte Zahl der Patentanwälte sei in Berlin anzutreffen, wogegen Patentingenieure zum weitaus größten Teil ihren Sitz außerhalb Berlins hätten.[170]

Der Verband Beratender Patentingenieure wandte sich mit der Prognose gegen das PatAnwG, dass die hohen Zulassungsvoraussetzungen zu einem Mangel an Patentanwälten führten, insbesondere in strukturschwächeren Gebieten. Die mangelnde flächendeckende Versorgung mit Patentanwälten aber

165 Beratung und Vertretung auf dem Gebiete des gewerblichen Rechtsschutzes, 1925, S. 22.
166 Ebd., S. 25.
167 Ebd., S. 25 f.
168 Ebd., S. 12.
169 Ebd., S. 32.
170 Ebd., S. 14.

würde zu Nachteilen für die Erfinder und letztlich der Wirtschaft führen. Das gelte es, zu vermeiden.

2. Die gesetzliche Regelung der Zulassungsvoraussetzungen

Isay wandte sich mit aller Entschiedenheit gegen eine Gleichstellung von Patentagenten und Patentanwälten. Zum einen befürchtete er, sobald man eine abgeschlossene wissenschaftliche Bildung nicht mehr für erforderlich halte – das heißt, sobald man die gleichen Rechte auch durch weniger Aufwand erreichen könnte –, werde dem Stand der Patentanwälte die Existenzgrundlage entzogen.[171] Zum anderen könne ihm zufolge so ein umfassender Patentschutz nicht mehr gewährleistet werden, denn:

> „In diesem Kampf, der mit allen Waffen technischer und patentrechtlicher Bildung geführt werden muß, ist die wissenschaftliche Grundlage der technischen Bildung unumgängliches Erfordernis, soll das deutsche Patentwesen die Höhe behalten, die es durch das Zusammenarbeiten des Patentamts mit einem wissenschaftliche gebildeten Patentanwaltsstande erreicht hat."[172]

Man müsse im öffentlichen Interesse ein hohes Bildungsniveau der Patentanwälte fordern. Isay berief sich hier auf die Ausführungen des Richters Luz,[173] der für die Arbeitsgemeinschaft Deutscher Richter hervorhob, dass die Güte der Rechtsprechung von der Mitarbeit einer wissenschaftlich gebildeten Anwaltschaft abhänge.[174]

Das Bedürfnis nach einer wissenschaftlichen Ausbildung ergab sich für Isay zwangsläufig aus den Aufgaben, die ein Patentanwalt zu erfüllen hatte, so zum Beispiel die sachgemäße Abfassung der Patentbeschreibung und des Patentanspruchs und vor allem die Vertretung der Anmeldung vor dem Patentamt gegenüber einem Einsprechenden.[175]

Hierzu müsse jedenfalls zunächst besonders hier sorgfältig gearbeitet werden. Dies erfordere, um verborgene Probleme entdecken zu können, die Fähigkeit abstrakten Denkens, die durch eine abgeschlossene wissenschaftliche Bildung gesteigert, wenn nicht erst gebildet werde.[176] Die Hauptaufgabe eines Patentanwalts sei aber in der Vertretung der Anmeldung vor dem Patentamt und

171 *Isay*, Der Kampf um die wissenschaftlichen Grundlagen der Patentanwaltschaft, S. 18.
172 Ebd., S. 22.
173 *Isay*, Rechtsanwaltschaft und Patentanwaltschaft, JW 1925, S. 1362.
174 Ebd., S. 1362; *Luz*, Die Arbeitsgemeinschaft Preußischer Richter, JW 1925, S. 717.
175 *Isay*, Der Kampf um die wissenschaftlichen Grundlagen der Patentanwaltschaft, S. 21 f.
176 Ebd., S. 21.

gegenüber dem Einsprechenden zu sehen, da hier das Schicksal des Patents und oft genug das Schicksal eines geschäftlichen Unternehmens betroffen sein. Einer gewissenhaften Erfüllung dieser Aufgabe bedürften beide Seiten, was die Bedeutung einer erfolgreichen Vertretung verdoppele, nämlich der Patentanmelder selbst ebenso wie der Einsprechende.[177]

Der Regierungsrat und Abteilungsvorsitzende im Kaiserlichen Patentamt, Felix Damme, vertrat die gleiche Auffassung wie Isay: Das Bildungsniveau der Patentanwälte dürfe keinesfalls herabgesetzt werden. Es sei ein Irrtum zu glauben, dass allein praktische Kenntnisse eine sachgemäße Vertretung der Erfinder ermögliche. Entscheidend für die Arbeit eines Patentanwalts sei die Notwendigkeit, aus den einzelnen Fällen allgemeine Gesichtspunkte zu gewinnen und sich selbst an der Weiterbildung des Patentwesens zu beteiligen.[178] Nach Damme hatte die akademische Bildung also nicht nur den Effekt, positives Wissen zu vermitteln, sondern ermöglichte vor allem das Erlernen der methodischen Arbeitsweise, die für Patentanwälte, um ihrer Funktion gerecht zu werden, unabdingbar sei. Ein Verzicht auf die Anforderungen an die Ausbildung, die das PatAnwG 1900 stellte, wäre ein Rückschritt.

Der Patentanwalt Josef Oppenheimer stellte heraus, dass Patentanwalt und Patentamt die gleichen Ziele verfolgten und eine erfolgreiche Zusammenarbeit nur möglich sei, wenn beide gleich qualifiziert seien. Solange das Patentamt bei seinen Mitarbeitern eine akademische Bildung fordere, müsse dies auch für die Erfindervertreter gelten. Ferner seien die meisten Erfindungen ohne wissenschaftliche Bildung der Erfinder nicht möglich; sie könnten daher auch nur von Erfindervertretern mit wissenschaftlicher Bildung verstanden werden. Auch im Allgemeininteresse sei eine akademische Bildung, die ein Mindestmaß an geistiger Beweglichkeit und Grundkenntnissen fördere, unerlässlich, um das schnelle Verstehen bei der Einarbeitung in fremde Materien zu erleichtern.[179] Eine Ausnahmebegabung könne zwar die akademische Bildung überflüssig machen; sie sei aber zum einen sehr selten und zum anderen könne derjenige, auf den dies zutrifft, mit Leichtigkeit auch die vom Gesetz geforderten Voraussetzungen erfüllen.[180]

---

177 *Isay,* Der Kampf um die wissenschaftlichen Grundlagen der Patentanwaltschaft S. 2.
178 *Damme,* Zu der Veröffentlichung „Beratung und Vertretung auf dem Gebiet des gewerblichen Rechtsschutzes", S. 82.
179 *Oppenheimer,* Patentamt und Patentanwalt, MittDPatAnw 1927, SNr., S. 202.
180 Ebd., S. 202.

In die Reihe der Befürworter der vom Gesetz geforderten Ausbildung stellte sich auch der Hochschullehrer Fritz Seidenschnur. Er sah in den abgelegten Examina sowohl im Bereich der Technik als auch im Bereich des Rechts eine Gewähr für eine sachverständige Beratung und Unterstützung des Anmelders.[181]

V. Gewerbeordnung und Patentanwälte

Die Diskussion über die Patentanwälte setzte sich in der Frage fort, ob auch nach Erlass des Patentanwaltsgesetzes von 1900 Patentanwälte weiterhin vom Anwendungsbereich der Gewerbeordnung für das Deutsche Reich vom 30. Juni 1900[182] erfasst wurden.

Die Brisanz dieser Frage ergab sich zum einen aus den Rechtsfolgen, die sich bei Anwendung der Gewerbeordnung auf Patentanwälte für diese ergaben. Neben der Pflicht, den Beginn der Tätigkeit anzuzeigen, wäre die landespolizeiliche Überwachung eröffnet gewesen, Gewerbesteuer hätte entrichtet werden müssen und eine Bestrafung wegen Konkursvergehen wäre möglich gewesen, wenn eine Führung der Geschäftsbücher unterlassen wurde.[183] Zum anderen spielte ein psychologischer Faktor bei der Beantwortung dieser Frage eine Rolle: Die Patentanwälte beabsichtigten, die Gleichstellung mit dem Stand der Rechtsanwälte zu erreichen. Rechtsanwälte unterstanden der Gewerbeordnung jedoch nicht. Würde man die Gewerbeordnung also auf Patentanwälte anwenden, so bedeutete dies im Vergleich zu Rechtsanwälten eine Herabstufung in Funktion, Stellung und Ansehen.

Der ausdrückliche Ausschluss einer Bestimmung der Gewerbeordnung war nur in § 18 PatAnwG 1900 zu finden: Danach durfte den Patentanwälten die berufsmäßige Vertretung anderer Personen vor dem Patentamt aufgrund von § 35 III Gewerbeordnung für das Deutsche Reich vom 30. Juni 1900[184] nicht untersagt werden.

---

181 *Seidenschnur,* Der Wert der patentanwaltlichen Beratung und Vertretung für den Anmelder, MittDPatAnw 1930, S. 209.

182 Gewerbeordnung für das Deutsche Reich. Vom 30. Juni 1900. RGBl. S. 321.

183 *Kallmann,* Der Patentanwalt und die Gewerbeordnung, MittDPatAnw 1916, S. 28.

184 § 35 GewO lautete: „[I.] Die Erteilung von Tanz-, Turn- und Schwimmunterricht als Gewerbe [...] ist zu untersagen, wenn Thatsachen vorliegen, welche die Unzuverlässigkeit des Gewerbetreibenden in Bezug auf diesen Gewerbebetrieb darthun. [...] [III.] Dasselbe gilt von der gewerbsmässigen Besorgung fremder Rechtsangelegenheiten [...]."

1. Das Patentanwaltsgesetz als lex specialis

Nach Isay trat das Patentanwaltsgesetz an die Stelle der Gewerbeordnung. Er betonte, dass man zum einen die Ausübung eines Gewerbes nicht als Gegensatz zu einer wissenschaftlichen Tätigkeit betrachten könne. Vielmehr solle besser jedes Gewerbe auch auf eine wissenschaftliche Grundlage gestellt werden.[185] Zum anderen sei jegliche Definition und Subsumtion von Begriffen, wie dem des Gewerbes, nicht zielführend. Man müsse vielmehr im positiven Recht nach einer Antwort suchen.[186] Hierfür nannte er zwei Lösungswege, legte sich aber auf keinen fest. Ein Ausschluss der patentanwaltlichen Tätigkeit aus dem Anwendungsbereich der Gewerbeordnung war für ihn durch folgende Gesetzesauslegungen möglich:

Nach § 6 GewO war die anwaltliche Tätigkeit von der Gewerbeordnung ausgenommen. Für Isay war die patentanwaltliche Tätigkeit ebenfalls eine anwaltliche Tätigkeit. Dies sei auch vom Landgericht Berlin II in seiner Entscheidung vom 3. Dezember 1907 festgestellt worden[187]. Dieses hob in seiner Urteilsbegründung hervor, dass der Gesetzgeber zwar bei der Schaffung des § 6 der Gewerbeordnung nicht an die Patentanwälte gedacht habe, es verwies aber darauf, dass berufliche und soziale Stellung nun ähnlich den Rechtsanwälten geregelt sei und Patentanwälte ebenso in „advokatorischer Weise" auftraten, weshalb die Reichsgewerbeordnung keine Anwendung finden könne.[188]

Den zweiten Weg biete § 35 GewO, der die Besorgung fremder Rechtsangelegenheiten der landespolizeilichen Aufsicht unterstellte. Gemäß den §§ 5 ff. PatAnwG 1900[189] unterstehe der Patentanwalt jedoch der Aufsicht des

185 *Isay*, Der Patentanwalt und die Gewerbeordnung, MittDPatAnw 1916, S. 34.

186 Ebd., S. 34 f.

187 Ebd., S. 33.

188 Abgedruckt in: Bl.f.PMZ 1908, S. 152.

189 Zur Erläuterung ein Auszug aus dem PatAnwG 1900, RGBl. S. 233:
„§ 5 Der Patentanwalt ist verpflichtet, seine Berufstätigkeit gewissenhaft auszuüben und durch sein Verhalten in Ausübung des Berufes sowie außerhalb desselben sich der Achtung würdig zu zeigen, welche sein Beruf erfordert. [...]
§ 6 Die Eintragung wird vom Patentamte gelöscht [...].
§ 7 Die Eintragung ist ferner zu löschen, wenn nachträglich Tatsachen bekannt werden, welche nach § 2 II Nr. 4 die Versagung der Eintragung begründen oder wenn der Eingetragene die ihm nach § 5 obliegenden Pflichten verletzt.
In leichteren Fällen der Pflichtverletzung kann statt der Löschung in der Liste als Ordnungsstrafe ein Verweis oder eine Geldstrafe bis zu dreitausend Mark verhängt werden. Geldstrafe kann mit Verweis verbunden werden.

Reichskanzlers bzw. des Ehrengerichtes. Das Patentanwaltsgesetz trete folglich an die Stelle der Gewerbeordnung.[190]

2. Die Forderung nach einer ausdrücklichen gesetzlichen Regelung

Der Rechtsanwalt Kallmann stimmte mit Isay im Ergebnis überein: Die Vorschriften der Gewerbeordnung seien auf die Verhältnisse der Patentanwälte nicht anzuwenden. Allerdings forderte er, anders als Isay,[191] eine Klarstellung der Frage durch eine neue und deutliche gesetzliche Regelung.[192]

Für Kallmann ergab sich die Nichtanwendbarkeit der Gewerbeordnung, wiederum anders als bei Isay, aus der Subsumtion der tatsächlichen Verhältnisse der Patentanwälte unter die bestehenden Definitionen. So definiere die Gewerbeordnung zwar den Begriff des Gewerbes nicht, aber es sei festzustellen, dass ein Gewerbe die auf den fortgesetzten eigenen Erwerb gerichtete Tätigkeit sei. Kein Gewerbe, folglich nicht in den Anwendungsbereich der Gewerbeordnung fallend, seien wissenschaftliche höhere Berufsarten. Deren Kennzeichen sei, dass sie aufgrund staatlich geforderter Vorbildung unter besonderer Verantwortung öffentliche Zwecke erfüllten. Kein Charakteristikum, vielmehr bloßer Nebeneffekt, sei der Gelderwerb.[193] Kallmann äußerte sich wie folgt:

> „[…] was die gesetzgebenden Faktoren bei Schaffung des provisorischen Gesetzes vom 21. Mai 1900 erst für die Zukunft durch allmähliche Entwicklung herbeiführen wollten, ist längst eingetreten. Ein einheitlicher, auf Tradition fußender, wissenschaftlicher Berufsstand ist seit Jahren geschaffen. Sein Tätigkeitsgebiet beruht ausschließlich auf höherer, wissenschaftlicher Grundlage und trägt nach keiner Richtung hin die Merkmale eines Gewerbebetriebes in sich, der es rechtfertigen könnte, die Vorschriften der Gewerbeordnung auf ihn anzuwenden.“[194]

Zunächst habe die Tätigkeit der Patentanwälte inzwischen rein wissenschaftlichen Charakter. Der Aufgabenbereich umfasse neben Verhandlungen vor dem

---

§ 8 Die Entscheidung in den Fällen des § 7 erfolgt in einem ehrengerichtlichen Verfahren.

§ 9 Die Einleitung des Verfahrens wird durch den Reichskanzler verfügt. […]

§ 10 Zuständig zur Verhandlung und Entscheidung ist das Ehrengericht. […]“

190 *Isay*, Der Patentanwalt und die Gewerbeordnung, MittDPatAnw 1916, S. 34 f.

191 Ebd., S. 34.

192 *Kallmann*, Der Patentanwalt und die Gewerbeordnung, MittDPatAnw 1916, S. 34.

193 Ebd., S. 28 f.

194 Ebd., S. 33.

Patentamt auch schriftliche Eingaben, Gutachtertätigkeiten und die Raterteilung. Durch diese Aufgaben würden einerseits Laien vor Schäden geschützt, andererseits schütze dies auch die Behörde, also das Patentamt selbst.

Des Weiteren habe das im Gesetz vorgesehene Ehrengericht Standespflichten festgelegt, die zudem der Verband Deutscher Patentanwälte fordere. So seien beispielsweise Grundsätze für die zulässige Reklame ausgearbeitet worden. Ein typisches Gewerbe könne man hier nicht erkennen.[195] Ferner würden die Vorschriften über den unlauteren Wettbewerb nicht zur Anwendung kommen, da das Ehrengericht bereits vorher eingreifen würde.

Kallmann schloss außerdem aus § 18 PatAnwG 1900 nicht als Argumentum e Contrario, dass im Übrigen die Gewerbeordnung anzuwenden war. Vielmehr sah er § 18 PatAnwG 1900 als Ausnahmeregel an, der keine allgemeine Regel entnommen werden könne.[196]

3. Patentanwälte als Gewerbetreibende

In den Materialen zum Patentanwaltsgesetz war darauf hingewiesen worden, dass nach Auffassung der Verfasser der Patentanwalt ein Gewerbetreibender sei und bleiben solle. In der Gesetzesbegründung zu § 19 PatAnwG 1900 wurde dargelegt, dass für die Patentanwälte keine Ausnahme von der Anzeigepflicht des Gewerbes nach § 35 IV GewO zu machen sei.[197]

Felix Damme ordnete die Patentanwälte weiterhin als Gewerbetreibende ein, auf welche die Vorschriften der Gewerbeordnung anzuwenden seien, denn auch Patentanwälte böten ihre Dienste, wenn dies auch Dienste höherer geistiger Art seien, gegen Entgelt an.[198] Allerdings betonte er, dass diese Einordnung als Gewerbetreibender nicht gleichzusetzen sei mit dem Streben nach Gewinn. Vielmehr bilde auch unter den Gewerbetreibenden jeder Berufsstand seine besonderen Sitten und Grundsätze aus, deren Gesamtheit als Standesehre bezeichnet werde.[199] Insofern stellten die Patentanwälte in der Gruppe der Gewerbetreibenden eine Sondergruppe dar, da sie den gehobenen Anforderungen anwaltlicher Ehre unterstünden.[200]

---

195 *Kallmann*, Der Patentanwalt und die Gewerbeordnung, MittDPatAnw 1916, S. 32.

196 Ebd., S. 29.

197 Das Reichsgesetz betreffend die Patentanwälte, 1900, S. 31.

198 *Damme*, Zu der Veröffentlichung „Beratung und Vertretung auf dem Gebiet des gewerblichen Rechtsschutzes", S. 81.

199 *Damme/Lutter*, Handbuch des Deutschen Patentrechts, S. 132.

200 Ebd., S. 132.

Nach Damme ergab sich die Einordnung als Gewerbetreibende aus den Motiven zum Patentanwaltsgesetz (s.o.) zudem unmittelbar aus dem Gesetz. Nach § 18 PatAnwG 1900 sollte die Gewerbeordnung insoweit nicht angewendet werden, als den Patentanwälten die gewerbsmäßige Vertretung anderer vor dem Patentamt nicht durch § 35 III GewO untersagt werden durfte. Daraus folgerte Damme, dass, sofern die Gewerbeordnung überhaupt nicht auf die Verhältnisse der Patentanwälte anzuwenden gewesen wäre, es einer derartigen Hervorhebung in § 18 PatAnwG 1900 nicht bedurft hätte.[201]

VI. Zusammenfassung und Ausblick

1. Hermann Isay setzte sich zeitlebens für einen umfassenden Patentschutz ein, um die Leistungen der Wirtschaft durch entsprechende rechtliche Grundlagen zu fördern. Die wünschenswerte Schutzwirkung von Patenten war jedoch ohne geeignete Interessenvertreter nicht realisierbar. Daher war es konsequent, dass Isay Vorschläge unterbreitete, um – wie er meinte – bestimmte Missstände bei Patentsachwaltern zu beseitigen. Er wollte die Aufmerksamkeit insbesondere darauf lenken, dass das Entscheidende für die Arbeit eines Patentanwalts die Notwendigkeit sei, jede Erfindung als höheren Wert anzusehen, aus den einzelnen Fällen allgemeine Gesichtspunkte zu gewinnen und sich selbst an der Weiterbildung des Patentrechts zu beteiligen. Somit sollten sich die Patentanwälte zu einem Organ der Rechtspflege entwickeln, eine umfassende wissenschaftliche Ausbildung absolvieren und sich nicht als Gewerbetreibende ansehen.
2. Die Kontroverse über die Stellung der Patentanwälte begleiteten folgende Umstände: Erstens war das Gesetz betreffend die Patentanwälte von 1900 als Übergangsregelung gedacht. Es verfolgte zunächst den Zweck, die Auswahl des rechtsuchenden Publikums auf technisch und juristisch ausreichend gebildete Personen zu lenken – weshalb der Beruf des Patentanwalts geschaffen wurde. Im Gesetz von 1900 waren aber noch keine Regelungen zu einer berufsständischen Organisation der Patentanwälte enthalten. Zweitens wurde es im Ergebnis, so der Gesetzgeber von 1933, seinem erklärten nächsten Ziel, dem Schutz des rechtsuchenden Publikums vor ungeeigneten Patentsachwaltern, nicht gerecht. Die gesetzliche Normierung der Patentanwaltschaft führte gleichwohl zumindest mittelbar zu einer Steigerung des Niveaus der Vertretung in Patentsachen. Das Gesetz betreffend die Patentanwälte von

201 *Damme,* Das Reichsgesetz betreffend die Patentanwälte, 1900, S. 50.

1900 war der erste Schritt auf dem Weg zu einem der Rechtsanwaltschaft entsprechenden Stand der Patentanwälte.

3. Obwohl unter anderem der damalige Präsident des Reichspatentamtes, Friedrich von Specht, bereits 1924 verdeutlichte, dass einem innerlich gefestigten, freien Berufsstand des Patentanwalts eine Selbstverwaltung und öffentlich-rechtliche Persönlichkeit nicht vorenthalten werden dürfe, wurde vielen Forderungen, die bereits von Isay aufgestellt wurden, erst im Rahmen des neuen Patentanwaltsgesetzes vom 28.9.1933 entsprochen. So wird in der Begründung zum Patentanwaltsgesetz von 1933 Folgendes herausgestellt:
„Die Patentanwaltschaft hat sich als wichtiges Organ der Rechtspflege auf dem Gebiet des gewerblichen Rechtsschutzes bewährt und über ihre engeren Berufspflichten hinaus an der Fortbildung des Rechts erfolgreich mitgearbeitet."[202]
4. Laut der amtlichen Begründung des Patentanwaltsgesetzes von 1933 sollte das Gesetz die Mängel des Gesetzes von 1900 ausbessern.[203] Hervorzuheben sind folgende Neuerungen:
Zunächst wurde das Vertretungsmonopol der Patent- und Rechtsanwälte in Hinblick auf die gewerbsmäßige Besorgung fremder Rechtsangelegenheiten auf dem Gebiet des gewerblichen Rechtsschutzes in § 9 PatAnwG 1933 geregelt. Wie bereits zuvor umfasste dies die Vertretung vor dem Patentamt, aber nunmehr auch die mündliche und schriftliche Beratung auf dem Gebiet des gewerblichen Rechtsschutzes. Aus Billigkeitsgründen wurde wiederum in den §§ 56, 57, 60 PatAnwG 1933 eine Übergangsregelung für Patentagenten geschaffen.
Ferner wurde in Anlehnung an die Rechtsanwaltsordnung das Standesrecht der Patentanwälte neu ausgestaltet. Eine Patentanwaltskammer als öffentlich-rechtliche Selbstverwaltungskörperschaft wurde errichtet (§ 14 PatAnwG 1933).
Darüber hinaus wurden konsequenterweise die Befugnisse des Patentanwalts erweitert: Bei Rechtsstreitigkeiten auf dem Gebiet des gewerblichen Rechtsschutzes vor den ordentlichen Gerichten, auch in Berufungsverfahren vor dem Reichsgericht, war dem Patentanwalt jetzt auf Antrag seiner Partei das Wort zu erteilen (§ 9 III PatAnwG 1933). In der Folge waren

202 Begründung zum Gesetz vom 28.9.1933, in: Bl.f.PMZ 1933, S. 254 ff.; *Ullrich,* Die Patentanwaltschaft, 1936, S. 71; *Kelbel,* Die neue Patentanwaltsordnung, MittDPatAnw 1966, S. 222.

203 Begründung zum Gesetz vom 28.9.1933, in: Bl.f.PMZ 1933, S. 254.

damit auch die Kosten der Hinzuziehung eines Patentanwalts erstattungsfähig und standen nicht mehr im Ermessen des Gerichts.

5. Spätestens ab diesem Zeitpunkt war die Gleichstellung von Patent- und Rechtsanwaltschaft erfolgt. Beide waren nunmehr Organ der Rechtspflege, freier Beruf und setzten notwendigerweise eine akademische Ausbildung voraus. Die Entwicklung der Patentanwaltschaft von einer inhomogenen Berufsgruppe zu einer von Richard Alexander-Katz so genannten „jüngeren Schwester der Rechtsanwaltschaft" war erfolgt.

Zusammenfassung

1. Hermann Isay wurde am 7.9.1873 in Berlin geboren und starb am 21.3.1938. Nach dem Jurastudium in Straßburg, Berlin und Bonn, bei dem er auch wirtschaftswissenschaftliche Vorlesungen besuchte, legte er das Referendarexamen ab und wurde in Erlangen promoviert. Das Assessorexamen absolvierte er 1901. Er ließ sich sodann als Rechtsanwalt am Kammergericht Berlin nieder. In seine Kanzlei trat 1911 sein Bruder Rudolf Isay ein. Während der Weimarer Republik wurde die Kanzlei eine der renommiertesten Wirtschaftskanzleien in Berlin, in die 1928 Eduard Reimer eintrat. Neben der Anwaltssozietät betrieb er auch ein Notariat und war ab 1912 Dozent auf dem Gebiet des gewerblichen Rechtsschutzes. In seiner Habilitationsschrift behandelte er das Thema „Das juristische Denken und seine Bedeutung für die Erziehung des Technikers". 1925 wurde er zum nichtbeamteten außerordentlichen Professor der Technischen Hochschule Berlin ernannt. Er veröffentlichte über 300 Schriften, mehrheitlich im Patentrecht. Sein Kommentar zum Patentgesetz erschien in sechs Auflagen. Er war im geschäftsführenden Ausschuss der GRUR, ferner engagierte er sich im Redaktionsausschuss und in der Schriftleitung der GRUR sowie in anderen Vereinigungen des gewerblichen Rechtsschutzes.
2. Gleichzeitig mit der Entstehung des Begriffs des Wirtschaftsrechts wurde unter anderem von Hermann Isay eine Reform der juristischen Ausbildung gefordert. Hintergrund war insbesondere die Ökonomisierung aller Lebensbereiche. An die Stelle einseitig ausgebildeter Nurjuristen sollten ökonomisch versierte Juristen treten.
3. Hermann Isay sah in Patenten das entscheidende Mittel im Wirtschaftskampf, da seiner Meinung nach ein Wiederaufstieg Deutschlands nur durch ein Erstarken der Exportleistung möglich war. Das beste Exportmittel wiederum seien innovative Technologien, die durch Patente geschützt werden mussten. Das erklärte sich für ihn aus der kritischen Auseinandersetzung mit der Entstehungsgeschichte des Schutzes von Erfindungen sowie deren Rückwirkung auf die jeweilige wirtschaftliche Situation.
4. Die Funktion der Patente innerhalb dieses Wirtschaftskampfes und das Schicksal der deutschen Industrie bestimmten nach Isay die Rettung und Stärkung eines unabhängigen industriellen Mittelstandes. Gerade in den kleinen bis mittleren Unternehmen seien die Werte und der Erfinderschatz zu finden, derer es bedürfe, um die deutsche Wirtschaft wieder zum Erfolg zu führen. Er erachtete

die Rückeroberung des Absatzes im Ausland als ein Mittel im Kampf gegen die Wirtschaftskrise. Nur auf diese Weise sei die Volkswirtschaft wiederaufzubauen. Als deutsches Wirtschaftsgut, das am geeignetsten für den Absatz im Ausland war, sah Isay vor allem die Ergebnisse deutschen technischen Schaffens. Technische Höchstleistungen jedoch, die sich auf dem Weltmarkt behaupten könnten, seien nur in kleinen bis mittleren Unternehmen zu erzielen, in denen die Persönlichkeit noch eine Rolle spiele.

5. Nach Isay ging mit den zunehmenden Unternehmenszusammenschlüssen das Eingliedern oder Schließen kleiner und mittlerer Unternehmen Hand in Hand und bewirkte das Schaffen eines erfindungsfeindlichen Umfeldes. Damit die Unternehmenszusammenschlüsse ihrem Entstehungsgrund, der Gewinnerzielung und Rentabilität, näherkommen könnten, ergebe sich das Bedürfnis einer straffen Organisation und Bürokratie, in der finanzpolitische und nicht erfindungsfreundliche Aspekte dominierten. Das werde durch die Entwicklung im Bankwesen begünstigt, da bei der Kreditvergabe allein Sicherheiten oder Mitwirkungsmöglichkeiten im betreffenden Unternehmen zählten, nicht das private Vertrauen in die Innovationsfähigkeit eines Unternehmens. In einem kleinen Unternehmen trennten Leitung und Produktion nur wenige Instanzen, vor allem werde nicht in eine kaufmännische und eine technische Seite aufgespalten. Entscheidungen würden auf unmittelbare Eindrücke gegründet und nicht auf Berichte. Die Bürokratie der Großunternehmen sei ein erfindungsfeindliches Umfeld, denn Erfindungen, so Isay, werden allein durch die Persönlichkeit und Individualität des Forschers geschaffen.
6. In letzter Konsequenz befürchtete Isay durch das Vorantreiben des Konzentrationsprozesses und der Rationalisierung den Verlust der fördernden Wirkung des Wettbewerbs auf technische und innovative Mehrleistung. Wettbewerb könne nur entstehen, wenn unter allen Teilnehmern annähernd die gleichen Voraussetzungen herrschten. Von einer vergleichbaren Bedürfnis- und Interessenlage zwischen Einzel- und Großunternehmen könne jedoch nicht die Rede sein. Für die Großkonzerne reihe sich das Patent in eine lange Reihe von möglichen Mitteln im Konkurrenzkampf ein. Dem industriellen Mittelstand hingegen bleibe mit Innovationen oft die einzige Möglichkeit, im Konkurrenzkampf zu bestehen und damit die deutsche Volkswirtschaft zu fördern.
7. Der Geist des Mittelstandes machte für Isay eine Eigenart des deutschen Volkes aus. Sein Verschwinden führe zu einem Verlust alter Werte und zum Brachliegen schöpferischen Potentials. Isay maß einem starken Patentschutz daher auch eine ethische Funktion zu.

8. Für die Erteilung von Patenten durch das Patentamt muss der Patentsuchende die Erfindung genau beschreiben. In den Anfangsjahren nach Erlass des ersten Patentgesetzes von 1877 sah das Reichsgericht in der Patenterteilung eine Willenserklärung des Patentamtes. Den vom Anmelder und vom Patentamt abgegebenen Willenserklärungen bei der Patenterteilung wurde die entscheidende Bedeutung beigemessen, sodass bei einem Patentverletzungsprozess diese Erklärungen wie privatrechtliche Willenserklärungen nach allgemeinen Grundsätzen auszulegen waren. Ergänzend konnten Zeichnungen, Modelle und Vorgänge im Patenterteilungsverfahren Bedeutung erlangen. Der Richter im Verletzungsprozess war hieran gebunden.
9. In der ersten Phase der Patentauslegung wurde kritisiert, dass das Wesentliche der Erfindung, insbesondere bei komplexen Erfindungen, im Zeitpunkt der Anmeldung oft nicht vollumfänglich darstellbar sei. Hierüber half sich die Rechtsprechung zunächst im Zuge einer Fortentwicklung der ersten Auslegungsgrundsätze unter Zuhilfenahme einer Fiktion hinweg: Zum einen habe das Patentamt alles patentieren wollen, was der Anmelder nach dem Stand der Technik anmelden konnte, und zum anderen habe der Anmelder alles anmelden wollen, was er nach dem Stand der Technik anmelden konnte.
10. Um Nachteilen für die deutsche Volkswirtschaft entgegenwirken zu können, mussten nach Isay die im deutschen Patentsystem bestehenden Mängel beseitigt werden. 1909 verfasste er den viel beachteten Aufsatz „Wesen und Auslegung des Patentanspruchs". Hierin warf er die zentrale Frage auf, ob denn der Patentanspruch sowohl den Gegenstand der Erfindung als auch deren Schutzumfang festlegen könne. Es ist als Hermann Isays Verdienst anzusehen, dass er erstmalig mit begrifflicher Klarheit den Gegenstand der Erfindung und deren Schutzumfang gegenüberstellt.
11. Für Isay hatte der Patentanspruch allein die Funktion, den Gegenstand der Erfindung festzulegen. Arbeite man den Gegenstand der Erfindung heraus, reflektiere man rückblickend die Erfindung und setze sie in Vergleich zu dem bisherigen Stand der Technik, wodurch man eine Abgrenzung zu den schon bekannten Erfindungen treffen könne. Wolle man dagegen den Schutzbereich des Patents erfassen, müsse man vorausschauend auf zukünftige, technisch ähnliche Ausführungsformen blicken, um den Schutzbereich möglichst weit ziehen zu können.

    Die Art der Formulierung des Patentanspruchs habe sich, so Isay, dem Gegenstand anzupassen. Wolle man den Gegenstand der Erfindung herausarbeiten, so müsse man diesen möglichst präzise und klar darstellen, wobei man nicht mit Worten und Merkmalen sparen dürfe. Hierfür sei es besser, eine Angabe oder ein Merkmal mehr aufzunehmen, sofern dadurch die technisch zugrunde liegende Idee deutlicher hervortrete. Wer dagegen die Grenzen des Schutzbereichs bestimmen wolle, sei bestrebt, diese so weit wie möglich zu ziehen, weshalb er möglichst wenige Merkmale in den Anspruch aufnehme und lediglich Begriffe verwende, die möglichst weit gefasst seien.

12. Nach Isay war es für die Bestimmung des Schutzbereiches notwendig, das Wesentliche der Erfindung klar herauszuarbeiten und vom Unwesentlichen zu trennen. Das sei bei komplexen Erfindungen bezüglich aller Umgehungsmöglichkeiten vorab unmöglich, da bestimmte Anwendungsarten der Erfindung noch nicht bekannt seien. Der Schutzumfang sei erst im Verletzungsprozess zu ermitteln. Die „Auslegung" des Patents war für ihn damit begrifflich keine Auslegung, sondern die selbstständige richterliche Feststellung des Schutzumfanges.
    Hierfür sei zunächst der Erfindungsgedanke herauszuarbeiten, wofür der Wille des Anmelders und Patentamtes entscheidend sei und daher an dieser Stelle die Erteilungsakten heranzuziehen seien. Für den endgültigen Umfang des Schutzes bleibe dann aber dieser Wille außer Acht, außer bei einem eindeutig erklärten Verzicht oder einer Beschränkung – was eine grundlegende Änderung in der Betrachtungsweise des Stellenwerts der Erteilungsakten im Vergleich zur bisherigen Rechtsprechung begründe. Es entscheide allein die Bedeutung der Erfindung nach dem Stand der Technik über den Schutzumfang. Damit sei unerheblich, ob beim Patenterteilungsverfahren die Kenntnis vom Stand der Technik bestanden habe oder nicht – der Behelf über die Fiktion des vermuteten Willens des Patentamtes sei nicht länger nötig.
13. Die Koks-Löschrinnen-Entscheidung des Reichsgerichts vom 9.2.1910 nahm Bezug auf Herman Isays zentralen Vortrag „Wesen und Auslegung des Patentanspruchs" und läutete damit die zweite Phase der Patentauslegungsgrundsätze ein. Diese Phase, in der entsprechend Hermann Isays Zweiteilungslehre der Gegenstand der Erfindung und der Schutzumfang gegenübergestellt wurden, ist die erfinderfreundlichste Phase der Patentrechtsprechung. Kritisiert wurde die dadurch begünstigte Rechtsunsicherheit. Isays Zweiteilungslehre stellte über drei Jahrzehnte die herrschende Lehre dar.
14. Hermann Isay forderte die rechtlichen Grundlagen dafür, dass die Ressource Innovation nicht nur gefördert, sondern optimal nutzbar gemacht werden konnte. Hierzu war für ihn nicht nur ein starker Patentschutz nötig, vielmehr bedurfte es auch kompetenter Interessenvertreter. Herman Isay

nahm an der kontrovers geführten Diskussion über das Verhältnis zwischen Patentanwälten und Patentagenten teil. Die Bezeichnung „Patentanwalt" war zunächst lediglich eine der möglichen Begriffe (wie z.B. Patentagent, Patentingenieur etc.) für die inhomogene Berufsgruppe der als Patentsachwalter Tätigen. Das Patentgesetz von 1877 stellte keine besonderen Anforderungen an Patentsachwalter, da man auf eine allmähliche Hebung des Standes aus eigener Kraft hoffte.

15. Patentsachwalter wurden zunächst als Gewerbetreibende behandelt. Man wandte § 35 der Reichsgewerbeordnung an, wonach der Gewerbebetrieb dem Anmeldezwang unterlag und im Falle nachgewiesener Unzuverlässigkeit durch die zuständigen Behörden untersagt werden konnte. Es wurde kritisiert, so auch von Hermann Isay, dass dies nicht ausreichend sei, um bestehende Missstände einzudämmen.
16. Der nächste Meilenstein auf dem Weg zu einem einheitlichen Stand der Patentanwälte war das Inkrafttreten des Patentanwaltsgesetzes vom 21. Mai 1900, in dem unter anderem ein technischer und rechtlicher Befähigungsnachweis als Voraussetzung für die Eintragung in die Liste der Patentanwälte vorgesehen war. Der Zweck des Patentanwaltsgesetzes war nicht die Schaffung einer Standesordnung, sondern die Lenkung der Auswahl der Rechtsuchenden auf ausgebildete Patentanwälte. Das Reichsministerium des Inneren warnte, dass die Mehrheit der Patentagenten die berechtigten Erwartungen des Schutz suchenden Publikums nicht erfüllten.
17. Nach Isay trat das Patentanwaltsgesetz für Patentanwälte an die Stelle der Gewerbeordnung, da § 6 GewO die anwaltliche Tätigkeit von der Gewerbeordnung ausnehme. Für Isay waren Patentanwälte ein Organ der Rechtspflege, deren wichtigste Aufgabe es sei, zur Rechtsgestaltung und somit zur Rechtsfindung beizutragen. Er betrachtete die Rechtsanwaltschaft und die Patentanwaltschaft als parallele Erscheinungen. Die Gegenauffassung sah kein Bedürfnis für einen neuen Stand der Patentanwaltschaft, da entweder die Erfinder selbst den Verstand besäßen, ihre Interessen zu vertreten, oder das Patentamt erforderliche Rechtsauskünfte erteilen solle.
18. Aus dem Streit über die Stellung der Patentanwaltschaft ergab sich eine zweite Kontroverse, nämlich darüber, ob eine wissenschaftliche Ausbildung der Patentanwälte notwendig sei. Aus der Stellung als Organ der Rechtspflege war, so Isay, neben der Unabhängigkeit vom Staat die gleiche wissenschaftliche Bildung zu fordern wie für Rechtsanwälte und für die staatlichen Organe der Rechtspflege, da Rechtsanwälte und Patentanwälte an der Fortentwicklung des Rechts mitwirkten. Umstritten war, ob die geforderte wissenschaftliche Ausbildung den Bedürfnissen der Wirtschaft gerecht wurde.

Der Verband beratender Patentingenieure befürchtete ein Auseinanderklaffen von Theorie und Praxis; ein Patentsachwalter brauche in allem eine gewisse Kenntnis, die man sich nur in der Praxis erarbeiten könne.

19. Mit Erlass des Patentanwaltsgesetzes von 1933 sollten Mängel des Gesetzes von 1900 behoben werden. So wurde das Vertretungsmonopol der Patent- und Rechtsanwälte in Hinblick auf die gewerbsmäßige Besorgung fremder Rechtsangelegenheiten auf dem Gebiet des gewerblichen Rechtsschutzes geregelt, und es wurde eine Patentanwaltskammer als öffentlich-rechtliche Selbstverwaltungskörperschaft errichtet.

Quellen- und Literaturverzeichnis

Die Bibliographie und das Verzeichnis der Rezensionen von Hermann Isays Werken beruhen auf Angaben von Maximilian Mintz (Beiträge zum Recht am gewerblichen und geistigen Eigentum des In- und Auslandes. Festschrift für Hermann Isay. Berlin 1933) und Günther Roßmanith (Rechtsgefühl und Entscheidungsfindung. Hermann Isay (1873–1938), Berlin 1975) auf und eigenen Recherchen (Karlsruher Virtueller Katalog, Durchsicht der GRUR, der Mitteilungen des Verbandes deutscher Patentanwälte, u.a.)

I. Schriften von Hermann Isay

1895

1. Der concursus duarum lucrativum (Diss. jur. Erlangen). Straßburg 1895

1896

2. Zur Lehre von den Sammelgeschäften. Jherings Jahrbücher für die Dogmatik des heutigen römischen und deutschen Privatrechts 36, S. 409–472

1898

3. Die Verantwortlichkeit des Tierhalters für seine Tiere. Jherings Jahrbücher für die Dogmatik des heutigen römischen und deutschen Privatrechts 39, S. 209–321
4. Zur Geschichte des Trierer Schöffengerichts. Trierisches Archiv 1, S. 77–96
5. Eine neu aufgefundene Handschrift des Klagspiels. Zeitschrift für Rechtsgeschichte der Savigny-Stiftung, Germanistische Abteilung, 19, S. 184
6. Zur Geschichte des kleinen Kaiserrechts. Zeitschrift der Savigny – Stiftung, Germanistische Abteilung, 19, S. 144

1899

7. Die Willenserklärung im Tatbestande des Rechtsgeschäfts nach dem Bürgerlichen Gesetzbuche für das Deutsche Reich. Jena 1899

1900

8. Die Geschäftsführung nach dem Bürgerlichen Gesetzbuche für das Deutsche Reich. Jena 1900

1902

9. Rechtsgeschäft und wirtschaftliche Machtverschiedenheit. Vortrag gehalten in der „Juristischen Gesellschaft" zu Berlin am 11.1.1902. Berlin 1902
10. Die Anwaltschaft in Berlin. In: Aus dem Berliner Rechtsleben, in: Festgabe zum 26. Deutschen Juristentage, Berlin 1902, S. 101–112
11. Zur Lehre von der Willenserklärung nach dem BGB. Jherings Jahrbücher für Dogmatik des bürgerlichen Rechts 44, S. 43–67
12. Prozeßverschleppung. Die Abgrenzung von Richterrecht und Parteibetrieb im Zivilprozeß. DJZ 1902, S. 137–140, 209–212, 282–285

1903

13. Patentgesetz und Gesetz betreffend den Schutz von Gebrauchsmustern. Systematisch erläutert. Berlin 1903
14. Die Grenze für Verantwortlichkeit für Tierschaden. DJZ 1903, S. 399

1904

15. Die Begrenzung der Haftung des Tierhalters. Gruchots Beiträge zur Erläuterung des Deutschen Rechts in besonderer Beziehung auf das preussische Recht 48, S. 511–516
16. Schuldverhältnis und Haftungsverhältnis im heutigen Recht. Jherings Jahrbücher für Dogmatik des bürgerlichen Rechts 48, S. 187–208
17. Die Zulässigkeit der Nebenintervention bei Popularklagen des gewerblichen Rechtsschutzes. GRUR 1904, S. 4–9
18. Schadensersatz und Busse im System des gewerblichen Rechtsschutzes. GRUR 1904, S. 25–31
19. Die Zuziehung der Beteiligten zu den Beweisterminen im Patenterteilungsverfahren. MittDPatAnw 1904, S. 81–82
20. Zwei Fragen der patentanwaltlichen Disziplinargerichtsbarkeit. MittDPatAnw 1904, S. 1–3
21. Zur Frage des Ausübungszwangs für Patente innerhalb der Union. GRUR 1904, S. 116–117

1905

22. Übersicht über die Literatur und Judikatur des Jahres 1903/04 betreffend das Patent- und Gebrauchsmusterrecht. Berlin 1905
23. Der Anschluss Deutschlands an das Madrider Abkommen vom 14. April 1891 betreffend die internationale Eintragung der Fabrik- und Handelsmarken. GRUR 1905, S. 231–233

1906

24. Der Anspruch auf Löschung des Gebrauchsmusters oder Warenzeichens. MittDPatAnw 1906, S. 19–21

1907

25. Die Abhängigkeit im Patentrecht. GRUR 1907, S. 41–44
26. Bericht über die Frage der Zurücknahme von Patenten. GRUR 1907, S. 126–129
27. Die Rechtsanwälte im Patentstreitverfahren vor dem Reichsgericht. JW 1907, S. 222–223
28. Rechtsanwaltschaft und Patentanwaltschaft. MittDPatAnw 1907, S. 31–37
29. Warenzeichengesetz und BGB. MittDPatAnw 1907, S. 99–100, S. 104–105

1908

30. Die Gerichtsbarkeit in Patentsachen. Berlin 1908
31. Die Schiffsturbine im Patentrecht. Die Turbine 1908, S. 326 ff.
32. Die Haftbarkeit des Patentanwalts und ihr Einfluss auf die Gebührenbemessung. MittDPatAnw 1908, S. 47–48

1909

33. Die Anordnung als Gegenstand der Erfindung. In: Studien zur Förderung des gewerblichen Rechtsschutzes. Festgabe für Josef Kohler zum 60. Geburtstag. Berlin 1909, S. 87–98
34. Patentverletzung durch Analogieverfahren. Zeitschrift für angewandte Chemie 1909, S. 1827–1830
35. Kann der Sachverständige im Verfahren betreffend einstweilige Verfügungen abgelehnt werden? MittDPatAnw 1909, S. 45–46
36. Wesen und Auslegung des Patentanspruchs. MittDPatAnw 1909, S. 138–147

37. Die Verletzung von Verfahrenspatenten durch den Verkauf von Apparaten. LZ 1909, Sp. 108–115
38. Die Frage eines internationalen Vorbenutzungsrechts innerhalb der Pariser Konvention. GRUR 1909, S. 257–259
39. Begriff der Gutgläubigkeit bei der Patentverletzung. Entscheidung des Reichsgerichts I. Zivilsenat vom 12.12.1908. Mitgeteilt von [Hermann] Isay. MittDPatAnw 1909, S. 60–63
40. Grenzen für die Verwertung der Erteilungsakten von Patenten bei deren Auslegung. Entscheidung des Reichsgerichts I. Zivilsenat vom 5.6.1909. Mitgeteilt von [Hermann] Isay. MittDPatAnw 1909, S. 112–113

1910

41. Empfehlen sich Sondergerichtshöfe in Streitigkeiten aus dem Gebiet des gewerblichen Rechtsschutzes? GRUR 1910, S. 269–280, S. 351
42. Die Mitteilung geheimer Akten an das Prozessrecht durch das Patentamt. LZ 1910, Sp. 721–724
43. Das Kombinationspatent. LZ 1910, Sp. 881–892
44. Die Bestimmung des gemeinschaftlichen Gerichtsstandes bei Ausländern. MuW 1910, S. 21–22
45. Warnung vor Patentverletzungen im Lichte des Gesetzes gegen unlauteren Wettbewerb. MuW 1910, S. 365–367
46. Stoffpatente. Zeitschrift für angewandte Chemie 1910, S. 1704–1707
47. Zur Frage der wissenschaftlichen Patentverletzung. Gerichtsbarkeit in Patentsachen. MittDPatAnw 1910, S. 85–90
48. Auslegung des Patentes nach dem Stande der Technik. Bedeutung der Erteilungsakten. Entscheidung des Reichsgerichts vom 22.1.1910. MittDPatAnw 1910, S. 92–94
49. Die Frage der gemischten Gerichte auf dem 30. Deutschen Juristentage. MittDPatAnw 1910, S. 118

1911

50. Patentgesetz und Gesetz betreffend den Schutz von Gebrauchsmustern. Systematisch erläutert. 2. Aufl., Berlin 1911
51. Das Recht der Angestellten auf ihre Erfindung. Zeitschrift des Verbandes Deutscher Diplomingenieure 2, S. 185
52. Der Begriff des Standes der Technik. Sächsisches Archiv für Rechtspflege 21, S. 145

53. Der Kampf um das Gegenwartsrecht und das Patentamt. MuW 10, S. 367–371
54. Der Kampf um das Gegenwartsrecht und das Patentamt. MittDPatAnw 1911, S. 134–138
55. Der Patentanspruch in der jüngsten Rechtsprechung des Reichsgerichts. GRUR 1911, S. 321–330
56. Ausführungszwang bei Patenten. Vossische Zeitung, Berlin 8. Jan. 1911
57. Der Begriff des Standes der Technik. GRUR 1911, S. 156–160
58. Die Entwicklung der Rechtsprechung auf dem Gebiete des Patentrechts im Jahre 1910. GRUR 1911, S. 20–21
59. Besprechung von „Die Grundlagen des Markenschutzes, Berlin 1911" von Kloeppel. ARWP 1911/12, S. 490
60. Verhandlungen des 30. deutschen Juristentages. Berlin, Gewerbe II, S. 208–218

1912

61. Hermann Isay und Richard Wirth: Der Patentanspruch. Beiträge zu seiner Behandlung und Auslegung. Berlin 1912
    Darin: Isay/Wirth: Die Entwicklung der Patentauslegung. S. 1–17
    Darin: Isay: Wesen und Auslegung des Patentanspruchs. S. 103–135
    Darin: Isay: Der Patentanspruch in der jüngsten Rechtsprechung des Reichsgerichts. S. 136–180
    Darin: Isay: Die Bedeutung der Gründe des Nichtigkeitsurteils für den Verletzungsstreit. S. 162–275
62. Die zivilistischen Grundlagen der Patentverwaltung. Berlin 1912
63. Zur Frage der Auslegung der Patente. Zeitschrift für Industrierecht 7, S. 37–39
64. Die einschränkende Auslegung von Patenten. MittDPatAnw 1912, S. 21–24, S. 71–72
65. Der Stand der Technik und § 2 des Patentgesetzes. MittDPatAnw 1912, S. 124–126
66. Die Bedeutung der Gründe des Nichtigkeitsurteils für den Verletzungsstreit. GRUR 1912, S. 41–44
67. Der Rechtsweg wegen Patentverletzungen durch das Reich oder den Staat. GRUR 1912, S. 141–145
68. Die einschränkende Auslegung von Patenten. GRUR 1912, S. 241–245
69. Die beschränkende Auslegung von Patenten. MittDPatAnw 1912, S. 126–132

70. Der Kampf um das Gegenwartsrecht und das Patentamt. Zeitschrift für Industrierecht 7, S. 134–138
71. Einführung in das bürgerliche Recht für Techniker. Berlin 1912

1913

72. Eigenart und Neuheit der Erfindung. GRUR 1913, S. 1–4
73. Die Grenzen des patentrechtlichen Unterlassungsanspruchs. GRUR 1913, S. 25–28
74. Die Auslegung der Patente in Deutschland und Oesterreich. GRUR 1913, S. 133–145
75. Der Begriff der unmittelbaren Erzeugnisse eines Verfahrens. MittDPatAnw 1913, S. 105–107
76. Neuheit und Eigenart der Erfindung. MittDPatAnw 1913, S. 130–131
77. Die Ausschlussfrist für die Nichtigkeitsklage. Zeitschrift für angewandte Chemie 26, S. 685–688
78. Die zivilistischen Grundlagen der Patentverwaltung. Berlin 1913
79. Die einschränkende Auslegung von Patenten. MittDPatAnw 1913, S. 66–67
80. Besprechung von „Gesetz betr. den Schutz von Gebrauchsmustern vom 1.6.1891“ von L. Wertheimer. MittDPatAnw 1913, S. 82–83

1914

81. Das Erfinderrecht im vorläufigen Entwurf des Patentgesetzes. Berlin 1914
82. Der Entwurf des Patentgesetzes und die Rechtswissenschaft. GRUR 1914, S. 57–59
83. Das Erfinderrecht im Entwurf des Patentgesetzes. Zeitschrift für das gesamte Turbinenwesen 14, S. 317–323
84. Die Bedeutung der Gründe des Nichtigkeitsurteils. MittDPatAnw 1914, S. 167–168

1915

85. Der Gerichtsstand bei Patentverletzungsklagen. MittDPatAnw 1915, S. 79–80
86. Lizenzverträge über ungültige Gebrauchsmuster. GRUR 1915, S. 12–17
87. Reichsgericht und Rechtssicherheit. GRUR 1915, S. 157–163
88. Zur Todeserklärung von Kriegsteilnehmern. JW 1915, S. 470
89. Wirkung der Aufhebung des Gebrauchsmusterschutzes auf den Lizenzvertrag. Mitteilungen der Handelskammer zu Berlin 13, S. 97

90. Der Krieg gegen Patente und Warenzeichen. Über Land und Meer 1915, Nr. 3
91. Vorsatz und Fahrlässigkeit. Urteil des Reichsgerichts vom 21.11.1914. Mitgeteilt von H[ermann] und R[udolf] Isay. MittDPatAnw 1915, S. 12–13
92. Verurteilung des Beschwerdeführers zur Tragung der Kosten der mündlichen Verhandlung. Entscheidung der Beschwerdeabteilung II vom 3.3.1915. Mitgeteilt von [Hermann] Isay. MittDPatAnw 1915, S. 50–51
93. Der Gerichtsstand für Patentverletzungsklagen. MittDPatAnw 1915, S. 79–80

1916

94. Der Patentanwalt und die Gewerbeordnung. Bemerkungen zu dem Vortrage von Kallmann [abgedruckt in MittDPatAnw 1916 S. 28–34]. MittDPatAnw 1916, S. 34–35
95. Das Verhältnis von Juristen und Technikern im Ungarischen Patentgesetzentwurf. MittDPatAnw 1916, S. 101–102
96. Die Rechtssicherheit in der patentrechtlichen Rechtsprechung. GRUR 1916, S. 129–143
97. Die Zwangsbenutzung von Erfindungen und Patenten zu Kriegszeiten. GRUR 1916, S. 311–313
98. Besprechung von „Das Bergrecht Preußens und des weiteren Deutschlands“ von Rudolf Müller-Erzbach. JW 1916, S. 1166
99. Besprechung von „Gerichts- und Verwaltungsgeologie“ von Paul Krusch. JW 1916, S. 1097–1098

1917

100. Einführung in das bürgerliche Recht für Techniker. Berlin 1917
101. Konkursrechtliche Fragen des gewerblichen Rechtsschutzes. GRUR 1917, S. 10–15
102. Teilurteile in Patentprozessen. GRUR 1917, S. 106–109
103. Zur Patentauslegung. GRUR 1917, S. 129–134
104. Der Untersagungsanspruch des Grundbesitzers gegenüber dem Bergbau. Zeitschrift für Bergrecht 1917, S. 91
105. Die bergrechtliche Bestrickung. Zeitschrift für Bergrecht 1917, S. 360
106. Die Behandlung der Abwasser des Bergbaus nach dem Wassergesetz. Glückauf 1917, S. 115
107. Der Anspruch auf Schadensersatz wegen Ausübung der Bergpolizei. Glückauf 1917, S. 319

108. Die Erteilung und Auslegung von Patenten. MittDPatAnw 1917, S. 80
109. Zur rechtlichen Natur der Kriegsbeschlagnahme. LZ 1918, Sp. 174–180
110. § 14 UnlWG. Urteil vom 17.12.1916 [Urteilsanmerkung]. JW 1918, S. 361

1919

111. Das juristische Denken und seine Bedeutung für die Erziehung des Technikers. Berlin 1919
112. Die privaten Rechte und Interessen im Friedensvertrag. Berlin 1919
113. Hermann Isay und Rudolf Isay: Allgemeines Berggesetz für die preußischen Staaten unter besonderer Berücksichtigung des Gewerkschaftsrechts. Systematisch erläutert. I, Berlin 1919
114. Die Verbände der bergbautreibenden Industrie. Mannheim 1919
115. Die Behandlung laufender Lizenzverträge in der Kriegsfolgezeit. GRUR 1919, S. 12–14
116. Der Rechtsgedanke des Patentschutzes. GRUR 1919, S. 43–45
117. Die Wiederholung der Bekanntmachung. GRUR 1919, S. 216–217
118. Die Wirkung des Friedensvertrages auf deutsche Patente. GRUR 1919, S. 227–229
119. Deutschland und das amerikanische Patent. GRUR 1919, S. 159–161
120. Die Umsatzsteuer der Verkaufssyndikate. Deutsche Steuerzeitung 7 (1918/19), S. 61–62
121. Urteil vom 18. 2. 1919 (411/18 III – Berlin). [Urteilsanmerkung]. JW 1919, S. 379

1920

122. Patentgesetz und Gesetz betreffend den Schutz von Gebrauchsmustern. 3. Aufl., Berlin 1920
123. Allgemeines Berggesetz für die preußischen Staaten. II, Berlin 1920
124. Streifzüge durch den Friedensvertrag. Über das Verhältnis von Art. 307 zu Art. 308 und das deutsche AG. GRUR 1912, S. 3–4
125. Fragen der Patentverlängerung. GRUR 1920, S. 72–73
126. Fragen der Patentverlängerung. MittDPatAnw 1920, S. 91
127. Bericht betreffend die beiden Madrider Abkommen. GRUR 1920, S. 137–141
128. Der Einfluss des Versailler Vertrages auf die Beziehungen der deutschen Patentanwälte gegenüber ihrer ausländischen Korrespondenten und Mandanten. MittDPatAnw 1920, S. 37–38

129. Wann läuft die Frist für Anträge auf Patentverlängerung ab? MittDPatAnw 1920, S. 76
130. Friedensvertrag, Beachtung der Fristen. MittDPatAnw 1920, S. 108
131. Der Anspruch auf Patentverlängerung. MittDPatAnw 1920, S. 73–74
132. Die Bezahlung von Liquidationen ausländischer Patentanwälte. MittDPatAnw 1920, S. 12–13
133. Deutsche Guthaben bei Zweigniederlassungen deutscher Banken in Elsaß-Lothringen. Bank-Archiv 1920, S. 194
134. Steuerrecht und bürgerliches Recht. Zugleich ein Beitrag zur steuerrechtlichen Frage der Syndikate. Bank-Archiv 1920, S. 57–59
135. Streifzüge durch den Friedensvertrag. Die Behandlung der ausschließlichen Lizenz. GRUR 1920, S. 49–50
136. Erörterungen zum Friedensvertrag. Auslandsrecht 1920, Nr. 7, 9, 10
137. Die Wirkung des Friedensvertrages auf deutsche Patente. MittDPatAnw 1920, S. 34
138. Streifzüge durch den Friedensvertrag. MittDPatAnw 1920, S. 34

1921

139. Die privaten Rechte und Interessen im Friedensvertrag. 2. Aufl., Berlin 1921
140. Der Friedensvertrag von Versailles zum Gebrauch vor Gerichten, insbesondere dem Gemischten Schiedsgericht. Mannheim 1921
141. Die Lage der deutschen Patente in den früheren feindlichen Staaten. Berlin 1921
142. Die Reform des juristischen Studiums. LZ 1921, Sp. 212–216
143. Das Weiterbenutzungsrecht an erloschenen und später verlängerten Patenten. GRUR 1921, S. 61–63
144. Die deutschen Schutzrechte in Danzig. GRUR 1921, S. 177–178
145. Fristen im Verhältnis zu Amerika. GRUR 1921, S. 180–181
146. Die Berechnung der Fristen im Versailler Vertrag. Auslandsrecht 1921, S. 117
147. Deutsche Guthaben in englischen Dominions. Auslandsrecht 1921, S. 147
148. Zur Rechtsprechung des deutsch-französischen Schiedsgerichts. JW 1921, S. 721–723
149. Die wirtschaftlichen Bestimmungen des Versailler Vertrages nach der französischen Auffassung. JW 1921, S. 1398–1399
150. Die Bezahlung von Liquidationen ausländischer Patentanwälte. MittDPatAnw 1921, S. 12, 132

151. Vereinigte Staaten von Amerika. Die Friedensregelung der Patentrechte. Auslandsrecht 1921, Nr. 1, S. 17–22

1922

152. Die Vereinigten Staaten und die Rückgabe des deutschen Eigentums. Auslandsrecht 1922, S. 245
153. Die Behandlung der deutschen Patentanmeldung in England. Auslandsrecht 1922, S. 255
154. Die Erschütterung des Unionsgedankens. GRUR 1922, S. 29–32
155. Die Lage der deutschen Patentrechte in den Vereinigten Staaten. Chemische Industrie 45, S. 196–198 und 210–214
156. Das deutsch-amerikanische Schiedsgericht. Deutsche Wirtschaftszeitung 19, S. 284–287
157. Der Begriff des „Allgemeininteresses“ in Artikel 199 B des Versailler Vertrages. Friedensvertrag 2, S. 25
158. Die Verlängerung der Unionsfrist mit Amerika. GRUR 1922, S. 32
159. Die Lage der deutschen Patentrechte in den Vereinigten Staaten unter Berücksichtigung der amerikanischen Rechte in Deutschland. GRUR 1922, S. 65–73 und Berichtigung, S. 136
160. Die Handhabung des französischen Patentverlängerungsgesetzes. GRUR 1922, S. 189–191

1923

161. Die privaten Rechte und Interessen im Friedensvertrag. 3. Aufl., Berlin 1923
162. Die Patentgemeinschaft im Dienst des Kartellgedankens. Mannheim 1923
163. Offene Handelsgesellschaft und Partnership im Ausgleichsverfahren. In: Abhandlungen zum Friedensvertrage, 3. Heft, Berlin 1923, S. 5–50
164. Das französische Vorgehen gegen Patente von Deutschen. GRUR 1923, S. 14–16
165. Die Britische Reichs-Patent-Konferenz. GRUR 1923, S. 39–40
166. Die derzeitige Lage der deutschen Patente in Amerika. GRUR 1923, S. 86–90
167. Die Bedeutung der panamerikanischen Union für deutsche Warenzeichen. GRUR 1923, S. 99–100
168. Die Wiedereinsetzung in den vorigen Stand im Patentwesen. GRUR 1923, S. 121–126
169. Die Entschädigung wegen französischer und englischer Eingriffe in Patente deutscher Reichsangehöriger. GRUR 1923, S. 193

170. Meistbegünstigungs- und Gleichberechtigungsklauseln im internationalen Recht. Zeitschrift für Völkerrecht 12, S. 276–289
171. Die rechtliche Wirkung englischer Handelslizenzen. Zeitschrift für Völkerrecht 12, S. 460
172. Die Friedensregelung der Patentrechte in den Vereinigten Staaten. Auslandsrecht 3, S. 17
173. Das Schicksal des deutschen Eigentums in Amerika. Deutsche Wirtschaftszeitung 19, S. 284
174. Die Rechtsprechung des deutsch-englischen Schiedsgerichts im Ausgleichsverfahren. Bankarchiv 22, S. 253–256
175. Der Sachverständigenbeweis. LZ 1923, Sp. 385–386

1924

176. Die Isolierung des deutschen Rechtsdenkens. Ein Vortrag gehalten in der „Juristischen Gesellschaft" zu Berlin am 8. Dezember 1923. Berlin 1924
177. Vollmacht und Verfügung. AcP 122 (1924), S. 195–202
178. Fragen der Patentgemeinschaft. GRUR 1924, S. 25–27
179. Die Neuheitsschädlichkeit populärer Plaudereien. GRUR 1924, S. 42
180. Die mixed claims commission in Washington. JW 1924, S. 606–608 (zusammen mit Kießelbach)
181. Die Zuständigkeit der gemischten Schiedsgerichte. JW 1924, S. 596–597
182. Die Stellung der Privatpersonen im Völkerrecht. JW 1924, S. 1317–1318
183. Die Auslegung von Patenten. GRUR 1924, S. 175–176
184. Bericht betreffend die Verordnung zur Entlastung des Reichsgerichts. GRUR 1924, S. 23–24
185. Das Urteil im Prozeß gegen die Chemical Foundation. GRUR 1924, S. 33
186. § 7 PatVerlG. Urteil vom 13.10.1923 (877/22 I – Karlsruhe) [Urteilsanmerkung]. JW 1924, S. 690–691
187. Urteil vom 15.6.1923 (278/22 II – Hamburg) [Urteilsanmerkung]. JW 1924, S. 188
188. Urteil vom 17.11.1923 (234/23 I– Berlin) [Urteilsanmerkung]. JW 1924, S. 538–539

1925

189. Die dialektische Patentauslegung. GRUR 1925, S. 32–36
190. Besprechung von „Das Wesen der Erfindung" von Müller-Liebenau. GRUR 1925, S. 49–53

191. Die Fragen der gemeinsamen Ausbeutung von Erfindungen. GRUR 1925, S. 171–172.
192. Die neue Richtung in der Rechtsprechung des Reichsgerichts. GRUR 1925, S. 291–294
193. Die geschichtliche Entwicklung der Patentauslegung. MittDPatAnw 1925, S. 54–63
194. Rechtsanwaltschaft und Patentanwaltschaft. JW 1925, S. 1362
195. Streitwert in Patentprozessen. GRUR 1925, S. 84–85
196. Einstweilige Verfügung im Zwangslizenzverfahren. GRUR 1925, S. 85–86
197. Rechtsfragen der Kartellverordnung. Stahl und Eisen 45, S. 2062
198. Erfindungseigenschaft, Offenbarung der Erfindung. Urteil des Reichsgerichts vom 29.11.1924. Mitgeteilt von Hermann Isay. GRUR 1925, S. 124–126
199. Besprechung von „Das Wesen der Erfindung" von Müller-Liebenau. JW 1925, S. 583
200. Besprechung von „Gesetz zum Schutz der Warenbezeichnung" von Arnold Seligsohn. GRUR 1925, S. 284
201. §§ 148, 150 AllgBG. Urteil vom 17.9.1924 (V 775/23 – Köln) [Urteilsanmerkung]. JW 1925, S. 618–619
202. Art. 297 d FV. Urteil vom 2.5.1924 (304/23 III – Köln) [Urteilsanmerkung]. JW 1925, S. 622–623

1926

203. Der Nachbau ungeschützter Maschinen. In: Festgabe der Rechtsanwaltschaft des Kammergerichts für den Geheimen Justizrat Max Fuchs zum 18.1.1926. Berlin 1926, S. 169–170
204. Patentgesetz und Gesetz betreffend den Schutz von Gebrauchsmustern. 4. Aufl., Berlin 1926
205. Zur Frage des Ausstattungsschutzes für Formen der Ware. GRUR 1926, S. 449–452
206. Die Denkschrift der Essener Handelskammer über die Ausbildung auf dem Gebiete des gewerblichen Rechtsschutzes. MittDPatAnw 1926, S. 79–80
207. Deutsche Patente in Ost-Oberschlesien. Oberschlesische Wirtschaft 1, S. 13
208. Bezieht sich Art. 308 II V.V. auch auf nicht bekannt gemachte Patentanmeldungen? Entscheidung des Patentamts vom 18.9.1925. Mitgeteilt von H[ermann] Isay [mit Anmerkung]. GRUR 1926, S. 162–163

209. Patentverletzung durch den Vertrieb von Teilen einer geschützten Einrichtung, wenn die Teile an sich auch anders verwertbar sind? Urteil des Reichsgerichts vom 25.10.1924. Mitgeteilt von H[ermann] Isay [mit Anmerkung]. GRUR 1926, S. 163–165
210. Der Nachbau patentfreier Maschinen. GRUR 1926, S. 83–86, 253
211. Zuziehung von technischen Richtern in Patentprozessen. GRUR 1926, S. 126
212. Zur bevorstehenden Abänderung des Patentgesetzes. Die Gewerbsmäßigkeit als Tatbestandselement der Patentverletzung. GRUR 1926, S. 549–551
213. Urteil vom 4.11.1925 (425/24 I [RG]) [Urteilsanmerkung]. JW 1926, S. 558
214. Besprechung von „Der Patentanspruch" von Emil Müller. JW 1926, S. 519
215. Besprechung von „Zur Patentanwaltsfrage: Die deutsche Wirtschaft und die Zulassung der Patentsachwalter. Abänderung des Patentanwaltsgesetzes oder Änderung des § 35 der Reichsgewerbeordnung" von Robert Jungmann. GRUR 1926, S. 546–548

1927

216. Die Funktion der Patente im Wirtschaftskampf. Vortrag gehalten auf der Hauptversammlung des Deutschen Vereins für den Schutz des gewerblichen Eigentums in München am 28. Mai 1927. Berlin 1927
217. Die Erstattungsfähigkeit der Gebühren des Patentanwalts in Patentprozessen. GRUR 1927, S. 321–323
218. Formalismus in der Rechtsprechung über unlauteren Wettbewerb. GRUR 1927, S. 863–868
219. Die Auslegung der Patente. DJZ 1927, S. 377
220. Erwiderung. AcP 5 (1927), S. 423
221. Zur bevorstehenden Abänderung des Patentgesetzes. Die Formulierung der Patentverletzung. GRUR 1927, S. 18–23
222. Zur bevorstehenden Abänderung des Patentgesetzes. Zur Frage des Vorbenutzungsrechts. GRUR 1927, S. 609–614
223. (Hrsg.) Abhandlungen zum Arbeitsgebiet des Reichspatentamtes. Berlin 1927
224. Besprechung von „Die Berechnung des Wertes einer Erfindung" von Jacob Haböd. JW 1927, S. 1553

1928

225. Die Gefährdung des gewerblichen Rechtsschutzes durch die Anwendung des § 1 UWG. GRUR 1928, S. 71–81

226. Der Kampf um § 1 UWG. GRUR 1928, S. 245–249
227. § 1 UWG und die Sondergesetze des gewerblichen Rechtsschutzes. GRUR 1928, S. 421–428
228. Zur Frage des der Weltmarke und des Warenzeichenausschusses der I.L.A. GRUR 1928, S. 629–632 (zusammen mit Maximilian Mintz)
229. Zur Frage der Erfüllung von Abstimmungsverträgen. LZ 1928, Sp. 1295–1301
230. Zur Frage des Ausschlusses der Anwälte von den Arbeitsgerichten I. Instanz. Berliner Anwaltsblatt 1928, S. 8–11
231. Rom Kongress der Internationalen Vereinigung für gewerblichen Rechtsschutz Mai 1928. Bericht der Deutschen Landesgruppe. GRUR 1928, S. 306–307
232. Zur bevorstehenden Abänderung des Patentgesetzes. Der Einwand der Nichtigkeit im Patentverletzungsprozeß. GRUR 1928, S. 1–2
233. Der Kampf um die Rechtsprechung in Wettbewerbssachen. JW 1928, S. 330
234. Patentgemeinschaft. Urteil vom 17.9.1927 (178/26 I – Braunschweig) [Urteilsanmerkung]. JW 1928, S. 333–334
235. Patentverletzung. Urteil vom 3.3.1928 (242/27 I – LG Bochum) [Urteilsanmerkung]. JW 1928, S. 1214
236. Die Reform des Patentgesetzes und die Patentanwaltschaft. Vorträge gehalten in der Verbandsversammlung vom 12. November 1928, MittDPatAnw 1928, S. 159–160
237. Patentreform und Rechtsanwaltschaft. Zeitschrift für angewandte Chemie 41, S. 1352

1929

238. Rechtsnorm und Entscheidung. Berlin 1929 (Neudruck Aalen 1970)
239. Die Selbständigkeit des Rechts an der Marke. Zugleich ein Beitrag zur Frage der Konzernzeichen. Berlin 1929
240. Die Selbständigkeit des Rechts an der Marke. Zeitschrift für angewandte Chemie 42, S. 739
241. Die Selbständigkeit des Rechts an der Marke. GRUR 1929, S. 23–42
242. Zur Frage der freien Übertragbarkeit der Marke. GRUR 1929, S. 412–413
243. Der Begriff der „Voraussetzung“ im Patentrecht. GRUR 1929, S. 957–962
244. Der Verrat von Geschäftsgeheimnissen. GRUR 1929, S. 1243–1246
245. Besprechung von „Wissenschaftliches Eigentum, Marburg 1929“ von Walter Ermann. ARWP 23, S. 232–235
246. Warenzeichentagung. GRUR 1929, S. 740–826

247. § 5 PatG. Urteil vom 9.2.1929 (240/28 I – Berlin) [Urteilsanmerkung]. JW 1929, S. 1189–1190
248. Besprechung von „Die Neugestaltung der Grundbegriffe unseres bürgerlichen Rechts, ihre Bedeutung für die Gegenwart und für das Privatrecht der Zukunft" von Ernst Swoboda. JW 1929, S. 1734–1735
249. Besprechung von „Kommentar zum Wettbewerbsrecht" von Adolf Baumbach. JW 1929, S. 3047–3048

1930

250. Die Bedeutung der Patentauslegung für das Patenterteilungsverfahren. In: Patentrechtliche Fragen, Vorträge gehalten im Reichspatentamt. Berlin, 1930, S. 1–3
251. Die Verwendung der Begriffe des „Statischen" und „Dynamischen" in der Rechtswissenschaft. GRUR 1930, S. 106–111
252. Die Wirkung vertraglicher Schranken des Lizenzrechts. GRUR 1930, S. 374–382
253. Zur Frage des Ausschlusses der Anwälte von den Arbeitsgerichten I. Instanz. Berliner Anwaltsblatt 1930, S. 181–185 (zusammen mit L. Bendix)
254. Der Vorbehalt der Rechte Dritter in Art. 4 des Unionsvertrages. GRUR 1930, S. 683
255. Bericht über die Frage der freien Übertragbarkeit der Marke. GRUR 1930, S. 675–678
256. Aus der Rechtsprechung des Preußischen Oberverwaltungsgerichts des Jahres 1929. Staats- und Selbstverwaltungsrecht XI 30 V, S. 225–228, 260
257. § 19 PatG. Urteil vom 14.12 1929 (214/29 I Kassel) [Urteilsanmerkung]. JW 1930, S. 1673–1674
258. Besprechung von „Die rechtliche und wirtschaftliche Bedeutung der Angestelltenerfindung" von Kurt Schreiber. JW 1930, S. 1664
259. Besprechung von „Der Staat und die freien Berufe. Staatsamt oder Sozialamt" von Siegbert Feuchtwanger. GRUR 1930, S. 1142–1144

1931

260. Patentgesetz und Gesetz betreffend den Schutz von Gebrauchsmustern. 5. Aufl., Berlin 1931
261. Der Kampf um die wissenschaftlichen Grundlagen der Patentanwaltschaft. Berlin 1931
262. Der Kampf um die wissenschaftlichen Grundlagen der Patentanwaltschaft. MittDPatAnw 1931, S. 209–212

263. Die dritte Instanz im Erteilungsverfahren. GRUR 1931, S. 1202
264. Zur Geschichte der Trierer Fischerinnung. Trierische Heimat 1931, S. 39, 68 ff.
265. Bissiger Hund. Wahl eines weniger belastenden Mittels zur Beseitigung der Polizeiwidrigkeit. Polizei-Archiv 10, S. 103
266. § 23 PatG. Urteil vom 8.11.1930 (132/30 I – Düsseldorf) [Urteilsanmerkung]. JW 1931, S. 405
267. § 5 PAtG. Urteil vom 11.4.1931 (303/30 I – Dresden) [Urteilsanmerkung]. JW 1931, S. 1879

1932

268. Patentgesetz und Gesetz betreffend den Schutz von Gebrauchsmustern. 6. Aufl., Berlin 1932
269. Zur Frage der Einheitlichkeit der Anmeldung. GRUR 1932, S. 217–221
270. Zur Frage der Einheitlichkeit der Anmeldung. GRUR 1932, S. 527 ff.
271. Kritisches zur jüngsten Rechtsprechung des Reichsgerichts in Patentsachen. GRUR 1932, S. 515–527
272. Die Schranken des Beschwerdeverfahrens in Patentsachen. GRUR 1932, S. 823–827
273. Lizenzverträge im Falle der Fusion. GRUR 1932, S. 903–907
274. Die Zurücknahme der Beschwerde des Einsprechenden nach der Entscheidung des Großen Senats. GRUR 1932, S. 1139–1146
275. Zur Kritik der reichsgerichtlichen Rechtsprechung. MuW 1932, S. 411–415
276. Die Vollstreckung von Urteilen auf Vorlegung von Urkunden. JW 1932, S. 153
277. Die Zulässigkeit von Suggestivfragen. Berliner Anwaltsblatt 1932, S. 113
278. Besprechung von „Das Persönlichkeitsrecht in der geltenden Rechtsordnung. Mannheim 1931“ von Rudolf Reinhardt. ARWP 25, S. 367 ff.
279. Wann wird die Anliegerschaft eines Grundstücks an der Straße durch eine zwischen ihm und der Straße liegende Fläche beseitigt? Bauamt und Gemeindebau, Hannover 14, S. 159
280. Persönlichkeitsrecht in der geltenden Rechtsordnung. ARWP 25, S. 367
281. Auslegung von Patenten. Entscheidung des Reichsgerichts vom 3.10.1931. GRUR 1932, S. 444–445
282. § 4 PatG. Schutzumfang eines Patentes. Urteil vom 10.2.1932. JW 1932, S. 1823–1824

1933

283. Das Rechtsgut des Wettbewerbsrechts. Zugleich ein Beitrag zur Lehre vom subjektiven Recht und von der Normbildung. Berlin 1933
284. Wirtschaftskrise und gewerblicher Rechtsschutz. Vortrag gehalten auf der Vereinsversammlung des Deutschen Vereins für den Schutz des gewerblichen Eigentums in Frankfurt am 18. November 1932. Berlin 1933
285. Die Auslegung der Schweizerischen Erfindungspatente. Zürich 1933
286. Die Methode der Interessenjurisprudenz. AcP 137 (1933), S. 33–46
287. Die Bedeutung der Form im Recht. ARSP 27 (1933), S. 44–52
288. Die Verurteilung zum Widerruf. GRUR 1933, S. 1–5
289. Patente ohne Erfindungsgedanke und ihre Behandlung. GRUR 1933, S. 97–103
290. Der Entwurf der neuen ZPO und der gewerbliche Rechtsschutz. GRUR 1933, S. 188–195
291. Der Gegenstand der Erfindung und Schutzumfang des Patents. MuW 1933, S. 391–393
292. Der Zeitpunkt für die Ermittlung des Lösungsgedankens eines Patents. GRUR 1933, S. 436–441

1934

293. Starker oder schwacher Erfindungsschutz. Zürich 1934
294. Beiträge zur Änderung des Patentgesetzes. MuW 1934, S. 41–46
295. Die patentrechtliche Behandlung der elektrischen Schaltung. MuW 1934, S. 148–151
296. Patentamt und Reichsgericht. MuW 1934, S. 221–225
297. Die Wahrheitspflicht im Patentverletzungsprozeß. MuW 1934, S. 439
298. Die Kombinationserfindung. Ingenieur-Zeitschrift 14, S. 58

1935

399. Interessenjurisprudenz und Patentrecht. MuW 1935, S. 122–125

1936

300. Das neue deutsche Patentgesetz. Rundschau für technische Arbeit 16, S. 11 ff.
301. Grundfragen des Schweizerischen Lizenzrechts. Zürich 1936

1937

302. Hermann Isay u. René Mettal (Hrsg.): Internationales Wettbewerbsrecht. I, Europa. Zürich u.a. 1937

II. Rezensionen Zu Werken Von Hermann Isay

Die Willenserklärung im Tatbestand des Rechtsgeschäfts, Jena 1899

Coermann: Centralblatt für Rechtswissenschaft 18 (1899), S. 247–275

Danz: Kritische Vierteljahresschrift 42 (1900), S. 25–37

Eccius: Gruchots Beiträge 44 (1900), S. 517–518

Die Geschäftsführung, Jena 1900

Eccius: Gruchots Beiträge 44 (1900), S. 442–443

Leonard: Kritische Vierteljahresschrift 44 (1903), S. 404–429

Schneider: Centralblatt für Rechtswissenschaft 20 (1901), S. 239

Rechtsgeschäft und wirtschaftlichen Machtverschiedenheit, Berlin 1902

Boethke: Gruchots Beiträge 47 (1903), S. 452

Roedenbeck: Centralblatt für Rechtswissenschaft 21 (1902), S. 300

Schmaltz: Mecklenburgische Zeitschrift für Rechtspflege 21 (1902/03), S. 86

Patentgesetz 1. Aufl., Berlin 1903

Fleischmann: Eisenbahnrechtliche Entscheidungen und Abhandlungen 20 (1904), S. 378

Jeß: Gruchots Beiträge 48 (1904), S. 176–178

Katz: Chemische Zeitschrift 3 (1904), S. 499

Katz: ZHR 56 (1905), S. 287–294

Kohler: Juristisches Literaturblatt 1905, Nr. 6

Magnus: JW 1904, S. 79–80

v. Pestalozza: Der Gerichtssaal 68 (1906), S. 477

Sievers: Das Recht 1903, S. 610

Der Patentanspruch, Berlin 1912

Adler: ZHR 74 (1913), S. 219–223
Kloeppel: Juristisches Literaturblatt 1913, S. 14
Ders.: Zeitschrift für angewandte Chemie 26 (1913), S. 70
Laender: GRUR 1913, S. 178–180
Schanze: MuW 1911/12, S. 452

Patentgesetz 2. Aufl., Berlin 1912

Adler: Juristische Vierteljahresschrift 44 (1912), S. 44
Düringer: LZ 1912, Sp. 496
Ganz: DJZ 1912, S. 354–355
Kloeppel: Zeitschrift für angewandte Chemie 24 (1911), S. 1818
Pinzger: Das Recht 1911, S. 767
Rathenau: Technisches Gemeindeblatt 14 (1911), S. 229
Schanze: Juristisches Literaturblatt 1911, S. 204–206
Seligsohn, Arnold: JW 1912, S. 436
Sievers: Gruchots Beiträge 56 (1912), S. 400
Wassermann: MuW 1911/1912, S. 24

Die zivilistischen Grundlagen der Patentverwaltung, Berlin 1913

Pinzger: MuW 1913, S. 423
Lothholz: DJZ 1913, S. 986
Boas: Zeitschrift des Vereins Deutscher Ingenieure 59 (1915), S. 612
Fertig: Zeitschrift für angewandte Chemie 26 (1913), S. 306
Lang: Zeitschrift des Verbands Deutscher Diplom-Ingenieure 6 (1915), S. 122
Lotzholz: DJZ 1913, S. 986

Das Erfinderrecht im vorläufigen Entwurf des Patentgesetzes, Berlin 1914

Pinzger: MuW 1914, S. 276

Die privaten Rechte und Interessen im Friedensvertrag, Berlin 1919

Beer: JW 1919, S. 309

Bovensiepen: Sächsisches Archiv für Rechtspflege 15 (1920), S. 173

Dochow: Deutsche Wirtschaftszeitung 17. Jg., S. 269

Lehmann, Julius: Bank-Archiv 19 (1919/20), S. 34

Lübeck: Technik und Wirtschaft 13 (1920), S. 252

Schlichting: MittDPatAnw 1920, S. 36

Ders.: GRUR 1920, S. 36

Seligsohn, Martin: GRUR 1919, S. 252

Strupp: LZ 1920, Sp. 542

Wirth, Maximilian: MuW 1923, S. 36

Das juristische Denken und seine Bedeutung für die Erziehung des Technikers, Berlin 1919

Anonym: MittDPatAnw 1919, S. 88

Dietz: Dinglers polytechnisches Journal 101 (1920), S. 38

Schmaltz: Technik und Wirtschaft 13 (1920), S. 207

Weihe: Elektrotechnische Zeitschrift 41 (1920), S. 198

Allgemeines Berggesetz für die preußischen Staaten, Berlin 1920

Arndt: JW 1920, S. 425

Frankel: ZHR 85 (1921), S. 489

Guttmann: Stahl und Eisen 40 (1920), S. 71

Guttmann: Stahl und Eisen 41 (1921), S. 211

Hachenberger: Eisenbahn- und verkehrsrechtliche Entscheidungen und Abhandlungen 37 (1920), S. 92

Heilberg: LZ 1920, Sp. 358

Ders.: LZ 1921, Sp. 40

Müller-Erbach: Rheinische Zeitschrift für Zivil- und Prozeßrecht 11 (1922), S. 192–197 *Reuss:* Gruchots Beiträge 64 (1920), S. 504–505

Schlüter: Glückauf 1920, S. 682

Wertheimer, Ludwig: Bank-Archiv 19 (1919/20), S. 23–24

Ders.: Bank-Archiv 20 (1920/21), S. 44

Patentgesetz 3. Aufl., Berlin 1920

Adler: ZHR 85 (1921), S. 491–500

Dunthase, W.: JW 1921, S. 1517

Magnus: JW 1921, S. 1517

Neubauer: Technik und Wirtschaft 14 (1921), S. 193

Osterrieth, Albert: GRUR 1921, S. 190–191

Pinzger: Vossische Zeitung v. 23.9.1921

Wedell: Stahl und Eisen 1922, S. 1510

Wirth, Maximilian: MuW 1921, S. 67 f.

Wirth, Richard: MittDPatAnw 1920, S. 102–103

Die Lage der deutschen Patente in den früheren feindlichen Staaten, Berlin 1921

Geisler: Elektrotechnische Zeitschrift 42 (1921), S. 478

Pietzger: Gruchots Beiträge 65 (1921), S. 374

Pinzger: MuW 20 (1920/21), S. 68

Wertheimer: Deutsche Wirtschaftszeitung, 17. Jg., S. 396

Wirth, Richard: MittDPatAnw 1921, S. 16

Die privaten Rechte und Interessen im Friedensvertrag, 2. Aufl., Berlin 1921

Ephraim: Die chemische Industrie 44 (1921), S. 391

Flad: Gruchots Beiträge 66 (1923), S. 125

Heilberg: Zeitschrift für Völkerrecht 12 (1923), S. 382

Herzfeld: Elektrotechnische Zeitschrift 43 (1922), S. 566

Neubauer: Technik und Wirtschaft 15 (1922), S. 125

Schlichting: MittDPatAnw 1921, S. 151–152

Wolf, Ernst: JW 1921, S. 1432

Wertheimer: LZ 1922, Sp. 533

Die Patentgemeinschaft im Dienste des Kartellgedankens, Mannheim 1923

Flechtheim: GRUR 1924, S. 146 f.

Ders.: JW 1924, S. 146 f.
Seligsohn, Julius: GRUR 1923, S. 176

Die privaten Rechte und Interessen im Friedensvertrag, 3. Aufl., Berlin 1923

Dreyer: Zeitschrift für Völkerrecht 13 (1926), S. 144
Dölle: Gruchots Beiträge, 67. Jg. S. 347
Heitberg: JW 1924, S. 645
Held: Weltwirtschaftsarchiv 20 (1924), S. 358
Kohler: ARWP 18 (1924), S. 596
Lehmann, Julius: LZ 1924, Sp. 174–175
Meyer: Elektrotechnische Zeitschrift 45 (1924), S. 226
Mittelstein: Hanseatische Rechtszeitschrift 7 (1924), S. 79
Rebel: Zeitschrift für Zivil- und Prozessrecht 13 (1924), S. 121–125

Die Isolierung des deutschen Rechtsdenkens, Berlin 1924

Kantter: Der Gerichtsaal 95 (1927), S. 478–479
Klein: ARWP 18 (1925), S. 109
Mittelstein: Hanseatische Rechtszeitschrift 7 (1924), S. 360
Rümelin: AcP 125 (1926), S. 222–226
Simon, Otto: JW 1924, S. 643–644
Stier-Somlo: Archiv für öffentliches Recht 50 (1926), S. 136–139

Patentgesetz 4. Aufl., Berlin 1926

Auerbach: Chemische Apparatur 13 (1926), S. 256
Endemann: JW 1927, S. 86–89
Ephraim, Julius: MittDPatAnw 1926, S. 116
Fertig: Zeitschrift für angewandte Chemie 39 (1926), S. 1479
Fischer, Walther: MuW 1926, S. 286–288
Herzfeld: Elektrotechnische Zeitschrift 47 (1926), S. 1534
Lutter: DJZ 1928, S. 391
Neubauer: Technik und Wirtschaft 19 (1926), S. 263
Smoschewer: Juristische Rundschau 1926, S. 598–599

Wertheimer, Ludwig: LZ 1920, Sp. 1222 f.

Abhandlungen zum Arbeitsgebiet des Reichspatentamtes, Berlin 1927

Hallbauer: MittDPatAnw 1927, S. 218

D.G.: JW 1927, S. 1551

Die Funktion der Patente im Wirtschaftskampf, Berlin 1927

Fischer, Walther: MuW 1927/28 S. 34

Spier, Selmar: GRUR 1928, S. 149–150

Wertheimer, Ludwig: LZ 1927 Sp. 1366

Die Selbständigkeit des Rechts an der Marke, Berlin 1929

Bußmann, Kurt: MuW 1929, S. 564

Landenberger, Hilde: MittDPatAnw 1929 S. 97–98

Meissner: Technik und gewerblicher Rechtsschutz 1929, S. 82

Seligsohn: ZHR 95 (1930), S. 122–123

Wertheimer, Ludwig: LZ 1929, Sp. 1159

Wimofheimer: Berliner Anwaltsblatt 6 (1932), S. 173

Rechtsnorm und Entscheidung, Berlin 1929

Baumbach: DJZ 1931, S. 580–581

Bendix: Zur Psychologie der Urteilsfähigkeit von Berufsrichtern, Berlin 1968, S. 391–400

Edlin: Schweitzer Juristenzeitung 1929, S. 106–107

Fischer: MuW 1930 S. 622

Geiler: ARWP 24 (1929/30) S. 545–569

Herrfahrdt: DRiZ 1929, S. 302

Herrmann: Verwaltungsblatt 1932, S. 879

Kollross: Gerichtszeitung (Wien) 82 (1931), S. 238

Landenberger, Hilde: MittDPatAnw 1930, S. 48–51

Levin: ZZP 55 (1930), S. 496–501

Müller, Emil: MittDPatAnw 1930, S. 118–120

Neuner: Zentralblatt für Handelsrecht 5 (1930), S. 25 ff.

Niemeyer: Zeitschrift für internationales Recht 42 (1932), S. 473
Reichert: DRiZ 1930, S. 358
Schönfeld: AcP 134 (1931), S. 99–102
Schreier: Zeitschrift für öffentliches Recht 11 (1931), S. 629–633
Smoschewer: GRUR 1929, S. 1265–1273
Walz: Gerichtsaal 101 (1932), S. 332–337
Wertheimer: LZ 1929, Sp. 1494
Wieruszowski: JW 1930, S. 44–47

Der Kampf um die wissenschaftlichen Grundlagen der Patentanwaltschaft, Berlin 1931

D. G.: JW 1931, S. 1872
Kolbe A.: Zeitschrift für angewandte Chemie 44 (1931), S. 675–676
Stern, Heinrich: MittDPatAnw 1931, S. 206
Zeller: LZ 1932, Sp. 1184–1185

Patentgesetz 5. Aufl., Berlin 1931

Blum: Kartell-Rundschau 1931, S. 788
Drescher, E.: MuW 1931, S. 504–505
Ders.: MuW 1932, S. 431–432
Herzfeld: Elektrotechnische Zeitschrift 52 (1931), S. 1427
Jacobi: GRUR 1931, S. 1315–1316
Lutter: DJZ 1933, S. 242–243
Magnus: JW 1931, S. 1871
Pinzger: DRiZ 1931, S. 1871
Schnell: Zeitschrift für angewandte Chemie 44 (1931), S. 950
Wertheimer, Ludwig: LZ 1932, Sp. 60–62

Patentgesetz 6. Aufl., Berlin 1932

Lutter: DJZ 1933, S. 242
Mintz: GRUR 1932, S. 819
Pinzger: DRiZ 1932, S. 351

Die Auslegung der Schweizerischen Erfindungspatente, Zürich 1933

Bußmann, Kurt: MuW 1934, S. 40

Schoenberger: Schweizer Juristenzeitung 30 (1933/34), S. 222

Das Rechtsgut des Wettbewerbsrechts, Berlin 1933

Bussmann: Hanseatische Rechtszeitschrift 1933, S. 329

Callmann, Rudolf: MuW 1933, S. 161–162

Heck: AcP 137 (1933), S. 95–98

Herse: Die Chemische Apparatur 20 (1933), S. 90

Wertheimer: LZ 1933, Sp. 474

Wirtschaftskrise und gewerblicher Rechtsschutz, Berlin 1933

Bußmann, Kurt: MuW 1933, S. 432

Cahn: LZ 1933, Sp. 376

Herse, E.: GRUR 1933, S. 265

Starker oder schwacher Erfindungsschutz, Zürich 1934

Cahn, Hugo: MuW 1934, S. 475–476

Schoenberg: Schweitzer Juristenzeitung 31 (1934/35), S. 125–127

III. Quellen

Abel, Paul: Die Verurteilung zum Widerruf nach österreichischem Wettbewerbsrecht. In: Maximilian Mintz (Hrsg.): Beiträge zum Recht am gewerblichen und geistigen Eigentum des In- und Auslandes. Festschrift für Hermann Isay. Berlin 1933, S. 1–3

Alexander-Katz, Richard: Rechtsanwaltschaft und Patentanwaltschaft. Ein Vergleich der Berufsstellung Beider. Berlin 1902

Anonym: Zur Stellung der Patentanwälte. Der Patent-Anwalt 1881, S. 567–569

Anonym: Patent-Anwalt-Ordnung. Der Patent-Anwalt 1882, S. 813–815

Anonym: Patent-Anwalte. Der Patent-Anwalt 1886, S. 1458–1459

Anonym: Die Patentanwalte und ihre Aufgabe. Der Patent-Anwalt 1891, S. 2527–2528

Anonym: Allgemeines. Verband Deutscher Patentanwälte, Bl.f.PMZ. 1899, S. 235

Anonym: Art. Isay Hermann. In: Gerhard Lüdtke (Hrsg.): Kürschners deutscher Gelehrten-Kalender. 4. Ausgabe, Berlin 1931, S. 179–180

Benjamin, Georg: Schutz vor dem Erfinder. GRUR 1925, S. 36–4, S. 111–120

Beratung und Vertretung auf dem Gebiete des gewerblichen Rechtsschutzes. Unterlagen zur Änderung des Patentanwaltsgesetzes. Denkschrift, Hrsg. v. Vorstande des Verbandes Beratender Patentingenieure, Bremen 1925

Besso, M.A.: Grenzen des Erfindungsschutzes. Das schweizerische Patentwesen und die Isay-Wirth'sche Theorie. Zürich u.a. 1934

Bojanowski, V[iktor von]: Ueber die Entwicklung des Deutschen Patentwesens in der Zeit von 1877 bis 1889. Leipzig 1890

Bolze: Zwei Fragen aus dem Patentrecht. Zeitschrift für gewerblichen Rechtsschutz 1892, S. 156–159

Börngen, V[iktor]: Um das Recht der Gegenwart. DJZ 1911, S. 177–183

Ders.: Die Ausbildung der Juristen. Berlin 1913

Bovensiepen: Vertretung der Parteien in Patentprozessen durch Patentanwälte. GRUR 1916, S. 143–144

Calé, Richard: Rechtsanwaltschaft und Patentanwaltschaft. MittDPatAnw 1930, S. 207–209

Churchill. E.F.: Monopolies. Quarterly Law Review 1925, S. 275–296

Damme F[elix]: Das Reichsgesetz betreffend die Patentanwälte vom 21. Mai 1900. Berlin 1900

Ders.: Zu der Veröffentlichung „Beratung und Vertretung auf dem Gebiet des gewerblichen Rechtsschutzes" des Verbandes beratender Patentingenieure. MittDPatAnw 1926, S. 81–83

Ders.: Die Ausschließung der nicht in die Patentanwaltsliste eingetragenen Personen von der Vertretung vor dem Patentamte. GRUR 1901, S. 1–11

Damme, F./Lutter, R.: Das Deutsche Patentrecht. Ein Handbuch für Studium und Praxis. 3. Aufl., Berlin 1925

Danielcik, Hans Peter: Grundgedanken nationalsozialistischen Wirtschaftsrechtes, JW 1935, S. 328–331

Denkschrift der Aeltesten der Kaufmannschaft von Berlin über die Reform der juristischen Vorbildung. RuW 1912, S. 87–88

Denkschrift über die Auswüchse des Patentagententums. Reichsdruckerei, Berlin 1913

Deutscher Verein für den Schutz des gewerblichen Eigentums: Vereinsangelegenheiten. GRUR 1921, S. 127; GRUR 1922, S. 256; GRUR 1924, S. 34; GRUR 1924, S. 92

Ders.: Vereinsmitteilungen. GRUR 1923, S. 23

Ders.: Vereinsnachrichten. GRUR 1933, S. 482

Ders.: Mitgliederverzeichnis. GRUR 1926, S. 1; GRUR 1927, S. 1; GRUR 1929, S. 1; GRUR 1930, S. 1; GRUR 1931, S. 1; MittDPatAnw 1931, S. 1; MittDPatAnw 1932, S. 1

Ephraim, Julius: Patentanwalt oder Patentsachwalter. Ein Beitrag zur Patentanwaltsfrage. Berlin 1927

Eylau: Die Reform des Patentgesetzes und die Patentanwaltschaft. Vorträge gehalten in der Verbandsversammlung vom 12. November 1928. MittDPatAnw 1928, S. 155–157

Gerdes: Die Reform des Patentgesetzes und die Patentanwaltschaft. Vorträge gehalten in der Verbandsversammlung vom 12. November 1928. MittDPatAnw 1928, S. 157–159

Gleichen, Alexander: Die Bestimmung des Patentschutzes aus den Patentansprüchen. GRUR 1912, S. 223–238

Ders.: Über die Einheit und das Zusatzverhältnis angemeldeter Erfindungen. GRUR 1908, S. 136–145

Glum, Friedrich: Sammelrezensionen. AöR 1934, S. 109–123

Goldschmidt, Friedrich: Weltausstellung in Philadelphia und die Deutsche Industrie. Berlin 1877

Haemmerle, Hermann: Die Entwicklung des dt. Wirtschaftsrechts seit dem Jahre 1933. Zeitschrift für die gesamte Staatswissenschaft 1935, 95, S. 154–180

Hartig, E[rnst]: Studien in der Praxis des Kaiserlichen Patentamtes. Leipzig, 1890

Ders.: Zur Markscheidekunst der Patentverwaltung. Der Civilingenieur, Neue Folge 1896, Spalte 539 ff.

Hedemann, Justus Wilhelm: Einführung in die Rechtswissenschaft. 2. Aufl., Berlin u.a. 1927

Ders.: Reichsgericht und Wirtschaftsrecht. Ein Bild deutscher Praxis. Jena 1929

Ders.: Grundzüge des Wirtschaftsrechts. Mannheim u.a. 1922

Ders.: Wirtschaftsrecht. In: Fritz Stier-Somlo (Hrsg.): Handwörterbuch der Rechtswissenschaft 6, Berlin 1929, S. 930–937

Ders.: Geschichte des Jenaer Instituts für Wirtschaftsrecht. Mitteilungen des Jenaer Instituts für Wirtschaftsrecht Heft 32, Jena 1937

Heymann, Ernst: Die Rechtsformen der militärischen Kriegswirtschaft als Grundlage des neuen deutschen Industrierechts. Marburg 1921

Jeidels, Otto: Das Verhältnis der deutschen Großbanken zur Industrie mit besonderer Berücksichtigung der Eisenindustrie. 2. Aufl., München, Leipzig 1913

Kallmann: Der Patentanwalt und die Gewerbeordnung. MittDPatAnw 1916, S. 28–34

Karnath [Kurt]: Der Existenzkampf von Einzelunternehmungen. Technik und Wirtschaft 20 (1927), S. 61–66

Kaskel, Walter: Begriff und Bestandteile des Wirtschaftsrechts. RuW 1921, S. 211–216

Ders.: Gegenstand und systematischer Aufbau des Wirtschaftsrechts als Rechtsdisziplin und Lehrfach. JW 1926, S. 11–13;

Kent, Paul: Das Patentgesetz vom 7. April 1891. Kommentar, Erster Band, Berlin 1906

Klausing, Friedrich: Wirtschaftsrecht. In: Friedrich Klausing, Hans Carl Nipperdey, Arthur Nussbaum (Hrsg.): Beiträge zum Wirtschaftsrecht. Marburg 1931, S. 1–87

Klostermann: Die Patentfrage auf der Hauptversammlung des Vereins deutscher Ingenieure. Der Patent-Anwalt 1880, S. 341–343

Klostermann, Rudolf: Die Patentgesetzgebung aller Länder nebst Gesetzen über Musterschutz und Markenschutz. Systematisch und vergleichend dargestellt. 2. Aufl., Berlin 1876

Kohler, J[osef]: Handbuch des Deutschen Patentrechts in rechtsvergleichender Darstellung. Mannheim 1900

Leander: Urheberrechtliche Literatur in den letzten Jahren. GRUR 1913, S. 178–180

Lippart, G[ottlieb Matthias]: Persönlichkeit und technisches Schaffen. Technik und Wirtschaft 20 (1927), S. 33–37

Luz: Die Arbeitsgemeinschaft Preußischer Richter. JW 1925, S. 717–718

Magnus, [Julius]: Einfluß der Wirtschaftslage und ihrer Veränderungen auf den gewerblichen Rechtsschutz. GRUR 1927, S. 205–207

Mestern, Armand: Zum 30-jährigen Bestehen des Patentanwaltsgesetzes. Ein Rückblick auf die Zeit vor Inkrafttreten dieses Gesetzes. MittDPatAnw 1930, S. 210–216

Ders.: Der Patentanwalt. Die Entwicklung seiner Standes- und Rechtsstellung auf Grund des Reichsgesetzes betreffend die Patentanwälte vom 21. Mai 1900, Berlin 1932

Mintz, Maximilian: Der Entwurf eines Gesetzes betreffend die Patentanwälte. GRUR 1899, S. 97–101

Ders.: Einleitung. In: Maximilian Mintz (Hrsg.): Beiträge zum Recht am gewerblichen und geistigen Eigentum des In- und Auslandes. Festschrift für Hermann Isay. Berlin 1933, S. V.

Ders.: Die Pflichten und Rechte des Patentanwalts. GRUR 1901, S. 341–351

Mönckmeier, Otto: Um ein neues Wirtschaftsrecht. Zeitschrift der Akademie für Deutsches Recht 1935, S. 375–377

Nipperdey, Hans Carl: Zum Begriff des Wirtschaftsrechts. Mitteilungen des Jenaer Instituts für Wirtschaftsrecht, November 1921

Nussbaum, Arthur: Das Neue Deutsche Wirtschaftsrecht. Eine systematische Übersicht über die Entwicklung des Privatrechts und der benachbarten Rechtsgebiete seit Ausbruch des Weltkrieges, 2. Aufl., Berlin 1922

Ofner, Julius: Wie hebt man das Verständnis der Juristen für wirtschaftliche Fragen? RuW 1912, S. 333–336

Oppenheimer, Josef: Patentamt und Patentanwalt. MittDPatAnw 1927, Sondernummer anläßlich des 50-jährigen Bestehens der Deutschen Patentgesetzgebung, S. 199–206

Pietzcker, Eduard: Patentgesetz und Gebrauchsmusterschutzgesetz. Gewerbe- und Industriekommentar unter Berücksichtigung der schon vorgeschlagenen und weiter beantragten Abänderungen des Patentgesetzes. Erster Halbband (§§ 1–12 PatG). Berlin, Leipzig 1929

Reichel, Hans: Wirtschaftliche Vorpraxis. RuW 1912, S. 339–340

Das Reichsgesetz betreffend die Patentanwälte. Text-Ausgabe mit Materialien. Berlin 1900

Reichsgruppe Hochschullehrer des RG.-Rechtswahrerbundes: Aus dem NSRB und der Deutschen Rechtsfront. Das Judentum in der Rechtswissenschaft. MittDPatAnw 1936, S. 348–349

Rathenau: Heranbildung von Gegenwartsjuristen. JW 1911, S. 7–11

Rathenau: Recht und Wirtschaft. Preußisches Verwaltungs-Blatt 32 (1911), S. 461–463.

Rathenau: Patent- und Gebrauchsmuster-Prozesse in Preussen im Lichte der Statistik. Leipziger Zeitschrift für Handels-, Konkurs- und Versicherungsrecht 1908, S. 488–506

Reuleaux, F[ranz]: Theoretische Kinematik. Grundzüge einer Theorie des Maschinenwesens. Braunschweig 1875.

Ders.: Briefe aus Philadelphia. Braunschweig 1877

Rilk, Otto: Judentum und Wettbewerb. Berlin 1937

Rosenstock, Eugen: Vom Industrierecht. Rechtssystematische Frage. In: Festgabe Xaver Gretener zum fünfzigjährigen Doktorjubiläum am 26. April 1926 dargebracht von der Rechts- und Staatswissenschaftlichen Fakultät der Schlesischen Friedrich-Wilhelms- Universität. Berlin u.a. 1926

Schlegelberger, Franz: Das Wirtschaftsrecht des Dritten Reichs. Vortrag gehalten in der Universität Königsberg am 28. Juni 1935. Berlin 1935

Seidenschnur, Fritz: Der Wert der patentanwaltlichen Beratung und Vertretung für den Anmelder. MittDPatAnw 1930, S. 209 ff.

Seligsohn, Arnold: Die Entwicklung des Patentrechts seit dem Jahre 1891. GRUR 1922, S. 6–11

Ders.: Patentgesetz und Gesetz, betreffend den Schutz von Verbrauchsmustern. 5. Aufl., Berlin u.a. 1912

Seligsohn, [Martin]: Die Rechtsstellung der Patentanwälte. GRUR 1897, S. 117–122

Stort: Vorschläge zur Patentanwaltsordnung. GRUR 1900, S. 12–16

Tarde, G[abriel]: Les lois de l'imitation. Étude sociologique. 4. Aufl., Paris 1904

Ders.: Kurse für gewerblichen Rechtsschutz. MittDPatAnw 1912, S. 143

Ders.: Verschiedenes. GRUR 1912, S. 288

Triepel, Heinrich: Staatsdienst und staatlich gebundene Berufe. Sonderdruck aus der Festschrift für Karl Binding. Leipzig 1911

Ullrich, Arthur: Die Patentanwaltschaft. In: Akademie für Deutsches Recht (Hrsg.): Das Recht der schöpferischen Menschen. Festschrift der Akademie für Deutsches Recht anläßlich des Kongresses der Internationalen Vereinigung für gewerblichen Rechtsschutz in Berlin vom 1. bis 6. Juni 1936. Berlin 1936, S. 69–74

Verband Deutscher Patentanwälte: Kurse für gewerblichen Rechtsschutz. MittDPatAnw 1912, S. 118

Weber, Adolf: Unser Wirtschaftsleben als Gegenstand des Universitätsstudiums. Zur Einführung in die Breslauer Fachkurse für Wirtschaft und Verwaltung. Im Auftrage der Rechts- und Staatswissenschaftlichen Fakultät der Schlesischen Friedrich-Wilhelms-Universität. Tübingen 1916

Wiedenfeld, Kurt: Das Persönliche im modernen Unternehmertum. München u.a. 1920

Wiegand, Carl: Die Entwicklung der deutschen Patentanwaltschaft, MittDPatAnw 1927, Sondernummer anläßlich des 50-jährigen Bestehens der Deutschen Patentgesetzgebung. S. 25–39

Wiesner, Otto: Patent-Industrie und Verbrechertum. Patentanwalt und Patentbureau. Berlin [1903]

Wirth, Richard: Das Reichsgericht und die Prüfkompetenz des Patentamtes (R.G.-Entsch. 9. Febr. 1910). MittDPatAnw 1910, S. 58–62

Ders.: Hartigs „Studien in der Praxis des Kaiserlichen Patentamts". In: Isay/Wirth: Der Patentanspruch. Berlin 1912, S. 18–39

Ders.: Die begriffliche Auffassung der Maschine. In: Isay/Wirth: Der Patentanspruch. Berlin 1912, S. 40–102

Wohlgemuth, Max L.: Die deutschen Patentanwälte und die Industrie. GRUR 1915, S. 226–230

Zitelmann, [Ernst]: Was not tut! DJZ 1909, S. 505–514

Zoll, Friedrich: Aus meinen Studien über die Bekämpfung des unlauteren Wettbewerbs und über das Recht der Unternehmen. In: Maximilian Mintz (Hrsg.): Beiträge zum Recht am gewerblichen und geistigen Eigentum des In- und Auslandes. Festschrift für Hermann Isay. Berlin 1933, S. 229–248

IV. Literatur

Ballerstedt, Kurt: Gedächtnisrede auf Rudolf Isay. Rede gehalten bei einer von der Rechts- und Staatswissenschaftlichen Fakultät der Universität Bonn am 20.11.1956 veranstalteten Gedenkfeier. Bonn 1957

Bayer, Alexander: Der Patentanwalt. Stellung und Funktion im Rechtssystem. Köln u.a. 2002

Beier, Friedrich-Karl/Moufang Rainer: Vom deutschen zum europäischen Patentrecht – 100 Jahre Patentrechtsentwicklung im Spiegel der Grünen Zeitschrift. In: Gewerblicher Rechtsschutz und Urheberrecht in Deutschland, Festschrift zum 100-jährigen Bestehen der deutschen Vereinigung für gewerblichen Rechtsschutz und Urheberrecht und ihrer Zeitschrift, Bd. I. Hrsg. v. Friedrich-Karl Beier, Alfons Kraft, Gerhard Schricker und Elmar Wadle. Weinheim 1991, S. 241–321

Bracher, Karl Dietrich: Die Auflösung der Weimarer Republik. Eine Studie zum Problem des Machtverfalls in der Demokratie. 5. Aufl., Villingen 1971

Coing, Helmut: Epochen der Rechtsgeschichte in Deutschland. 4. Aufl., München 1981

Dölemeyer, Barbara: Patentrecht und Musterschutz. In: Handbuch der Quellen und Literatur der neueren europäischen Privatrechtsgeschichte. Das 19. Jahrhundert. Dritter Band. Gesetzgebung zu den privatrechtlichen Sondergebieten. Hrsg. v. Helmut Coing. München 1986

Dölemeyer, Barbara/Klippel, Diethelm: Der Beitrag der deutschen Rechtswissenschaft zur Theorie des gewerblichen Rechtsschutzes und Urheberrechts. In: Gewerblicher Rechtsschutz und Urheberrecht in Deutschland, Festschrift zum 100-jährigen Bestehen der deutschen Vereinigung für gewerblichen Rechtsschutz und Urheberrecht und ihrer Zeitschrift, Bd. I. Hrsg. v. Friedrich-Karl Beier, Alfons Kraft, Gerhard Schricker und Elmar Wadle. Weinheim 1991, S. 185–237

Dörinkel, Wolfram: Das Lebenswerk von Rudolf Isay. In: Eduard Reimer (Hrsg.): Beiträge zum Wirtschaftsrecht. Festschrift für Rudolf Isay zu seinem siebzigsten Geburtstag. Köln u.a. 1956

Falck, Kurt v.: Patentauslegung und Schutzumfang. In: Gewerblicher Rechtsschutz und Urheberrecht in Deutschland, Festschrift zum 100-jährigen Bestehen der deutschen Vereinigung für gewerblichen Rechtsschutz und Urheberrecht und ihrer Zeitschrift, Bd. I. Hrsg. v. Friedrich-Karl Beier, Alfons Kraft, Gerhard Schricker und Elmar Wadle. Weinheim 1991, S. 543–584

Gaul, Felix: Der Jurist Rudolf Isay (1886–1956). Frankfurt 2005

Göppinger, Horst: Juristen jüdischer Abstammung im „Dritten Reich". Entrechtung und Verfolgung. 2. Aufl., München 1990

Götting, Horst-Peter: Gewerblicher Rechtsschutz. Patent-, Gebrauchsmuster-, Geschmacksmuster- und Markenrecht. München 2007

Hederer, Franz: Hermann Isay (1873–1938). In: Biographisches Handbuch des Geistigen Eigentums. Hrsg. v. Simon Apel, Louis Pahlow, Matthias Wießner. Tübingen 2017, S. 150–154

Henning, Friedrich-Wilhelm: Deutsche Wirtschafts- und Sozialgeschichte in der ersten Hälfte des 20. Jahrhunderts. Teil I: Deutsche Wirtschafts- und Sozialgeschichte im Ersten Weltkrieg und in der Weimarer Republik 1914 bis 1932. Band 3/I. Paderborn u.a. 2003

Heppe, Rafael v.: Patentverletzungen. Eine Analyse der reichsgerichtlichen Rechtsprechung von 1879 bis 1918 zu § 4 und § 35 (§ 34 a.F.) des Patentgesetzes vom 7. April 1891. Berlin 2007

Isay, Rudolf: Aus meinem Leben. Weinheim 1960

Kelbel, Günter: Die neue Patentanwaltsordnung. MittDPatAnw 1966, S. 221 ff.

Kellenbenz, Hermann: Deutsche Wirtschaftsgeschichte. Band II. Vom Ausgang des 18. Jahrhunderts bis zum Ende des Zweiten Weltkriegs. München 1981

Kirchhoff, Heinrich: Patentauslegung und Rechtssicherheit. GRUR 1956, S. 453–466

Kroeschell, Karl: Rechtsgeschichte Deutschlands im 20. Jahrhundert. Göttingen 1992

Kurz, Peter: Weltgeschichte des Erfindungsschutzes. Erfinder und Patente im Spiegel der Zeiten. Herausgegeben von der Patentanwaltskammer zum hundertjährigen Jubiläum des Gesetzes betreffend die Patentanwälte vom 21. Mai 1900. Köln u.a. 2000

Lindenmaier, [Fritz]: Der Schutzumfang des Patents nach der neueren Rechtsprechung. GRUR 1944, S. 49–57

Lowenthal, Ernst Gottfried: Juden in Preussen. Biographisches Verzeichnis, ein repräsentativer Querschnitt. 2. Aufl., Berlin 1982

Machlup, Fritz/Penrose, Edith: The patent controversy in the nineteenth century. Journal of economic history. Vol. X, 1950, S. 1–29

Mächtel, Florian: Das Patentrecht im Krieg. Tübingen 2009

Mohnhaupt, Heinz: Justus Wilhelm Hedemann und die Entwicklung der Disziplin „Wirtschaftsrecht". ZNR 2003, S. 238–268

Pahlow, Louis: Patent, Patentrecht. In: Albrecht Cordes u.a. (Hrsg.): Handwörterbuch zur deutschen Rechtsgeschichte. 2. Aufl., Berlin 2017, Sp. 424–427

Petzina, Dietmar: Die deutsche Wirtschaft in der Zwischenkriegszeit. Wiesbaden 1977

Pinn, Max: Rechtswissenschaft. In: Siegmund Kaznelson (Hrsg.): Juden im Deutschen Kulturbereich, 3. Ausgabe, Berlin 1962

Reimer, Eduard: Hermann Isay. Zum Andenken an seinen Todestag, den 21. März 1938. GRUR 1948, S. 59

Ders.: Für Professor Dr. jur. Dr.-Ing. e.h. Fritz Lindenmaier zum 75. Geburtstag, Äquivalenz, Erfindungsgegenstand, allgemeiner Erfindungsgegenstand in Theorie und Praxis. GRUR 1956, S. 387–404

Ders.: Patentgesetz und Gebrauchsmustergesetz. Systematisch erläutert. 2. Aufl., München 1958

Roßmanith, Günther: Rechtsgefühl und Entscheidungsfindung. Hermann Isay (1873–1938). Berlin 1975

Rücker, Simone: Rechtsberatung. Das Rechtsberatungswesen von 1919–1945 und die Entstehung des Rechtsberatungsmissbrauchsgesetzes von 1935. Tübingen 2007

Sandmann, Hendrik: Die Entwicklung von Begriff und Inhalt des Wirtschaftsrechts durch die Rechtswissenschaft in der Weimarer Republik. Frankfurt am Main u.a. 2000

Schmidt, Alexander K.: Erfinderprinzip und Erfinderpersönlichkeitsrecht im deutschen Patentrecht von 1877 bis 1936. Tübingen 2009

Schmoeckel, Mathias: Rechtsgeschichte der Wirtschaft seit dem 19. Jahrhundert. Tübingen 2008

Strauss, Walter: Nachruf Eduard Reimer. JZ 1957, S. 486–487

Wadle, Elmar: Patent (gewerblich). In: Adalbert Erler und Ekkehard Kaufmann (Hrsg.): Handwörterbuch zur deutschen Rechtsgeschichte. Band 3, Berlin 1984, Sp. 1533–1540

Ders.: Der Weg zum gesetzlichen Schutz des geistigen und gewerblichen Schaffens. Die deutsche Entwicklung im 19. Jahrhundert. In: Gewerblicher

Rechtsschutz und Urheberrecht in Deutschland, Festschrift zum 100-jährigen Bestehen der deutschen Vereinigung für gewerblichen Rechtsschutz und Urheberrecht und ihrer Zeitschrift. Bd. I. Hrsg. v. Friedrich -Karl Beier, Alfons Kraft, Gerhard Schricker und Elmar Wadle, Weinheim 1991, S. 93–183

Ders.: Der Weg zum gesetzlichen Schutz des geistigen und gewerblichen Schaffens. Die Entwicklung im 19. Jahrhundert. In: Geistiges Eigentum, Bausteine zur Rechtsgeschichte. Band II, München 2003, S. 3–72

Walk, Joseph: Kurzbiographien zur Geschichte der Juden. 1918–1945. München u.a. 1988

Wiethölter, Rudolf: Art. Wirtschaftsrecht. In: ‚Axel Görlitz (Hrsg.): Handlexikon zur Rechtswissenschaft. München 1972, S. 531–539

Wininger, Salomon: Hermann Isay. In: Große Jüdische Nationalbiographie. 1. Nachtrag in Bd. 7, Nendeln, Liechtenstein 1979, S. 109

Winkler, Heinz: Der Schutzumfang der Patente in Vergangenheit, Gegenwart und Zukunft. GRUR 1977, S. 394–404

Zacher, Clemens: Die Entstehung des Wirtschaftsrechts in Deutschland. Wirtschaftsrecht, Wirtschaftsverwaltungsrecht und Wirtschaftsverfassung in der Rechtswissenschaft der Weimarer Republik. Berlin 2002

V. Urteilsverzeichnis

Es werden die in dieser Schrift untersuchten und zitierten Entscheidungen des Reichsgerichts aufgeführt. Die Darstellung erfolgt abgesetzt nach Jahren in Aktenzeichen, Datum und, soweit vorhanden, Fundstellen in gängigen Zeitschriften und Sammlungen. Urteile, die diese Ausarbeitung nur am Rande betrafen, werden hier nicht erwähnt.

1890

RG v. 15.12.1890 (I 211/90), PatBl 1891, S. 102–110 = *Edisonlampen*

1889

RG v. 4.5.1889 (I 345/89), PatBl 1889, S. 274–278 = *Ariston*

RG v. 15.5.1889 (I 345/89), PatBl 1889, S. 337–340 = *Daverio*

1900

RG v. 25.4.1900 (I 61/00), GRUR 1901, S. 153

1901

RG v. 6.7.1901 (I 68/01), Bl.f.PMZ. 1901, S. 277–280

1903

RG v. 30.12.1903 (I 341/03), Bl.f.PMZ. 1906, S. 37–39

1904

RG v. 27.4.1904 (I 32/04), Bl.f.PMZ. 1904, S. 329–331 = *Zündpille*

1910

RG v. 9.2.1910 (I 423/09), MittDPatAnw 1910, S. 57 = *Koks-Löschrinne*

1911

RG v. 28.6.1910 (I 195/10), Bl.f.PMZ. 1911, S. 274
RG v. 9.7.1910 (I 329/09), Bl.f.PMZ. 1911, S. 267–270

1926

RGSt, Beschluss des 4. Senats vom 2.11.1926, JW 1926, S. 2756–2757

www.ingramcontent.com/pod-product-compliance
Ingram Content Group UK Ltd.
Pitfield, Milton Keynes, MK11 3LW, UK
UKHW021936290926
8980IPUK00016B/1663

9 783631 847497